靠近你

当孩子感觉被懂了
一切变得容易

周艳

著

四川人民出版社

这不是一本育儿教科书，

这是一本关于父母在养育孩子过程中的自我觉察对照书。

这不是我一个人写就的书，

这是许多家长和孩子具有一定普遍性的最真实的日常互动。

第一次认识周艳老师是2010年在成都举行的中德高级认知行为治疗连续培训班上，我们是同学。首先让我惊艳的是在培训班同学晚会上她曼妙的舞姿，然后才是她在咨询领域专业成长一路走来的坚持与领悟。她从一名高校教师，历经社会上各种职业，最后迈入了心理咨询师这个行业，从此开始潜心学习，并坚守下来。我相信她在这里找到了心灵相知的感觉和舍身相守的热情。亲子关系是中国父母最困扰的关系，"不谈学习母慈子孝，一谈学习就鸡飞狗跳"，似乎是很多家庭的常态。非常高兴地看到她在亲子教育领域里的积淀和经验，这些生动鲜活的例子可以帮助迷茫的父母走出教育的困局。

—— 李焰　心理学博士，注册督导师，清华大学学生心理发展指导中心主任读着周艳的文字我不由想起2010年中德高级认知行为治疗师连续培训项目初次遇到她，有一天我和她一起走，当时还没完全从媒体工作脱身的她问我："你觉得我可以胜任一名心理咨询师吗？怎么成为一名好咨询师？需要多长时间？……"现在，不知不觉十年过去了，看着她单枪匹马、一门心思在她热爱的领域深耕、播种、开花、结果，很佩服她的执着、认真和努力，也为她由衷地高兴。作为一名一线实务工作者，她接触的都是鲜活真实的个案，并且用自己鲜活真实的存在方式诠释出一种勇猛精进的生命可能性。愿读者们能从她的书和她自己的经历里得到启发和收获。

——叶斌 心理学博士，注册心理师、督导师，华东师范大学青少年心理健康教育研究与培训中心总监

优秀的养育基于正确的理念和有效的方法，作为一线咨询师，周艳老师以案例说话，呈现具有典型性的亲子互动具体情景，方便父母对照检查、学习。这是一本深具操作指导性的作品。

——彭小华 养育与亲子关系研究者、咨询师，《如何让孩子成年又成人》译者

《靠近你》特别适合中国家长！它像一面照子，让你看见自己，学会反思，并愿意为改变关系而付诸行动。同时也推荐在校教师阅读，它可以成为学生心理辅导的参考书。家庭与学校是孩子成长路上

了两个车轮,平衡最重要。这本书不仅是周艳心怡老师用笔写出来,更是她用心呈现的实用礼物,无比真诚。她处处设身处地为读者着想,并用自己的专业提供针对性的帮助与支持。靠近你,温暖我。

——鹿雯立　中国幸福教练创始人,生涯规划专家,畅销书《有话好好说》作者

对周老师,我多年来以"心怡女神"相称。她最令我钦佩之处,是至诚无息,是心怀热度,是熨帖人际关系中幽微褶皱的那份执著。在这部新作中,她以一己智慧汇聚群体智慧,以专家视角启发读者视角,造就了一本心理学、教育学和沟通学的答案之书。真实丰富的案例、饱含温度的圈注,像一行行以真挚写就的无韵诗,令作为教育工作者的我在手不释卷之余,发现奥秘浅藏在书里,也浮现于心间。

——李晗　比较文学硕士,十五年一线教学经验的英语教育者,留学教育品牌"思晗国际"创始人

几年前第一次碰面周艳的时候,说到去咨询她的青少年孩童大多手腕上有划痕,吓了我一跳,同时也油然生出对她工作的尊敬。教育为健康。社会高速发展之下,孩子的生命感被钝化,生命力被衰减,心理与精神受到极大的冲击。作为教育与心理工作者,我们会常常感觉到工作成效的渺小与无力,但是,也看到其中的意义:

多一分关注就多一分力量，多一分努力就多一分希望！百年华德福教育的主旨之一就是教育为健康，即身、心、精神的平衡和谐发展。周艳老师所做的工作与我们是一致的。

——李泽武　成都华德福学校总校长

和周老师相识多年，曾带大女去拜访过一次周老师，孩子很喜欢她；读这本书，就感觉书如其人：真诚、优雅中透露出智慧和成熟。当你读到了这份感觉，你就越发喜悦，越发知道要如何去爱自己和爱他人，特别是爱孩子。

——云爸　"四川省最美家庭"称号获得者，婚姻家庭咨询师

初识周艳是在朋友聚会上，她爽朗的笑容，真诚大胆的谈资直达人心，这不是自带自愈能力的心理咨询师吗？经过我的邀请，她答应到我们平台讲授"为爱懂点心理学系列课程"。她的课程得到了学校师生的广泛好评，幽默又坦诚的语言，是需要专业的心理学功底和丰富的实战经验才可以达到的效果。我准备持续把这本书推往学校，这是一本家校共育的好书，希望成为每位家长和教师了解孩子内心世界的必备书。

——付桂袁　成都心予心心理服务平台创始人

为人父母要有一颗谦卑的心，因为很多时候我们是第一次做家长；为人父母要有一颗感恩的心，因为在某种意义上，孩子的到来给了我们第二次成长的机会。和谐的亲子关系一定是建立在"爱，平等和尊重"的基础之上的，优秀的父母一般都懂得"身教胜于言传"，"做到位，不越位"。然而，从"知道"到"做到"有非常遥远的距离。这本书以生活化的语言，通过一个个真实案例，展示日常生活中亲子沟通中的常见问题以及具体可操作的改进方法，有利于培养身心健康、人格健全的孩子。这是一本帮助父母从"知道"到"看到"再到"做到"的好书，强烈推荐。

——周玉亮　爱思青年理事长，人生学园创始人

此书的对象虽然是以父母为主，但书中的道理在其它人际沟通上也有很大借鉴，"说"不能"教"，"听"才能"懂"，"懂"才能真"爱"。

——周强　博士，美国Satelytics公司首席技术官

目录

上篇　长大后呈现的问题都是小时候埋下的伏笔

003　第一章

5个故事　看看那些长大后的孩子

忘记教育，觉知自己

我有两个孩子，9岁的儿子和5岁的女儿。我还有一群学生，6—12岁正值童年。老师和妈妈，是我很重要的两个角色，而它们都跟教育有关系。虽然从大学开始，学师范专业的我就开始接触很多关于教养的知识——认知科学、儿童发展心理学、教育学等，但当我在职业和家庭中面对一个个鲜活的小生命的时候，依旧会发现以前学到的知识只是知识，在具体实践中如何运用，着实让人有点迷茫。也就是说，对于一位科班出身的教师而言，如何陪伴小孩成长，也会经历养育迷思，也需要保持终身学习，更重要的是要拥有自我觉知和自我改善的勇气。

认识周老师，是在我的大儿子上小学之后。已经教书10年的我，面对自己的孩子上小学，依旧有些手足无措，常常在儿子学习的时候收不住火气，一度陷入亲子关系的泥潭。那个时候的我又重拾了儿童教养的专业书籍，同时幸运地遇到了两位专业的儿童心理咨询师，周老师便是其中一位。在如朋友般相处的日子里，我发现"懂孩子"是教育里最难却最重要的一件事情。为什么孩子们喜欢和周老师一起聊天？那是因为长年累月的聆听、观察、记录孩子的对话以及他们的心声。"懂孩子"的人可以顺理成章地进入孩子的情境，让我们看到儿童是如何在生活中建立逻辑、与世界互动的。"懂孩子"的人可以钻进时空的隧道，回到童年早期重新回看孩子是如何长成现在的模样。那些与周老师对话的日子，成为泥潭中的光亮，鼓励着我"忘记教育，觉知自己"。让我开始觉得有幸有这样一个孩子，他与我对着干，从而让我学习如何放手；他不听话，从而让我可以学习如何聆听；他特别敏感，从而让我学习如何理智；他敢于反抗，从而让我学习走进孩子的情境；他做事拖沓，从而让我可以学习如何欣赏慢吞吞的美……我在自己真实的故事中"忘记教育，觉知自己"，这也许就是最好的家庭教育，及时觉知，和孩子一起成长。

这本书里有不少案例故事，是多年来孩子和家庭在周老师面前活动的生动记录，用容易阅读的手法启发我们深层的家庭教养理论。在这些真实的故事里，我们可以借书里的孩子看到自己的孩子，借周老师记载孩子的活动，学习如何理解孩子，记录孩子的活动。原来很多问题压根不是问题，都是被错误的焦虑干预，折腾成了问题。这本书很重要的意义是引导父母放下焦虑，过好生活，启发我们去觉知，觉知我们自己的内心，从而做到我们越觉知，离孩子的心就越近，也越能给孩子温柔而有力量的教养。

时下的教育，最大的弊病就在于以一厢情愿的"好意"无视儿童的需要和兴趣，也无视了我们自己的需要和兴趣。我们忘记了每一个人都是独立的生命个体，而不是物品，不能只有应然的教育、实利的效果。如果父母和教育从业者不曾真正地陪伴和理解孩子，而是直接将外部世界的要求和压力转嫁给孩子，甚至变本加厉，我们是不配说"为你好"的。如果父母和教育从业者不曾真正地理解自己，让自己生活得灿烂美好，我们是无法有效地教养孩子的。

我们的孩子生活在一个全新的时代，人工智能、知识爆炸、科技更新、移动互联，认知科学也在过去20年飞速发展。我们现有的教育体制、教育方式，更多的时候是面向现在甚至过去培养孩子的。我相信这本书是想带领大家面对未来的孩子的，会带给父母全新的启发。作为资深的心理咨询师，她的文字有坚实可靠的基础，最重要的是，她是用自己的感受和专业在和孩子和家庭相处，带领翻开这本书的人去走进不同成长境遇的家庭，帮助我们去理解自己在面对孩子时的反应以及行为背后的原因，帮助我们去了解父母的意义。

这本书不仅会帮助你重塑和孩子之间的信任和依赖关系，更会鼓励你和自己建立信任和依赖的关系。和周老师的相遇，让我有意识地肯定和接纳了自己的全部真实和不完美，我相信你们也会在这本书的阅读中，学会关爱自己，让自己成为本自具足的光源。这本书会带领每一位父母在教养的过程中保持觉察和自省，让孩子成为更好的孩子，自己成为更好的自己。

两个孩子的妈妈，一群孩子的老师　成都实验小学白雪

2021年2月于成都

写给出书了的妈妈的一封信

从我三年级开始，每年开学的时候妈妈都会给我写一封信，信的内容很简单，一般囊括一个或者几个我接下来一年可能会面对的挑战、处理的方法，还有背后的道理。听起来好像很容易，但手写的两页A4纸，我的妈妈坚持了13年。

15岁的时候，我独自前往加拿大读高中，离开前的一夜，我翻出了被我随意放在柜子里的七封信，塞进了随身携带的背包里。在我刚到加拿大的一段时间，我会经常把信翻出来看一看，随着我越来越适应一个人的生活，也有了一个人面对困难的勇气和智慧，我翻开那些信的时间也越来越少了。

神奇的是，这些道理很简单，但它们可以一直贯穿我的人生，也许到我四十岁、五十岁的时候，它们还一样适用。

比如说：不要把工作中或者学习中的情绪，一整天在外面受的气带回家里来。

比如说：对自己严格，对别人宽容。

比如说：尽可能不要撒谎，最好的方式也许是选择不说。

比如说：懂得感恩，对家里人，更对其他的人。

比如说：母亲和小孩之间总是要分开的，就像小马、小象、小羊，会走路会跑了就要自己生活了。

……

所有的这些道理对于一个十来岁的小女孩来说可能有些高深，但所有的这些道理都在我的成长路上一点一点地影响了我的行为、决策，还有思考。我不能肯定地说我是一个非常优秀的孩子，我只能说虽然我在一个离异的家庭成长，但是因为妈妈，我拥有了一个相比身边大部分人都更加完整的人格。

很多人经常说，我是一个优秀的女孩，成绩优异、行为独立、做事成熟、为人正直礼貌、有自己的思考、上进且聪明。

只有我自己知道：

小学的我也会把作业藏在床下，不写作业然后第二天告诉老师我忘记带了。

初中的我也会早恋，和班主任吵架。

高中的时候我也会不想理我的妈妈，只想和我的朋友一起玩。

即使现在大学毕业的我，也还有非常多不优秀的举动。

是因为一个优秀的母亲，她优秀的教育方法造就了我。

她会在我犯错的时候，首先和我站在一边，而不是和别人一起指责我。

她会和我一起想办法，也会认真聆听我做事的缘由。

很多人经常说，有这样的女儿是妈妈的幸运。

我写这封信只是想告诉妈妈，有你是我的幸运。

爱你的女儿

杨雨嘉

2021.4.20

序 言

　　"如果你想要知道什么，就去书里找答案吧"，这句话不记得是我小时候在哪里听到的，但它让我喜欢上了阅读。人通过直接经验和间接经验学习，书能跨过时间空间的阻碍，扩展我们的知识面和思维，让我们帮助自己答疑解惑成为可能，书帮我们表达清楚了自己很多可意会而无法言传的感受和想法。让我们找到方向，也获得力量。

　　但书并不会直接带给我们新技能，比如钢琴书、棋艺书，看懂了并不就意味着你就会弹琴或就会下棋。我发现人类学习和掌握新技能的必然规律和过程，是认知—领悟—练习—反馈—调整—继续练习，反反复复，最后内化成自己的行为和思维模式，然后固化下来。

　　有一类书会暂时缓解当下的焦虑，读时感觉明白了，去实践中尝试却发现用起来差异很大，甚至明明知道"应该如何做"，却常常在实践中用不上。比如各种亲子养育的书，家长们的书柜里谁没有两本以上育儿类的书呢？谁没有听过至少一场讲座或者看过一篇育儿的推文呢？

这本书有可能享受看两眼就放在书架上的"优待"。

有人说家长是唯一没有受过培训就直接上岗的，其实从心理学的角度看：家长不仅接受过培训，而且是比较扎实的培训，来自他们从小长大的原生家庭，以及成长的经历。那些培训是隐形的，藏在你无端发火的情绪里、藏在你和孩子的互动和语言里、藏在你无意识对孩子的控制和压力里。父母身上这一部分对孩子成长的破坏有极强的隐蔽性，不易发现。

很多来到我工作室的孩子说：最希望得到父母的理解，而不是家长在生活和学习上细致入微的关注和关心，同时又对父母真的能听懂自己表示怀疑，对父母会改变表示不抱希望。

家长则会很无奈：希望孩子能和我讲知心话，但孩子就是不愿意多说啊，总说"说了你们也不懂"。了解孩子不容易，更难的是家长也需要了解自己。

这本书很可能帮助家长觉察，在养育孩子的过程中，自己的言行举止是怎么发生的，是怎样在影响着孩子的性格发展，同时也影响着自己的身心和家庭系统。

这不是一本育儿教科书，而是一本关于父母在养育孩子过程中的自我觉察对照书。这不是我一个人写就的书，这是许多家长和孩子具有一定普遍性的最真实的日常互动的结果。

书里有5个经过编辑隐去真实身份信息的个案故事，借此我们可以看到那些长大后的"问题"孩子的内心世界；有从3岁到青春期孩子的家长大量生活中日常对话的心理解析，这些日常对话场景家长可能很熟悉，全部来源于真实的生活，来源于过去5年几百名家长的实践练习记录。

这本书和其他亲子养育书到底有怎样的区别？这本书怎么可以帮到家长的呢？

区别有三点：

第一，这是一本从"知道"到"看到"，从"看到"到"做到"的书。

本书的阅读文学感可能没那么好，其中大量的对话场景非常生活化，就发生在每天的生活中，对话实录全部来自家长团体学员的实践练习和记录作业。

本书将通过大量生活化的实例和你聊聊那些让你愤怒、尴尬、困惑、无奈的言行背后，孩子和你的内心正在发生着什么，可能是怎样的信号，除了我们固有的评价，还可以怎样解读？如何才可以让孩子从内在接受你的教育和影响？才能自发遵守规则、自我负责、建立自律和自信？

这本书是很多优秀的亲子养育读物的一个补充，什么补充呢？家长已经知道要尊重孩子的发展和个性，知道要和孩子"共情"，知道需要给孩子理解和鼓励，需要正面管教，知道作为父母肯定有自己的问题，知道家长很多时候过于啰唆和焦虑。不过，"知道"是一回事，"做到"和"改变"又是另外一回事。

这不是一部注重你要"知道"什么的书，内容的重点是"看见"。在那些看不惯也管不住的言行后面，去"看见"内心，当家长懂了自己，会发生什么变化？当孩子被懂了，孩子会发生什么变化？

参加过家长成长团体的学员告诉我："今天听了一些樊登读书的片段，发现他的好多教育观点和你的课出奇地一致，就像是又复习了一下家长课"，"我几乎每天都听樊登，很多观点都是一样的，只是书上讲的是概念和方法，周老师这里是结合我生活中实际来探讨学习，反复练习"，"来上了课之后，听起来更觉得理解深刻，知其然还知其所以然了。"

第二，如果把读书比喻为对症下药，这本书更像是一味中药，及时效果似乎不那么明显。

家长团体里有位妈妈说：一开始，总希望学会一种方法去"搞定"孩子，会说自己是为了孩子学习。越懂孩子，越了解自己，越发现是在为自己学，在找那个更好的自己，能很好地感受"我需要""我可以"和"我应该"的区别。我问女儿，最近我们关系好了很多，为什么呢？女儿说"因为你改变了"，这句话让我信心满满。

如果家长学会了真正懂孩子，孩子就会学会情绪管理，学会自我负责和自我激励。不过，既然孩子的性格以及交流方式不是一天形成，而是日积月累养成的，那么改变和更新也需要时间，首先需要的是耐心：家长能将序言和其中一章看完，并尝试练习。

第三，这本书不适合首要养育目标是"成功、优秀、听话和乖"的家长。

那适合怎样的家长呢？适合对孩子的养育目标是：养育一个身心健康，人格健全，自立自爱又懂得协作，尊重他人，享受爱的同时又能给予爱的孩子。

有人说：中国父母为了孩子的未来，舍得钱是第一阶，舍得时间是第二阶，愿意学习是第三阶，愿意改变自己是第四阶。我个人认为在第二阶和第三阶之间，需要增加很重要的一步：那就是家长对孩子的养育目标是什么？

我收集了几百名家长"你希望孩子成年后是怎样一个人（列举7个愿望）"的清单，大致包括：健康的体魄、自力更生和独立自主、做自己喜欢和想做的事情、有帮助自己成就梦想的能力、能寻找幸福的感受、懂得爱和接受爱、有志同道合的朋友、互相帮助和支持、善良、与人为善、热爱生活、乐观豁达、能面对和克服困难，等等。家长们说："期待不高，并没期待他/她成龙成凤，只希望他/她长大后幸福快乐。"当然为了达到这个看上去极其简单的目标，孩子们可能接受到最多的信息是："好好读书学习，考个好学校，将来有个好工作。"毕竟中国有句古话："吃得苦中苦，方为人上人。"接着我做了一个实验，请家长们把7个目标一个一个去掉，最后只保留一个愿望，95%的家长保留了身心健康和人格健全。

既然说到了健康，身体健康方面，家长知道要给孩子提供什么营养食物，哪些是应该尽量避免的垃圾食物。那心理健康呢？哪些是"营养"，哪些是"垃圾食物"呢？家长们一般都会迅速列出身体健康的营养食物，然后心理健康的营养也很快达成一致：理解、尊重、倾听、支持、鼓励、欣赏、引导、幽默、赞许、爱、宽容、交流、关心……

接着提议家长去回想，在刚刚过去的24小时内，都给了孩子心理多少营养、多少垃圾的时候，家长就会面面相觑，似乎能想起来的，全是垃圾食物：批评指责（给你说了多少遍了），要求、比较、情感绑架（我都是为你好），不坚持原则和约定的纵容、埋怨，父母之间的争吵埋怨、冷漠、控制、焦虑、否定、回避、拒绝、怀疑、打击、嘲讽，等等。我们希望孩子心理健康，但似乎每天都把孩子推向相反的方向，这让家长有些尴尬和困惑，可又觉得孩子有很多是错的啊，难道不能教育管教吗？

如果说行为是由性格决定的，那么什么样的性格会被认为是好的？性格又是怎么来的呢？重要养育人对孩子的影响，几乎在长大成人中的每一天都在发生着。孩子的真实感受，小时候不能准确表达，当会用语言表达时，被忠诚于父母的强大的"爱"挡回去了。大多数爱子心切的父母没有觉察到，那些大人最不希望孩子养成的品质，是怎样在自己日常的言行中种下了种子，并亲自浇灌，然后强迫孩子配合，最终自然长成了呢？一个有意思的现象是：到青春期出现心理问题的大孩子，在小时候几乎都表现得特别懂事听话。

我希望自己是一面干净澄明的镜子，能有机会让家庭里的家长和孩子们，看见那些以为的"应该必须"是束缚，看见那些"卡住"的原来是误会，看见更多的选择，看见"走投无路"其实还有很多路。

我希望自己能和孩子家长一起，重新找到启动新程序的开关，获得能量，走出一条属于他们自己的路。

这本书如何阅读才可能帮助到家长呢？

每个人的阅读习惯不一样，我尽可能使用熟悉的生活化语言和文字，希望书中的词语不要那么生涩，读起来不是那么累。因为中国家长和孩子一样，已经够累的了。

于是，我尝试把这些年来带家长团体做学生的一对一咨询的心得体会，在此书中用通俗的语言来呈现，希望对家长们每一天的现实生活中的亲子互动有实际的帮助。

"现在的小孩压力太大，太辛苦了，太累了"，"现在的小孩条件太好了，太懒了，没有动力不能坚持"。

一个家庭里的养育人时常会陷入矛盾，心境行为容易左右摇摆，身处其中的孩子也无所适从。

在父母的讲述里，孩子的"问题"行为像是突然发生的，突然就不爱讲话了，突然就听不进父母的话了，突然就厌学了，突然就脾气变大了、性格变化了。但性格的养成，心理活动的变化，从来就不是突然的，而是由来已久的。

当孩子感觉被懂了，而不是一遍一遍被家长问"你听清楚我说话了吗"，孩子的内心就是放松的，而不是紧张防御、处于应激战备状态，心理效能才是最高效的，和父母才可能形成合作关系，而不是对错对立关系。

如果希望一本书就让人改变，那我肯定要失望。那样的话，岂不是也有想要"控制"其他人的愿望，我希望提供一些角度来和读者交流，读者也许会看，也许能看到点什么，甚至来回应我。

愿此书能成为和你一起去探索自己以及孩子内心的辅助书，看起来，用起来。

你可以按顺序阅读，也可以随意翻阅，从任何一个小主题开始，还可以碰到问题就来找对应答案，最重要的是尝试按每节后面的提示做练习，可以将练习的心得体会发至公众号、小助手微信或邮箱。你们发来的信息对我都是极其宝贵的。

非常感谢为此书出版做出重大贡献的家长们，感谢家长们提供的每一篇对话作业，感谢四川人民出版社积极出版此书，感谢李琴、杨乐、宋学彬三位助教，感谢联合作者龚白婷的全力支持，她也曾是家长成长团体中的一员，没有她的帮助和督促，我几乎无法完成此书。

感谢亦师亦友的清华大学心理咨询中心主任李焰老师，感谢曾任华东师大心理咨询中心主任的叶斌博士。

感谢我的父母老周老陈，感谢我的女儿雨嘉。

写此书过程中，才真正体验心有余而力不足，心太大了，手太小了。

感谢在此过程中激励我的所有人。

感谢你翻阅此书，愿意和我交流。

长大后呈现的问题
都是小时候埋下的伏笔

如果你想要知道什么，
就去书里找答案吧。

5个故事
看看那些长大后的孩子

对家长来说，最应关注的是孩子的内心世界，那是家长敲不开的心门，是养育中极其容易被忽略，并且搞不懂的部分，而这部分的盲区很有可能影响家长的情绪，继而影响和孩子的交流互动，导致家长的"技术动作"变形，陷入一个"我知道，但我做不到"的无奈怪圈。

"当孩子感觉被懂"是指什么？是关乎内心的，而不是行为表现，是指被看见被承认：内心深处的感受，付出的努力过程，内心的善意积极面，潜在的优势特质；是指被肯定被允许：个体天赋的差异，与主流标准不一样的想法，哪些被称为"负面的情绪""消极的想法"；是指被信任被保护：不是信任做的结果如人所期，而是做的积极动机和付出被信任，当失败犯错的时候，有人保护，有人提供解决方案。

如果孩子足够幸运，能得到重要养育人（家长或者老师）这样的对待，孩子不仅自身身心健康，也会拥有良好的人际关系，拥有爱自己和爱他人的能力。

从心理上来说，心智健康需要"三感"建设：

存在感：我是珍贵的，是有价值的，不是对父母老师有价值，是自己能创造价值。

掌控感：不是掌控他人，而是我有自我掌控、选择和负责能力。

安全感：不是有吃有穿有钱有权，不是拥有什么，而是我可以失去什么，可以允许犯错。

我们的目标不是让孩子变得听话，变得成绩优异优秀出众，而是希望孩子的心智健康成长，培养孩子的自我认知、心理活力、活着的意义感、情绪应对管理、自律自信和自我鼓励、面对挫折和失败的心理韧性和弹性。哈佛大学医学院麻省总医院精神科医师、精神分析师罗伯特教授在一次公开演讲里，公布了实验室两个长达75年的研究成果，回答"什么是美好人生"。他强调构成美好生活的最重要因素并非富有和成功，而是良好的身心健康状态以及温暖、和谐、亲密的人际关系。

养育小孩，做饭给孩子吃，提供身体长大的营养是相对容易的。心智的养育过程是复杂的，是不容易的，是需要互动和沟通才能实现的。如果孩子感觉被懂了，沟通将会变得顺畅，孩子能表达，家长能听见，能相互理解对方当下真实的情绪和想法，各自分工协作变得容易，情绪平和变得容易，约定的共同目标达成更容易。

"我知道，但我做不到"就像一个魔咒，代代相传。家长如果有这样的心理定式，你仔细观察，是不是孩子也常常表现出"我知道，但我就是做不到"，而且恰恰就是在学习等重要事件上的自我管理这类事情上？

在以"讲道理""提要求""找问题"为主，单向输入型"我都是为你将来好"的爱的笼罩下，孩子的内心到底发生了什么，对孩子的心智建设和性格成长有怎样的影响呢？

我们不妨仔细回忆一下，日常生活中有没有常常说，或者听到这样的话：

> "把鸡蛋吃了，牛奶喝了，把这个（蔬菜）吃一点"，"你不要跑，吃饭要有吃饭的样子，不要边看（电视）边吃"，"我就要这个玩具，必须买，不买，我就不吃饭"，"（妈妈）你打我，我也要打你"。
>
> ——主控大权在家长手中，孩子的掌控感缺失

> "妈妈，我的铅笔（橡皮擦、玩具……）找不到了，你快帮我找找"，"不要在沙发上跳来跳去"，"不要跑，不要耍筷子"，"给你说了好多遍了，把东西要收拾好，要有收拾，这下找不到了，又来问我，还喊我给你买，我这次给你批发橡皮擦，看你还掉不掉"，"刚刚才给你说了，喊你不要跳，从来不听我的话"，"给你说啥都不听，就跟我要害你一样"。
>
> ——孩子无法为自己的事情负责

"妈妈，我是怎么来的啊？""妈妈，我是男孩子，不能穿粉红色"，"（儿子问）妈妈，为什么我不能生宝宝？""男生是短头发，女生是长头发"。

——儿童性教育相关

"女儿（儿子）你有什么不高兴，一定要给妈妈讲"，"这个有啥嘛，都要经历这些挫折，你现在多刷题，还不是为了你将来考一个好大学啊"，"我给你报了那么多的补习班，为了你学习，我们还出来在学区房租房子住，为了你全家都操碎了心，你怎么还这样不努力，一点到晚还压力大，我们才压力大"，"妈妈，我想要吃安眠药，我失眠了，我学不进去了，我很痛苦，我想死"，"我（女儿）不想听你们（父母）说。我才说了一句话，你就不想听了，我还不是为了你好……砰（关门声）……""我最好的朋友为什么不和我一起玩了，我们说好了要考一个大学，一辈子都是最好的朋友，他（她）为什么突然不理我了？"

——青春期情绪管理和人际关系发展

"孩子，你要自信一点，你真的很棒，你不要怕，不要放弃，要勇往直前，战胜困难"，"妈妈，我害怕，我做不到"。

——自励vs他励、自信vs他信

　　"你看你这个房间乱七八糟的，一点也不知道收拾"，"啥事情都做不好，你这个样子怎么办啊？""一天到晚就晓得耍手机，你看你那个眼睛都要瞎了"，"一天到晚抱着ipad，你到底要干吗？""说好了只玩半个小时手机，这都快两个小时了，为什么一点都不节制"，"妈妈，我再看一集（动画片）嘛。不是说好就看三集吗？你这样看完一集又一集，说话不算话，哇哇哇（孩子大哭）"。

——自律vs他律

　　"我孙子想吃糖，我就要给他买"，"不要再追着喂饭了，他饿了，他会自己吃的"，"让他看会动画片，又怎么样了嘛？你不（下班）回来，我们祖孙一天和谐得很，你一回来就说这个，说那个，你要说，就自己带回去带"，"就给他买了嘛，我孙子喜欢，我来买"。

——隔代抚养问题

　　"你要今天乖乖的，妈妈就给你买一个冰淇淋"，"只要你这次考试考得好，我就给你买这个东西"，"妈妈先把这个没收了，等你考完试，我一定还给你"，"你好好吃饭，我等一下让你看两集动画片"，"只要你今晚早睡，妈妈给你发10元钱红包"。

——关于孩子的外驱力和内驱力

"这个孩子上厕所，起码要上一个小时"，"我家的孩子一回家就把房门锁上，也不知道在里面干吗"，"我家的女儿洗澡都要洗一个小时，还听到在里面放歌听、唱歌"。

——关于孩子自我发展的独立空间

"你给我滚一边去，去墙边站着"，"对不起，妈妈，我不该惹你生气"，"谢谢妈妈、谢谢妈妈"，"妈妈，我错了，你不要生气了，我真的错了"。

——被罚型孩子与讨好型孩子，涉及孩子的人际交往和成人后的亲密关系，爱的能力

这些对话只是日常家庭生活中众多对话的冰山一角。中国家长更善于用类似的这些语言来"激励"孩子们，这是几十年原生家庭的隐形教育所传承的语言。你们可能会好奇，如果不这样和孩子说话，那可以或者需要换成什么语言？你们也可能会有疑虑，难道这样说有什么不妥吗？会有什么后果吗？爸爸妈妈从小也是这样教育自己的，自己现在不是生活工作挺好的呀？

接下来大家能带着这些好奇和疑虑，开始翻阅让家长痛心、与孩子心智成长有关的五个故事，听听那些作为家长很少有机会听到的孩子的心里话，看看长大后的孩子会是怎样的。

走进一间心理咨询室，其实需要莫大的勇气，这意味着在一个陌生的地方，向一个陌生人，开放自己的内心和想法，不知道将会

发生怎样的后果。我常常被来访的充满各种情绪的鲜活的生命表达所感动，在和他们共同穿越黑暗的过程中，在和他们共同寻找并允许光亮照进来的那一刻，在看见他们释然的笑容的时候。

我将我接触过的人和事，不是以咨询记录和卷宗的方式，而是以故事的方式记录下来，以下便是来自我的来访者的故事。

第一节 26岁职场女"拖延症"的自我疗愈

我总是跑向办公室的打卡机，和"迟到"赛跑

不拖到半夜12点过我很难睡到床上

总是在交工作报告的前几个小时才能写出字，无论多早拿到任务和要求

爸妈让我去相亲，我总是各种借口

我越知道有件事情特别重要，我就越会往后拖

一、我用"拖延"来反抗父母

从某一个节点开始，我就放弃了挣扎，放弃了与父母的对抗。

她看上去长相甜美，扎着马尾，头发浓密黑亮，是在工作的间隙来我的工作室，比较休闲的上衣配牛仔裤，毫无妆容的干净的脸庞，乍一看，更像是一名学生。

她说，是她爸给她找的咨询师。

她爸给她说的过程中，她一直比较抵触，一是怀疑爸爸找的咨询师可以信任开放吗，二是对国内的心理咨询师印象不太好，总怕来了被教育被疏导。

她愿意这么直白地表达，我倒是很喜欢。

她说："决定来之前，我上网搜索了，看了一些和你相关的文

章和视频，感觉还不错。其实我一直也觉得自己有心理问题。"

我："很欣赏你这样为自己的选择负责任的态度，你觉得自己有什么心理问题呢？"

她说："凡事拖拉，行动力不强。很多事情想得好，但很难去实现。觉得没什么在乎的人和事情。

"这种状态，感觉在大学里就有了，很颓废。我的专业我很不喜欢。第一次在大学里挂科，我告诉我爸爸时，他暴跳如雷的样子我现在都记得。

"我一直想逃离他们，可实际上，他们的一举一动对我的影响又非常大。

"和他们的交流中，我表面上表现得无所谓不在乎的样子，心里常常莫名的慌，可又做什么都没什么劲儿。"

我想起她爸爸在电话里告诉我："这个孩子拖沓，不谈恋爱，生活不积极主动。"

我问："你从小属于比较听话的孩子吗？"

她说："算吧。小的时候大人们总说我很乖。"

我："你说，大学的专业你不喜欢，是因为你之前不了解这个专业还是什么？"

她说："这个学校和专业，都是我爸爸帮我选的，他说以后好找工作。"

我："你当时，没有提出自己的意见和想法？"

她说："我也没什么特别的想法，我喜欢画画，但这个不好找工作啊。还有感觉说什么父母都有那么多听上去很有道理的道理。

现在我最讨厌他们说'我们这样做都是为你好'。"

我："你说大学挂了科，爸爸暴跳如雷，你当时什么心情？"

她说："沮丧，丢脸难堪，很压抑。也觉得他生气很应该，就是一个正常家长的正常反应。"

我："后来你的大学怎样念完的？"

她说："拖拖拉拉，尽可能完成最基本的考试。"

我："你现在的工作，喜欢吗？"

她说："我以前在外资企业实习过，我喜欢那里的工作氛围。现在这个工作是妈妈帮助找的。"

她说："现在想起来，从某一个节点开始，我就放弃了挣扎，放弃了与父母的对抗。"

我："你有做过自己觉得最成功反抗父母的事情吗？"

她想想说："有一件吧，我文了身。瞒着他们。"

二、我用"拖延"来掩盖我的自卑

我要长大，你们要控制我，我用"拖拉"来反抗你们。

她说："我很佩服和羡慕那些可以勇敢做自己的事情的人。"

我问："嗯，听上去你对自己没这样做有些沮丧，那是什么阻碍了你那样去做呢？"

她想想说："我从小怕长辈和老师，还有我心思比较重，总觉得没有人懂我。"

她接着说："好像之前遇到好多事情，都是爸爸妈妈帮着决定和解决的。现在遇到什么大事的时候，总会犹豫，害怕自己会像父母说的'做不好，走弯路'。"

我问："想想这些年，你发觉拖拉着给你带来什么好处没？如果没有好处，怎么会坚持了这么久？"

她说："我发现，好像拖着，自然有爸妈来解决，感觉他们来收拾摊子，谁让你们叫我按你们的意志做事情？压抑的心情就有点发泄出来。我发现自己很没有自信心，总觉得自己想得很好，但又达不到，就更没什么劲儿去努力了。我发现，如果我拖着不去完成，最多就是背一个'拖拉'的名，但就没人可以质疑我没能力做到啊。"

三、养一只猫，互相照顾和成长

爸爸妈妈，请不要干涉和帮我做事情，

我要自己经历，自己做主。

她说："我后来养了一只猫，有时妈妈在我这里，但我尽可能自己照顾它。

"父母不来我这里的时候，我自己一个人养着它。

"我学着照顾它，去了解它，和它交流，看着它的眼睛，我觉得有的时候能听懂。

"我现在已经有自己的目标了，生活计划性和工作行动力都有了很多的改变，但好像我的父母并没有看见，或者他们觉得没什么。

"不过，我没那么在意他们如何反应了。

"我希望自己能够更多为自己的情绪和行为负责，为自己的选择做主和负责。

"我自己已经长大了。"

再后来，我发现她烫了头发，做了发型，穿上了裙子，有一个周末来，还化了淡淡的妆，看上去真是美极了。

来访人在10次咨询结束后的评估里写：

周老师是一个非常善解人意的人，在此之前我从未体会过如此被人理解的感受，这一点对我帮助很大，让我知道自己是可以被理解的。

目前的生活工作依然按部就班，但相比咨询前的状态改变很多，我希望自己在以后的人生中，可以变得更加自信。

周老师有话讲

摆脱爸爸妈妈的强力控制，是我们成长的功课

什么情况下，人会容易拖延呢？从小时候开始，当我们的心理需求没有得到重视和满足，而面对的任务比较艰巨需要付出努力的时候，通常我们都会使用拖延，这是一种心理需要也是一种自我防御和保护，毕竟人的"本我"是追求快乐和轻松舒适的，所以才有"万事开头难"这种说法。就好像时间拖得久，就可以解决问题，或者不用承认自己可能会做得不好，可能会失败很难堪。拖延背后隐藏的是自我价值的存在感和安全感建设不够，需要依赖别人对自我的肯定，受他人的评价影响大，陷入感觉自己不好又不敢改变的局面。

那如果已经形成这样的心理状态和模式，如何改变呢？

首先是孩子的现状要得到充分的理解和接纳，而不是急于改变孩子，这样会引起孩子更多的防御。然后引导孩子从不同的角度去了解自己和别人，找到并去实践改变自己的方法。

第二节 大三的他，自愿申请退学

我20岁了，还只会卖萌取悦父母

他从大学退学了，多科考试过不了，家长说孩子这几年几乎不与家人交流。那个从小乖、听话、学习好，但是只会学习的孩子后来怎样了？听听他的故事。

他说："我在学校浑浑噩噩，心情抑郁，学不进去，交朋友也很困难。对父亲不满已有六年，对自己的状态也不满。觉得旁边的人比我会很多事情，除了学习，我只会卖萌。学习这件事情进入高中我就已经不怎么擅长了。"

他说他的咨询目标是：能与家人交流沟通，能返校顺利完成学业。

他说多科挂科的事实似乎宣告了自己的破产和爸妈的梦想破灭，破灭的是"我理所应当是个很听话、好成绩、要考研究生、有大好前途的孩子"。

他说最大的压力来自"你在学校成绩怎么样？"初中被数学老师叫请家长，"坏娃娃才请家长，不敢想象，我都被请家长"。数学老师当着全班同学说"学习态度不端正，这就是个代表"，我当时觉得非常丢人、尴尬、羞耻。曾经被老师请家长是一件天大的事情。

我问："什么时候你开始质疑你爸爸这个人生导师？"

他说："我发现我爸把我骗了。他说'从小把学习放在第一位，现在吃苦，将来就会轻松'，而事实并不是这样。

"他们觉得我'古怪'，说话天一句，地一句。讲出真实的想法，他们不会理解我。

"我想过我自己的生活，成为自己，过我自己的生活。

"我不想漫无目的地学习，不想受家长指使见这个见那个，不想成为家里的宠物、焦点、负担，不想被任何人的骄傲绑架。

"我希望自己心情轻松，变得有勇气。

"我被送进了权威的心理卫生中心，被诊断为待分类精神病性状的精神障碍，医生说'住院观察'。

"既害怕他们不把我当病人，又害怕他们每天把我当成病人。

"不知道他们怎么看我，想他们了解我，又怕他们了解之后，当成一个大的话题来讲，来开批斗会。

"我爸喊我一定要拿出勇气，要回到学校；妈妈特别紧张、担心，太焦虑了。而我压力很大，不知道怎么做，只有自言自语。

"我爸说通过这段时间吃药治疗，就是要让我恢复到初中以前的状态：成绩很好，很听话，很努力。我从小到大，就是这么被念大的，我不知道自己除了读书考试，还能做什么？

"从高二开始，感觉没有哪一天很积极乐观，'哀莫大于心死'，精神垮掉了，很疲惫迷茫。我也整天想'我想要什么'，但没有结果，有了结果，我也没有勇气去做。"

我问："怕什么呢？"

他说："怕做不好，做不完。

"一开始他们喊我做什么我就做什么，后来他们喊我做什么，我就做砸什么。

"我惹不起他们，躲也躲不开他们。我只有赖着他们，反正他们很爱我，我有时也想做自己，可是很快就放弃了。

"负担太重，父母长辈的期望，过去成功的失败的记忆，没有新的东西进来，很想冲破这个茧，却无法冲破这些心理上的负担。有时候想，这会不会是遗传？

"觉得自己没有长大的空间，心里特别乱，不知道自己该怎么做，才能让他们满意。

"我希望不被当一个宠物养，而是能当一个人来养，有尊严、有思想、有深度、有感情、需要被尊重的人。我不知道自己怎么就活成了一个自己都看不起的人呢?"

我问:"如果用一个比喻,你会怎样形容每周来这里?"

"避难所。"

问:"谁曾经是你的避难所?"

"爷爷奶奶,在我被爸妈撺得鸡飞狗跳、实在没办法的时候。"

问:"爸爸妈妈不打你已经很久了吧?"

"比打更痛苦的是精神殴打和精神虐待,让我很压抑,很害怕。听到我爸的声音我就害怕,他时常很苦的样子,唉声叹气。"

问:"他是一个很弱的样子,怎么让你害怕呢?"

"他心里有很多话要讲,不讲也知道他要说什么,像一颗定时炸弹一样,随时在暗示,制造紧张气氛。"

问:"那你看见了,你怎么办?"

"心里觉得很压抑,又不知道该做什么。"

周老师有话讲

这是一个被"怕做不好的"给困住了的孩子,这是一个"我想长大,又不敢长大"的青春期发展障碍的典型例子,家长最怕孩子变成一个啃老的巨婴,而从小听话懂事家长不操心的娃,却长成了家长最不希望看见的样子。通过他的讲述,就可以看见家庭教育中关于"心智成长"教育的缺失。

他对自己的能力能触及的地方和高度、对自己努力的目标和价值的认知是空洞的,就像是被北大心理学徐凯文博士取名的"空心病",看着身体很健壮,心里是空的，外界给一些压力就乱作一团，对自己的生活更是没有掌控感，因为没有安全感，怕做错事情，怕家长对自己不满意的眼色，所以待在那里不动，继续像个小孩，这样至少可以保护自己不会面对更多的失败。

第三节　为啥我记忆力下降，学不进去了？

暑假后，高二开学两个月，他向妈妈主动提出："我想找一位心理咨询师。"妈妈说，儿子还比较着急的样子，然后就不想关于此事说更多了。

一、我熟悉那个抑郁的感觉

妈妈也感觉到最近两个月孩子的学习成绩有些下滑明显，

而且打游戏的时间大量增多。

一个周日的傍晚，妈妈带他来到了"心怡时间"。

上高二的儿子已经是个大小伙子，目测身高有1.75米的样子，壮实。头发乌黑且浓密，眼睛不特别大，笑起来很温暖。打开门的时候，发现他并不像其他孩子跟在父母后面，是他自己按响的门铃。

进来在沙发上落座，寒暄几句之后，

我："我们去里面的沙盘室看看？"

他马上表示同意，完全没有看妈妈的眼色和表情。

从这个自然细节和他的表情上，我观察到他对妈妈没有刻意的阻抗，平时的关系是比较平等和自由的。

当然不意味着没有想向妈妈隐瞒的心事。

进去里屋坐下，他开始说话。

"不希望妈妈听见。"

确保隔音效果后，他说："老师，最近我的学习状态很不好，我害怕抑郁。"

我："嗯，能说说'很不好'的具体表现吗？"

他说："上课听不进去课，人很恍惚，不想背书，不想做作业。还有晚上睡不好，一天都没精神。"

我："你觉得这很可能是抑郁？为何害怕呢？"

他说："是啊，这种感觉我有过。初三的上半学期，一样的感觉，然后成绩下滑很厉害。好在一个月后，不知为何就慢慢好转了。中考成绩还不错，考进了重点中学的火箭班。"

我："嗯，那很不容易。"

他说："是啊，当时压力很大，上了高中后更不敢放松啊，周围都是成绩好的。"

他说："我们同学里面抑郁的很多，大家也经常讨论这个。有的同学已经退学，有的在吃药，但吃药的副作用很大，我不想吃药。"

我："同时，你又担心这样下去耽误学习太多。"

他说："是啊，已经两个月了，我也做了不少调整和改变，没有好转，越来越严重了。最近睡觉也很糟糕，睡不着，早上要早起，一天都很晕。"

二、心里着急担心怕的啥?

我："心里一定很着急吧?"

他说："是啊!"

我："害怕着急什么呢?"

他说："成绩下降，考不上理想的大学。"

我："然后会怎样?"

他说："以后就不会有好的工作。"

我："然后呢?"

他说："没有好工作，就没什么钱，过得不好啊。"

我："嗯。担心将来过得不好，对自己的未来负责。点赞!"

我接着轻声地问："你现在过得好吗?"

他突然抬头："现在?"

我很肯定："现在，就是过去的两周。"

他又低下头，有点闷地说："很不好。"

这个时候我趁机拿出神器之一——心怡时间感受卡，交到他的手里，说："你可以把过去两周不好的心情从这些感受词里挑出来吗?"

他慢慢地挑出来几个词：压抑、憋闷、担忧、害怕、失望、矛盾、困惑、内疚、后悔、难过。

三、抑郁有什么好处吗?

我:"这次来咨询是你主动提出来的,对吧?"

他:"嗯,严重抑郁症很少还有主动来求治的动力。"

我:"所以,来的时机非常合适,很及时。"

他说:"喔。"

我看出他的将信将疑,接着以非常认真诚恳的讨论和关心的语气,轻轻问了他一句,以免引起他的误解。

我:"抑郁了,你觉得,对你有什么好处吗?"

他又突然抬起头,聚精会神同时掩饰不住惊讶地看着我,问:"好处?"

四、原来抑郁是来保护我的

我:"讲讲抑郁后你都有什么反应吧?"

他说:"听不进去课,不想做作业,睡不好觉,头昏昏的,没法专注考试,知道自己要努力,做了目标和计划,却一次一次地完成不了。"

我:"听上去暂时就没法学习了。"

"是啊。"他满脸的沮丧。

他接着诉苦："着急啊，我曾有过抑郁的经历，很担心从此一蹶不振。担心导致期中考不好，被淘汰出'火箭班'。周阿姨，有没有药啊，我希望赶快治好，投入学习，跟上大家，考上一个期望中的大学和专业。"

我："有药。能治。评估你现在的状况，可以先试试没有副作用的天然药物。"

他："在哪？"

我："就在你自己身上啊。"

他说："我自己？不懂。"

我："你觉得着急的时候容易学进去，还是平常心能学进去呢？"

他："平常心啊，可我现在抑郁学习提不起精神。"

我："你发过高烧吧？高烧的时候，人需要休息，目的是什么呢？"

他："因为人身上没有劲儿啊，没法做事。"

我："我们身体受到了病毒的攻击，免疫系统正在努力专心工作，体温升高也是消灭病毒的一种方式，同时也来提醒我们休息下。等免疫系统恢复后，我们再进行劳动。"

我在说这些话的时候，发现他目不转睛地盯着我，然后像发现了新大陆一样，他快速地说："喔，是不是抑郁也是来提醒我的？我是说我一直很努力啊，没有刻意偷懒啊。所以，抑郁是来保护我的，帮助我保持长久的健康和战斗力。"

那一刻，我仿佛在他的眼里看见了光，听见他长长地松了一口气。

我说："请告诉我现在你的心情。"

他选了这些下面词的卡片：释然、欣慰、庆幸、舒畅。

五、我要好好善待抑郁

离开咨询室后，妈妈发微信来：

> 从你那里出来后一直在微笑，虽然不愿和我聊你们沟通的内容，但看得出情绪很好。

我："嗯，妈妈当时内心什么感受？"

妈妈："前几天他看起来心情不好，不愿和我说话，今晚好像就放下了。也不清楚是啥问题。"

我："你儿子身上有很多宝贵的资源，今天他自己启动了。"

我："妈妈想要了解儿子，总是希望能给到儿子更多帮助，你觉得儿子不告诉你是因为什么？"

妈妈："不知道呢，是怕我担心，唠叨，不能理解他？"

我："第一个说对了。是怕你担心。"

妈妈："他不告诉我，我更担心啊。"

我："孩子为自己负责，不让大人担心的品质是资源吧，他会寻找专业求助是资源之一，希望通过自己的努力获得自己想要的目标生活是资源之一，今晚我们也松动了一些固有的理念和价值观，所以他释然了。"

妈妈："嗯嗯，他自己不可能解决所有的事，能寻求专业帮助，依靠外部力量解决问题，以后他会受益良多。"

一周后家长反馈：

> 心怡老师，孩子这周的状态比上周有了明显变化，脸上笑容多了，话也比上周多了。总体来说表现得更积极了。

还发来一张图片，上面写着："学会专注，打好数学基础，练好字。"

那是他贴在书桌上的即时贴。

他的咨询效果自我评估：

> 周老师很耐心专业地进行了心理咨询，我学会从另一个角度看待我的抑郁。
>
> 我善待它之后，反而又能正常进行学习了，也不会过度地焦虑未来一些事情，把握住当下才是最重要的。

周老师有话讲

抑郁不等于负能量。

对抑郁的恐惧和未知，比抑郁本身更可怕，请不要过分"轻视"和"重视"，而要去了解。

很多家长和老师不能理解平日里正常上着学，成绩优异，性格外向乐观的孩子怎么会得抑郁症呢？总觉得他们矫情。这些孩子已经习惯不能得到理解，但常常被周围不经意的伤害击垮。一边在学校上着学，一边和抑郁症斗争着的中学生们的内心是怎样的？

经本人同意，选取一篇被诊断为重度抑郁症的在校重点高中学生的文字。于此，愿更多的大人们能多少了解一些他们的内在世界。

我们不同，但也相同

一名校在读高中学生

今年，是抑郁病陪伴我走过的第三年，也是在这一年我遇见了一个好朋友，我和她相识一年，最终分道扬镳，她告诉我她开始接近我只是想知道抑郁病人是如何生活的，我很愤怒，我知道也许普通人很好奇这个病，但请不要通过这种方式了解，这样让我们感到被背叛，会使我们更加不相信外界的好意，你们可以通过上网了解这个病，也可以通过书籍去了解这个病。

如果你们想真正地走进抑郁病人，就诚心地对待他们，我们往往比普通人更加容易受伤，明明所有人都在身边，却感觉世界离我越来越远，我们仿佛是脱离世界的一角。

我不可能从人类的残忍的本性之中挣脱出来，残酷会成为最真实的我，孤独将会让我戴上一层层面具，冷漠使我自私。人类的伟大是与人类的病态相伴相生的，我不是悲剧中的伟人，但支配别人成了我人格的一种病态表现，我想要支配他人，但自卑使我退却，快乐转瞬即逝，留下我独自起舞。

我感觉我支离破碎，我厌恶我的怠惰，我对一个被谎言支配的我感到痛苦，我讨厌我的装腔作势。

没有人可以理解我们，我们是孤独的个体。我活在幻想中，另一个我活在现实中，分不清现实和梦，像一只沉溺于水中的鱼，无声地冒泡。

我们有时会不愿意醒来，但是现实是我们的痛处。

抑郁也许只是人生中的一场重感冒，但是我们也想要得到尊重，我们不想做孤独的怪物，我们也绝不是孤独的怪物，我们也许有病态的表现，但这都是暂时的。

请允许我们的不同，包容我们的怪异，也许这都是正常的，只不过是对于少数人来讲。现代的人或多或少都有抑郁倾向，所以我们是相同的。

我从未担心过我的病是否会好，因为如果好不了，就与它相伴相生，把这当作一种常态。我真心希望那些轻视和欺负抑郁病人的人也体会一下我们的感觉。

第四节　成绩好，他却讨厌学习和考试

他是重点学校的高三学生，以下简称儿子，18岁。第一次是妈妈带来工作室。

6月中旬儿子突然心境低落开始厌学，整个暑假宅在家中睡觉，作息混乱没有规律，凡事没有兴趣，严重时出现自残行为，开学时无法返校，妈妈带去专科医院，专科医院诊断为重症抑郁，服药并接受过一个月的住院治疗。出院后儿子返校上高三，一周后自述无法坚持上学，选择请假回家。儿子持续服药中，医生建议配合心理咨询干预。

一、儿子在咨询室给咨询师讲的话

"活着没什么意思""我对治疗没有期待，对治好后的生活并没有渴望"

在同学们的眼里，我是个外向、阳光、很好耍的人。其实，我自己觉得自己是个内向、胆小、害羞和容易害怕的人，喜欢一个人待着自在些。没有特别要好和交心的朋友。我觉得自己心里的好些想法和大家都不一样。

大人们说我乖，懂事听话。小时候同学老师夸我的成绩好，我

内心是拒绝的，我觉得我没那么好也没那么努力。我的日常像是被推着完成作业，听课，学习……

第一次见陌生人或是需要和别人交流，就会有一种紧张感。对话过程中总是怀疑和质疑自己，几乎不敢正面回答选择性问题，怕选错，怕回答内容让对方不满意。

我对自己的判断一直持怀疑态度，比如，当我觉得作业多，我就会想可能是我比较差做不完才会有这样的感觉。从小到大一直很自卑，很擅长干一件事情：打击自己。打心底里觉得自己不行，等明白的时候，已经成形了。

很不相信自己的能力，不相信自己的判断。永远无法肯定一个想法，要让我判断选择，心里就会特别忐忑。

二、咨询师对儿子的印象

来访者跟着妈妈进来，个子高大，头发浓密、有点凌乱，五官标致，身材匀称，略有含胸驼背，脸上几乎没有什么笑容和表情，很客气顺从的模样。

不主动讲话，回答简短。过程中除了回答问题会礼貌性地抬头，其余时间几乎是低头。

妈妈打扮整洁得体，习惯性微笑，显得乐观积极开放。讲述中一再强调儿子之前不仅一直成绩优异，学习自主，懂事，体育音乐绘画还有和同学关系都全面发展。

儿子从小学到高中在重点学校成绩优异，妈妈陪伴长大，爸爸常在外地工作比较边缘化，爸爸脾气不太好，孩子说小时候不能理解为何当自己不小心受伤的时候，爸爸还会吼他。

妈妈希望咨询能让孩子对生活有信心，爸爸希望孩子能恢复正常作息和学习。儿子漠然地说"没什么期望"，"治好了又怎样？"

当单独问儿子什么时候会有愤怒的感觉，他说"家长说教"和"作业多考试多"的时候。

问及当时如何应对的时候，他说"家长说就听着，作业跟着大家做"。他说不想回家，烦"家长唠叨"但又必须回家。

三、咨询师的推测和假设

儿子处于极度"低自尊"状态，这与从小形成的某些信念以及不良回应外界的模式有关。从小跟随家庭学校中主流评价和行为规则，获得很多认同和表扬，但自己内心并未认同和建构这个"自我"，相反总是通过在心里"否定"自己，以"我没有你们说的那么好"来平衡自己。儿子对"外界"不一样的想法不敢对外表达，因为家庭和学校中都有很多的规则，他发现反抗是无效的，且不讨好。

由于儿子对外的表现顺从乖巧听话，成绩优秀，父母完全没有觉察家庭教育中有任何需要调整的。对于这样的"乖孩子"学校老师除了表示更高的希望和激励之外，也不会给予特别的关注。

儿子"自我"开始更加有力独立形成的青春期，遇到了强大的"内在否定"习惯模式和长期低自我价值和存在感的阻碍，无法反抗又无法接受自己，自己将自己击倒在地，无法也不想动弹。

对自己绝望，对生活绝望，产生毁灭自己的想法，出现自残，抑郁。

他说："永远无法肯定一个想法，要让我判断、选择、估计心里就会特别忐忑，不是非要下定论的时候，我通常会回避……自残是一种小范围的自我毁灭，一般在心里烦躁和愤怒的时候容易做。心里的话能说出来，的确轻松些，不过没有意义也没什么用，不应该给别人带来负面情绪和压力。"

当体会到咨询师无条件的接纳后，儿子说得越来越多了："以前觉得自己没有资格压抑，现在有一种轻松的感觉，同时有一种迷茫，接下来咋办"，"小时候同学们和老师以及周围人对自己的评价、批评让我不舒服，表扬也无法坦然接受，觉得压力很大。我没有你们说的那么好，你们看错人了"，"我根本没追求这种学习好，是你们觉得好，如果没做到，你们又来说我"。

我和他讨论："平时的紧张是要在乎什么呢？"

他说："不敢轻易承诺，怕失败吧。"

我问："失败了会怎么样？"

他说："更确定自己很差劲儿。"

他这样形容妈妈："1. 非常关心我。2. 当我想表达一些自己奇奇怪怪的非主流观点并想与之讨论的时候，没等我表达出来说明白，妈妈就讲道理了。我知道道理，但我还是产生了违背道理的奇怪的想法。我想知道的是我的想法到底是怎样产生的，如何面对？"

咨询师问及是怎样奇怪的想法。他说："人，活着这一趟，到底是为什么。"

在咨询师提供的对话式关系中，他讲诉他关于"生命"的各种思考，最后他说他宁愿当一个石头，当一把沙，只是存在，为何不行？有何不可？水冲就走了，风吹就化了。

他说当觉得有人可以谈及和讨论，被允许有这样的想法，心里轻松很多。

他说："我想理直气壮地活着，不想鬼鬼祟祟，但如果我追求自己的生活，是与主流价值观不一致的，必然让家人失望。但不去，又特别难受。"

他说："能说出来被理解后，的确有种释放感。我和外界一直很紧张，现在放松下来了，但还没有明亮起来的感觉。"

他说："自己不喜欢洗澡，不打理自己，是因为从未觉得自己是很'贵重'的。"

我问："有谁曾经把你当作很贵重的对象来对待没有呢？"

他说："好像想不起，万一自己没这样的感觉，但别人有了，不是辜负了别人。万一自己有，但别人没这个意思呢？"

我问："如果咨询效果好，你觉得会是怎样的？"

他说："接受自己的所有，真实的部分。不是去消灭，也不是刻意要去改变掉，带着这些部分生活下去。"

过了三个月之后的一次咨询，他走进来时，头发干净、修剪过，指甲干净。

进来主动向我诉说："老师当面建议我放弃今年高考，顺延明年考。如果考不好，恐怕影响我的前途，我知道老师是怕我拉低班级和学校平均分。"

我："当你听到的时候，你的反应是什么？"

他说："意外，不爽，有一点生气和愤怒，有一些不情愿，无力。我之前没把它当成一个多么重要的事，我更愿意接受考成啥样就啥样。"

"'拖低班级平均分'这个理由听上去是客观的，但感觉哪里不对？"

我问："哪里不对呢？"

他说："本来学习是自己的，我自己的选择自己负责，突然觉得好像又无力反抗这个事实，很讨厌这个机制，现在想起来好像每次进学校都会不爽。"

他自问自答："我为何进学校？我为何学习？接受教育的目的是什么？教育应该是帮助我形成健全人格，获得一部分知识，今后能在社会上立足。而现在的教育不是为了适应社会，而是为了适应下一个学校，进更好的学校，做更难的题，然后进更好的学校。"

带着他宝贵的好奇，我们一起去探索个体的差异，以及个体和整体的需要，他看见了更多的可能，允许当下属于自己的感受和想法，根据情境做出满足自我和他人的选择，承担相应的责任。

从过去熟悉的"回避，退缩"的舒适模式中，理解了老师的需要，同时也承认了自己的感受和选择，现场讨论如何去向老师表达和坚持自己的选择，尝试把别人的责任还给别人。

在父母的支持配合下，儿子的自我建设之路一步一步开始，他从最开始的毫无"生"的愿望，没有改变的意愿，情绪极度低落，到可以了解和表达自己真实的感受，情绪上升进入动态平衡。

在现实生活中，试着做出一些遵从于自己内心的选择行为，发展了与外界权威（学校与父母）、公共关系（朋友和陌生人）之间的更一致也有分化的新的回应和行为模式。

觉察到当前的自我否定模式的来源和发生，建立起新的对外评价的反应模式，并对此感到轻松自由和满意，增加了自我的内心能量，开启了对自己未来生活的计划和希望。

几个月后他去参加了那一年的高考，考上了重点大学。

第五节　恋爱会影响学习？

一、要不要开始，会不会影响学习

他进来坐下来就说："我和妈妈的关系挺好的，交流也比较多。爸爸话不多，不常交流。越长大，越觉得有些话不希望和父母交流。"

来访者绝对不属于爱说话的男生。眼睛圆圆的，和他浓密的头发一样黑亮，他只会偶尔盯着你看，也许他觉得这是礼貌。他会低着头，一直思考，会时不时地笑，很认真单纯的笑容。

他高二了。爸爸常年在外工作，从小的学习和生活几乎全是妈妈照顾的，在他的眼里，爸爸妈妈还有爷爷奶奶外公外婆的大家庭都特别和睦恩爱，没太多的吵闹。

我："你想到老师这里来说点啥呢？"

他："老师，我不知道要不要开始和继续，如果和她分手怎么办，如果耽误学习怎么办。"

我："你有一个喜欢的女生？"

他："嗯，我们互相喜欢。"

我："你们会用喜欢这个词吗？"

他："不。用表情包来表达。"

我："那很有意思啊。"

我："嗯，你的三个问题都是很好的思考，感觉你对自己很负责任。"

我立即给他竖了大拇指，接着说："肯定会有影响，我们来看看有怎样的影响。"

他："如果不开始，我心里还是会想着她，也没有心思专心学习。"

我："嗯，心里特别渴望能和她联系，说说悄悄话什么的。"

我："如果开始呢？"

他："开始之后，学习上倒是反而会更有动力。但我害怕万一分手，情绪会低落影响学习。"

我："爱恋因为有彼此的迷失和相融这部分，所以特别美好也特别吸引人。"

　　他："我们班男同学说：'初中的时候喜欢的女孩儿，四年后觉得和她在一起很无聊，当时有想要娶了她的想法，现在一点都没有了。'"

　　我："所以，你觉得爱情可能会变化？"

　　他："是的。"

　　我："随着年龄的变化，喜欢的人和事物会改变，对吧？那爱了一场又分手了，分手后，你失去了什么，得到了什么？"

　　他："失去了一个不再互相喜欢的人，体验了爱的过程，还学到些关于爱的理解吧。"

　　我向他竖了大拇指，在我们的记录纸上写下来：

　　　　爱在爱中就实现了。

　　他接着问："为什么女生不正面表达自己的情感？"

　　我："能说具体点吗？"

　　他："和女生交流时常有点晕，不知道哪句话是真的。按照她们说的去做吧，还常常惹她们生气。"

　　我："这让你有点懊恼。女生如果和男生一样，不矫情，有话直说，你觉得如何？"

　　他："感觉好像有点怪。"

　　我："这样猜去猜来的，像是一种乐趣，这样的你来我往是否就是一种互相增加了解的形式？"

他："嗯，好像是这样的。"

他："我们班上一个男的，伪装成同性恋和女同学交好，是什么心理？"

我："你为何对这个感兴趣呢？"

他："我就是好奇。"

我："我不知道他是什么心理。我看到每个人的个体差异。如果了解他是怎么想的，会影响你和他的关系吗？"

他："不怎么会吧。老师，这个就是尊重每个人的不同吗？"

这一次，我又向他竖了大拇指。

因为他又体验了一次"尊重"。

二、她没有拒绝也没同意，是什么意思？

两周后，他按预约回到咨询室。

他说："我第二次表白后，她说'害怕结束，

所以不开始'，她是不是没安全感？"

我："嗯。她不同意的理由还有什么？"

他："她说'做朋友是最长久的'，可我不认同。"

我："嗯，那你认同的是什么？"

他："要么做男女朋友，要么做普通同学。"

我："接下来，你会怎么做呢？"

他："继续向她表白。"

我："如果她不同意呢？"

他："我会一直表白。"

我："这谁告诉你的方法？"

他："我班一同学。"

我："男同学还是女同学啊？"

他："男同学。"

我："你可以这样干。但我听你说，你喜欢她。她也明确向你表示：现在只适合做朋友。你希望她按你的节奏来。你觉得这会让她感觉到被你喜欢，还是有被你强迫或是控制的感觉？"

他："嗯，是强迫和控制吧。"

我："你喜欢被别人强迫和控制吗？"

他沉默了，像在思考什么。稍后他肯定地说不。

我："你告诉我这个女孩成绩特别好，是不是？她很有自己的主见，是不是？我猜她喜欢有能力、有责任心、有上进心的男孩子，是不是这样呢？"

他："对啊。"

我："你们现在学生的能力怎样能体现出来呢？"

他："学习成绩。"

我："你现在的学习成绩怎样？"

他："前面一段时间不怎么用功，有点水。"

我："如果接下来，你花70％的精力在提升学习上，花另外30％的精力继续和她维持喜欢的感觉。这个做法和一直'坚持向她表白'相比，你觉得哪个更有可能被女孩子喜欢和接受？"

他："我现在觉得我们班男同学说的'一直表白'不靠谱。"

这个时候他特别开心地笑了。接着说："我选择静下心来学习达到自己的目标，继续喜欢她。"

这个在父母眼里"话少犟得很"的孩子，就这样一步一步自觉自愿地进入了以学习为重的正轨。

周老师给家长三点干货

1. 真心和孩子一起去欣赏、呵护、珍视青春期的"爱恋"；不说"我们不反对谈恋爱，但不要影响学习"，这听上去特别有道理孩子却无所适从。

2. 相信每位孩子都有积极向上的欲望，和孩子一起在青春期的情爱萌动中寻找力量。

3. 鼓励孩子在"爱"中学习成熟的有节制的爱。不说"你现在把控不好，等上了大学之后再说"。

如果父母希望孩子是一个有"爱"的能力的孩子，青春期是一个最好的机会，坦然与孩子一起去面对，而不是选择绕开和回避。

问题不是问题，掩盖问题才是。

从初中开始，
孩子的"问题"才逐渐高发

心理治疗医师也许能够治愈孩子的心理疾
病。只有那些和孩子们朝夕相处的人才能帮
助他们成为心理健康、自信积极的人。

——海姆·吉诺特

孩子怎么可以改变？已经成年的家长还能自我改变吗？也
许你觉得前文中提到的长大后出现问题的孩子，都是别
人家的孩子，也许你的孩子年龄还小，也没有去想自己的孩子以后
不会遇到这样的心理问题。在心智成长这条路上，起点是4个月，分
离点通常是18岁，成长期是一生。如果说时下的孩子们"重压"在
身，需要减负和解放，如果说对孩子最大的减负和解放，就是先解
放家长自己，那么从心理学的角度，内心的解放要从何处下手呢？
从心理学角度，我们的"重压"不是事物本身，而是目标和期待。

中国家长们对孩子的期望是什么呢？通过采集了几百名家长
的"七个愿望"，总结下来，排在前十位的是：健康快乐，积极乐
观，善良有爱心，坚强自立，热爱生活，自信自主，有一技之长，

诚信，有责任心，感恩。

你希望孩子长大成人后，成为怎样的人？

请正在阅读的你在此处写下你对孩子的七个愿望：

_____

_____

_____

_____

_____

_____

还记得当年我们的父母养育我们时的愿望是什么？现在很多家长七条都不够写，当年有多少父母能写够七条？现在的孩子和我们当年相比，是不是光看压力就已经"赢"在了起跑线上？孩子们了解你对他们的这些愿望吗？会不会他们认为你只是希望他学习好、听话、考一个好学校，而对这些目标一无所知？

我继续请家长做一个游戏，先从七个愿望中删掉三个，然后再删掉二个，以此类推，最后保留的一个是什么？几乎90%的家长都保留了身心健康。在我们的调查了解中，"身体健康，心智健全"几乎大多数家长对孩子最重要的期待。

身体要健康，吃什么有利，什么坚决不能吃，父母大概清楚。那对一个人的心理健康来说，哪些算"营养"哪些算"垃圾食品"

呢？我收集了家长们的一些普遍的回答。

心理健康"营养食品"：肯定他的感受，温和，坚定，有趣，欣赏，理解，宽容，安全感（允许出错），对他人和世界有价值，对自己的感受和行为有掌控感，肯定他的付出……

心理健康"垃圾食品"：否定（你什么时候坚持过），曲解（你是不是），亲情绑架（我都是为你好，你这样做了妈妈就安心了），贴标签（你就是这样一个拿不上台面的娃），数落（看看你什么时候才能长大），比较（谁谁家的孩子、电视里的人如何如何），讲道理（单向输出和隐性强迫），提要求讲条件（如果你做到这个，我就答应你那个）……

我常在讲座中问父母："在孩子的心理健康成长方面，回想过去的一天里，我们给了孩子多少的'营养'，多少的'垃圾食品'？"家长们就会若有所思，感觉几乎从来没从这个角度来思考教育，更多的是在用自己觉得正确的方式"管教"孩子，没去关心过孩子的内心活动和感受。

"如果有一种爱是以分离为目的，那就是父母对孩子的爱。"当我说出这句话的时候，孩子处于青春期的父母常常很有感触，有一位妈妈当场就流泪了，她的孩子当时念初三。孩子的心理教育，应该从多大年龄开始呢？从出生被抱在手里的时候，就开始了，通常前9个月都能得到很多的拥抱、抚摸、笑脸、肯定、宽容和及时回应，从开始学习走路开始，家长逐渐有了更多的期待，孩子有了自己的感知。

20年前我的驾校老师告诉我："开车时眼睛要看远处，这样才开得直。"这句话不仅解决了我那个时候的困难，也几乎成了我日后生活的人生指南之一。近处的问题要得以解决，要站远些来看。

在孩子从0岁到18岁成人期间，家长和孩子的日常互动如何造就了孩子的人格？对孩子的陪伴，除了花时间，父母还做了些什么？讲道理？引导？观察？反思？自我学习？

家长和孩子的日常互动又是怎样偏离最重要的心理健康的目标的呢？

"事与愿违、冤假错案"，工作中，从我脑子里常常冒出这8个大字。我常被问："孩子成长中出现的问题，到底是孩子的错还是家长的错？"无论是揪着"问题孩子"不放，还是揪住"问题家长"不放，谁来背锅都不合适，家长与孩子之间的互动才是问题的关键。也就是在如何表达、如何回应、如何指导、如何鼓舞、如何坦诚、如何尊重个过程中，共同创造了孩子的成长，同时也共同创造了问题。

有一次我听到电梯里一位中学生说："'那些'三线城市来的学生做题太厉害了，数学题我们都只做得出来两道，他们可以全部做出来。"妈妈："那说明你知识掌握得还不牢靠。"

这些听上去特别没毛病的回应，家长以为能鞭策孩子，在心理上，却是日积月累地摧毁孩子的自信心，成功地让孩子减少和你说话的频率和诚实度。

听见一位妈妈给另一位妈妈语重心长地说："现在孩子的心理教育很重要。"打开这本书的家长们都同意吧。我们目前的心理教育大概处于怎样状态呢？中国式教育遇到的挑战之一是用爱来"控制"，但"控制"方不觉得，"被控制"方的孩子用做不好或是厌学来表达反抗。家长用"对你好""为你好"的方式和说辞来缓解家长的焦虑，满足家长的需要，但成长中的孩子不认账，在父母和权威眼中的"好"和自己觉得的"好"之间被"卡"住。

家长需要意识到自己在日常互动中那些看上去非常正确、听上去没有毛病的对话和行为，与孩子的心理、行为、人格特质、思维方式和行为模式、人际关系、情绪的发展有着非常重要和关键的联系，我们希望在既保护家长的自尊心、给予孩子发展空间的同时，又给家长成长和自修的心理空间和能量。

于是，我尝试着成立了"家长小组"，连续8周与家长一起，在与他们的日常生活互动、交流沟通中去体会和觉察发生了什么，是什么"卡"住了我们，发生了什么误解，帮助家长自主地去发现，去体会，去选择更能内外一致地教养孩子的方法和途径。

通过将日常对话记录下来，在小组重演的过程中，家长们一点点地去体会孩子的内心，去发现自己的问题，去发现被情绪遮盖下的真正意图和动机，去尝试寻找自己内心更恰当的表达，课后又回去在没有台词排演的生活中，去尝试，去体会那种由内而外的改变带来的喜悦，那种不得法又一次次地鼓足勇气探索的复杂心情，去承受家庭中的改变带来的压力……

中国家长常因为"一切为孩子好"、在孩子身上牺牲自己而被诟病，被认为为孩子付出过度。在我的工作中，我有机会从另一个角度体验了中国家长的强大动力。他们一旦了解孩子行为背后内心的真实感受和想法，知道了应该要为孩子改变，并且学会了如何具体地改变，他们回家后就可以立即改变起来。看见思维语言和行为方式相对固化的父母们，为了孩子的成长，一遍又一遍地改变自己，反省和发现自己并鼓励自己，也看见很多孩子的巨大改变。我常由衷感叹"家长一小步，孩子一大步"。我一直在探索，现在也不能说找到了非常见效的办法。不过在过去5年带领的"家长成长"团体里见到了父母们的变化，收到了他们的作业和反馈，家长们也愿意将部分作业公开，共同来完成一本能帮助到更多家长的书。是他们给了我坚定的信心和勇气。

你是那个和孩子朝夕相处的人吗？"夫妻矛盾多半是为孩子"的这个魔咒我们可以解除吗？家长的潜能可以被"熊孩子"激活吗？让我们从下面五封家长学员的信里试着找寻一下答案吧。

第一封　当7岁的女儿感觉被"懂"了，我发现一切变得容易了

来自2015年10岁以下家长小组春季班

我是80后，独生女。我有一个可爱的千金，今年7岁，小学2年级。

离开父母后，工作、结婚、生子，对我来说，角色的每一次转变都不是那么容易。最近几年工作越来越忙，很少与孩子交流，

心中深深愧疚。工作上分心出错，也时常受到责备和埋怨。业绩下滑，心里焦躁不安，心神不定；在家一点小事就可以发很大的脾气。还对父母抱怨，对爱人指责，对孩子大吼。

我把问题归咎于孩子，认为是孩子不懂我，不配合我，是她让我这样的，我要想办法改变她。买了很多书，书上的方式，在现实中好像怎么用都不得劲。倒是曾经父母对我用的老办法，效果来得快，可我和孩子的关系也越来越僵。苦恼中，我看到了心怡时间的一则课程简章。抱着试试看的想法，参加了2015年的7月班家长小组。

我感受最深的课是怎样去倾听和接纳孩子的感受，我之前是多么希望有人能了解我的感受，我发现我没得到过，也从来不会给予。

练习接纳后，孩子突然有一天告诉我："妈妈，我感觉你懂我了。"瞬间激动的心情不亚于得了大奖！

触动最深的是，我在课堂上深深体验了称赞也是需要发自肺腑，而不是技巧。我突然感受到了以前女儿在听到我夸张地说"你好棒喔"时不屑的内心。

回家我尝试着把我的真实感受告诉爱人："请不要再像以前那样夸我，我感觉很假，因为我自己觉得自己没有做得那么好，我希望你看到我的努力就好了，我害怕有一天不好了，你会更失望。"

课程中我的最大感受是全程没有说教，而是让我们学着去了解自己和孩子的内心都发生了什么，怎么发生的，是否是符合初心，是否真的对孩子好。

我第一次深刻体会到我们教养孩子的方法是从自己的原生家庭中模仿习得的，很牢固又很僵化，我也渐渐明白之前的各种教育书籍、文章、"读不下去""用不出来"是卡在什么地方了。

　　原来我们一直关注的是表面的技巧、普遍的理论，完全忽略了孩子长大过程中的心理，当我作为家长，跟她说话，回应她，或是行动时，孩子到底是什么样的心理活动，是什么情绪和想法？她那样做时心理活动又是什么？根本没去关心过，就算知道去关注，也不知道是怎样的。

　　而我为何总忍不住发火？为何无法露出笑脸？为什么想表扬孩子却得不到孩子的认可？

　　课堂上心怡老师引领着我们，慢慢去了解，去体会，去实践，一开始是非常困难的，开口说一些从未讲过的话，承受家庭里其他成员的嘲笑，改变在日常生活中自己的说话和行动。

　　后来，我发现我的生活悄悄改变了，女儿开始黏我不理她爸爸了，客户的订单多了，我的精气神也好多了。

　　说实话，我现在都不太想得明白，这些变化是怎么发生的。可能真的如心怡老师说："心理学的神奇就在此，和中药一样，悄悄恢复健康，但你无法用机器检测出来它是怎样运作的。"有了这个经历我才真正对书上的话有了深刻的体会，知道在琐碎的日常中怎样去说话和应对，并学会原谅自己的不足，在不停地完善中还能保持对自己的欣赏。真正在心里去理解孩子的行为表现，承接她的情绪，去启发和激励孩子的同时，也接纳和欣赏了自己，这才是持续的财富和动力。

　　我希望有更多的家长能在这样神奇的课程中，收获属于自己的陪伴孩子成长的经历。

第二封　辅导孩子学习，"鸡飞狗跳""两败俱伤"
##　　　的局面就这样减少了

来自2017年秋季青春期家长小组秋季班

如果（一）

如果孩子是一种商品

我希望

可以拥有选择的权利

比如

他/她乖巧伶俐

善解人意

还

成绩优秀

自强自立

如果他们

撒谎玩游戏

暴躁叛逆

那么还可以

投诉差评

无条件退换货

从此以后

家里一定

其乐融融

和风细雨

《如果（一）》是在参加青春期家长小组课程之前，我内心真
实的写照。

课程之初我们写下了孩子的问题：不爱学习、喜欢玩手机、
没有时间观念；我们的期待：学习自觉、有自控力、有良好作息习
惯。带着期待和怀疑，进入周艳心怡老师带领的家长小组，8周的课
程学习练习，改变在慢慢发生。

课程之初让我陷入了反思，为什么我们给了孩子所有的爱，也
努力教育他们，希望他们成为正派、富有同情心、能承担责任、关心
他人的人，但却事与愿违，他们变得害怕胆怯、粗暴不体谅他人、令
人伤心失望。原来我们不是缺乏爱心，而是缺乏对孩子的理解；不是
因为缺乏智慧，而是缺乏知识。平时只关注到了孩子的身体健康、学
习成绩，但心理方面的"养分"却并没有真正给予提供。

如果我是孩子，我会希望我的父母是什么样子呢?

如果（二）

如果父母是一种商品

我希望

可以拥有选择的权利

比如

他/她和颜悦色

善解人意

还

风趣幽默

宽厚包容

如果他们

指责辱骂

说教体罚

那么还可以

投诉差评

无条件退换货品

从此以后

家里一定

其乐融融

和风细雨

认识到了根源，我们开始转化视角、刻意练习、开启新的对话方式。当孩子伤心害怕地拿着不合格成绩单回家，我们不再谴责、羞辱、打骂；当孩子上当受骗，我们不再嘲笑、责备；当孩子贪玩、不守时，我们不再唠叨说教，而是采用聆听和理解的态度和他/她交流，给孩子指导而不是批评，我看到了孩子眼里的感激和信任。

要改变多年的思维习惯是个艰难的过程。小组成员共同讨论学习、分享感受的这种方式给我们营造了一个互相鼓励、轻松愉快的学习环境。

我们在改变与孩子的交流方式和处理方法后，孩子的变化是显著的。以前练琴基本靠吼，现在练琴自觉自愿；以前学习懒散，现在有要求有目标；以前贪玩的孩子，现在慢慢学会自律。最让人惊喜的是孩子以前极力反抗爸爸辅导学习，现在遇到困难主动要求爸爸帮助补习；以前辅导功课的画风是鬼哭狼嚎一片狼藉，现在辅导功课的画风是欢声笑语一片祥和。孩子与爸爸的亲子关系从抗拒对立慢慢向接纳亲密发展。

我身边有许多和我们当初一样面临青春期孩子焦虑困惑的父母，请坚信"家长一小步，孩子一大步"。像孩子一样去学习，去成长，去改变，任何时候都不晚！

知道，然后做到。为期8周的课程，我们不仅收获了教育孩子更好更有效的方法，还改善了父女之间的亲子关系，实在是让家长开心。

第三封　儿子高中快毕业了，
我学会了真正地理解和欣赏孩子

我是一名独生子高中生的妈妈。从孩子降生的那一天起，我就想要做一个好妈妈。陪着孩子走过婴幼儿期，跨过儿童期，进入少年期。虽然我想要做好妈妈的初心不变，但是心态早已变得不那么笃定了。面对孩子的学业成绩，面对孩子的各种行为习惯，我变得恼怒、唠叨和焦虑。

而那个以前让我欣赏的活泼自信的小男孩开始变得沉默寡言、不配合甚至愤怒。我无措而不甘心，开始想要改变。我开始购买相关书籍阅读，书里的确有很多分析，更有很多方法，我偶尔也尝试去听一些讲座，而老师们在台上讲得头头是道，我在下面也听得频频点头。

回到家，也下定决心要理解接纳孩子。可是当面对孩子的初三升学季，看到孩子的成绩没有上升，反而下降时，我看过的理论、听过的教导统统失效，我变得更加焦虑。看不到孩子身上种种好，也看不到他承受的巨大压力。我不断地提醒着孩子各科成绩要达到多少分才能考到那些高中，我还常常在他某些科目考得不好时，诉说着对他的不满和失望。孩子没有如我所愿地更加努力，反而变得更加不开心和压力重重。

在经历过初三那段不愉快时光后，我开始重新审视自己。我该怎么去做一个妈妈？我该怎样去陪伴孩子度过三年高中时光？我很后悔曾经对孩子的伤害，我想要给到孩子一个充满鼓励和信任的三年相伴时光。但是我真的不知道怎样才能做到。在得知心怡老师在举办青春期家长小组后，我下定决心去参加，只为了变成自己想要成为的那个妈妈。

第一堂课，我带着好奇倾听着老学员们和老师谈起他们生活中与孩子的对话，大家分别扮演着孩子与妈妈，家长们一遍遍练习，老师则不厌其烦地询问每个人的感受和想法。我倾听着，也谈论着自己的观点和感受。这与以前以老师讲授为主、大家倾听的课完全不同。每个学员都有很多时间去讲述去倾听去谈感受，老师则倾听着，询问着，讲解着。上课还是很轻松的，也很有收获。

上完课，老师给大家布置了作业，用课堂上学到的方法在生活中去和孩子沟通。哎，要完成这一作业真的有难度。要寻找能和孩子沟通的机会，要使用以前不曾用过的一些语言表达，还不知道和孩子说的时候，他会不会理睬。而且还要记录下来，带到课堂上来交作业，最后只有硬着头皮去和孩子说。就这样练习了几次，去慢慢寻找感觉，感觉越来越好。

可是练习到倾听和接纳，我总是觉得有所欠缺，老是接纳不了孩子的感受。可能是我在倾听的时候心里揣着自己的想法和判断，就是觉得孩子的行为不好，不应该。终于又一次的作业我觉得不够满意，不想完成了，上课时老师只是表达了遗憾，可是听着同学们的作业，我自己一下就感觉到了压力。一回到家，我想，我为什么害怕作业：因为看到的案例太少，而不熟悉该怎么去说，因为练得太少，而感到有些力不从心……想通了才知道怎么去行动，从此对作业我愈加上心。练得越多，老师平时点拨得就越多，提高得也越快。

而倾听同伴高质量的作业也是受益多多，终于能很用心地倾听和接纳孩子的感受。以前不愿和我说话的孩子也越来越愿意，在每周放学的路途上向我讲述他在学校的开心和不开心的事情。

"辣子鸡丁"是一道川菜菜名，几乎所有四川人说到辣子鸡丁都会联想到：一大盘辣椒，美味酥香的鸡丁要在辣椒里去寻找。常有家长反映：知道要多给孩子肯定帮助孩子建立自信心，但在生活中家长满眼都是孩子的问题、对孩子的担心，很难发现孩子的闪光点而给予及时的肯定。于是我就借用了"辣子鸡丁"来比喻我们在不满意的局面下，要相信"满眼的辣椒"中肯定有"鸡丁"，去寻找值得肯定的地方。"辣子鸡丁理论"即指学会真正的称赞。

"辣子鸡丁理论"让我们从接纳孩子跃升到夸奖欣赏孩子。没错，大家可能觉得地球会说话的人都会夸奖人，还用得着学？我以前也是这样认为的，但是现在我终于明白，以前所谓的夸奖只能算是表扬，表扬和夸奖的区别太大了。表扬是孩子做的符合你的价值观时，你才会使用的一种评价，不能激励到孩子，也并不是在欣赏孩子。一次次的练习作业从不会夸奖到开始夸奖孩子时，有时我能感觉到我是真的在欣赏他的这些闪光点。不知道儿子感觉到了没有。

不过，我明显感觉到两个变化：一是儿子更愿意和我讲心里话，二是孩子的学习动力和自觉性提高了。

终于我们结业了，虽然完成了这期课程，但是我们的学习之旅才真正开始。

第四封　一位爸爸：刻意训练会带来神奇改变

来自2018年青春期家长小组秋季班

8周的青春期家长课已经结束近两个月，这是参加培训后自己改变最大的一次，现在想起来真是很神奇。

通过转化视角、刻意训练、角色扮演，实实在在地改变了我，让我和爱人与孩子开启了全新的沟通。

我们关注了孩子的心理健康吗？帮助孩子认识到什么是情绪吗？第一堂课的问题给了我当头一棒，真还没有！平常关心孩子的身体健康和学习成绩比较多，但心理方面的营养还真没有提供。

这让我看到了自己的问题，不要说孩子，我自己对情绪的认知也不是很准确，这让我开始转化视角，从关注孩子的外在结果转向去探索他的内心世界。

改变多年形成的思维模式和语言习惯真是很难！从生搬硬套开始，当第一次捕捉到孩子情绪变化的点，引导他说出情绪时，我简直高兴得想跳起来，真是能够做到的！第一次的成功让我们对变化充满了期待。

通过每周作业强化了学习效果。把我们与孩子的对话记录下来，这让自己不仅需要刻意去练习，而且在记录的时候会反思。课堂上，不同的家长间分享作业，扮演不同角色复盘对话，互相点评，不断强化应用。不同家庭的成功案例，让我们对变化满怀信心。

带来的成效是显著的，我们与孩子之间的话题越来越多，对话越来越轻松。甚至孩子还主动聊起以前哪些方面对我们不满，例如：初二开始就觉得跟我谈话感觉很压抑，有些周末不希望我回来；妈妈哪一次对他态度恶劣……真没想到我们以前的一些行为对孩子带来的影响是这么大。

更让我们没想到的是，通过学习，我们夫妻之间的感情更好了！8周课，我们一起共同学习，模拟演练、相互提醒，不仅发现对孩子的情绪认知和沟通方式存在的问题，也认识到了我们自己的情绪问题和夫妻之间偶尔拌嘴背后的原因。简直是让我们重新发现了彼此。

我想给其他面临青春期孩子困扰的父母说，现在开始去学习，去练习，去改变，根本就不晚！

第五封　如何成为真实的自己？

来自2019年家长成长团体冬季班学习日记节选

记得周老师曾经写过这样一句话："没有人愿意被改变，但每个人不会真的拒绝变得更好，都想成为更好的自己。"接着这句话我问我自己："什么样的妈妈是更好的妈妈？"自从女儿出现了心理问题，我又退而求其次地问自己："什么样的妈妈是合格的妈妈？"

为了和青春期的孩子一起成长，我愿意成为更好的自己。不，应该是成为最真实的自己。如果一味地从别人口中了解自己，那么永远也不可能找到真正的自己。那怎样的自己是真实的呢？我有些困惑。带着很多的困惑也是出于对周老师的信任，我参加了老师组织的家长成长团体课。

刚落座，周老师就让我先做一个自我介绍，并且告诉我要真实地说自己小孩的基本情况。尽管不习惯被大家所注视，但是老师柔和的声音和安静平和的氛围让我觉得自己是安全的、放松的。我开始说自己小孩的情况，说着说着我就忍不住哭了，我说我觉得自己现在是一个失败的妈妈，以前我一直努力跟上孩子成长的脚步，自己不断地学习。曾经乖巧的女儿在青春期突然出现的种种心理问题和生理问题让我觉得很心疼她。我想帮她却又无从下手，所以报名来参加这个课程。

老师首先告诉我们什么是健康的亲子关系，良好的亲子关系是有一定距离地观察孩子、发现孩子、激活孩子、回应孩子。那什么是好的妈妈呢？是承认自己做不好的妈妈，承认自己是不完美的有缺点的妈妈。对照我自己，我在养育孩子的过程中几乎扮演着一个无所不能、对孩子有问必有答的妈妈，一个几乎不在孩子面前流泪的坚强的妈妈，一个即使有了错误也很少在孩子面前承认错误的刻板的妈妈。

通过这次课程，我明白了心理健康和身体健康同等重要，以前我以为只要从小培养孩子良好的阅读习惯和运动习惯，很多东西经过时间孩子可以自己慢慢悟出来，却忽略了对孩子心理的关注。特别是当孩子出现焦虑、强迫、恐惧，甚至不愿意去上学等问题的时候，我才发觉自己已经忽视了很多东西。

比如认识和调节情绪，释放和调节压力，比如无条件地接纳孩子的情绪，有条件地限制行为，等等。特别是无条件接纳孩子的情绪，如果没有参加这个课程，我是觉得孩子有负面的情绪就是不正常的。

第一次上课，对于我来说不是一件轻松的事情，有太多的固定的模式被打破了，但是成长不就是伴随着苦痛吗？

流泪后的感觉真的很好。

2019年12月22日

今天是家长团体的第二次。

这样的培训一共有8次，每次两个半小时。其实在每参加一次后我都会在心里算出剩余的次数，因为参加这样的培训，对于一个住在郊区尤其是培训结束后夜里11点才能到家的人来说也是一件很不轻松的事情。但是既然是来培训肯定是希望学有所获，回家能帮到孩子，想想这样的收获自己也是咬着牙不断计算着次数来参加的。

尽管来这里学习的家长的孩子都存在各种各样或大或小的问题，但是就像老师说的，只要愿意来的父母，其实就是愿意为孩子做出改变的父母。

这节课的开始老师先让我们回忆上周的学习内容，比如什么是良好的亲子关系以及怎样运用小海龟和小脆饼的原理。

借着这些理论，老师让我们角色扮演，即模仿书中的对话，分别扮演父母和孩子。其实这个活动很有趣，因为你在角色中尤其是在扮演小孩的过程中听到大人的话的时候，你才真正明白小孩子的不容易，真正站在孩子的角度去理解他们，才能做到无条件地接纳孩子的情绪，有条件地限制行为。

在这个课程中，我们学会了什么是一致性表达：1.客观描述当下的事实（我听到了什么，我看到了什么）；2.表达自己的感受或情绪，但不要情绪化地表达；3.表达希望（我希望什么，如这对于你来说很难，是很不容易的，请问你是怎么做到的）。

通过学习，我明白了活在当下，感受现在的重要性和幸福感，同时也明白了孩子其实需要安全感和掌控感，如果父母有意识到这些，并且有意识地培养孩子的话，慢慢他们会有弹性和韧性，这不是一个健康孩子所具备的良好品质吗？

在课程结束之前，老师提出了要求：一定要回家刻意练习学过的理论并记录和孩子的对话，下次上课交作业。

我收获满满，回家及时记录了今天上课的内容和感受。

2019年12月29号

今天是第四次团体课，是我参加的第三次。今天的收获非常大。

其中感触最深的是老师教会我们的有意识地聆听。通过这个环节，老师不断训练我们的倾听能力。因为只有具备了这样的能力，你才可能站在对方的立场上和别人共情，进而理解对方的感受。不要急于做出评价，而是先倾听，然后再做一致性表达。只有这样，你才会慢慢养成倾听的习惯和共情的能力。只有家长无条件地接纳孩子的情绪，有意识地引导孩子学会表达自己的情绪和想法，孩子才不容易出现心理问题。

其实在互相分享和聆听的过程中，我发现家长们的变化非常大，短短两节培训课后，他们巧妙地学习和运用了老师教的方法，在反思中一点点成长，特别是夫妻双方一起来的，更是学会了互相欣赏和彼此鼓励，我都忍不住为他们的成长喝彩。要知道最初来的他们都是在互相的指责中表达不满的。相信愿意为孩子做改变的我们，孩子们是会感受到的。

所以，要想达成一个目标，不要老是指望对方为此做出努力和改变，首先问问自己为此做了什么事情或做过什么努力。这也是今天的作业，老师要求我们回家完成。

要改变自己的语言习惯，尝试用幽默方式表达最好。夫妻双方也不要总关注孩子的问题，其实，良好的夫妻关系才是对孩子爱的最好的示范。因此多站在对方的角度，多用共情来和对方对话，相信如果彼此都有这样的改变一定会让家庭和睦、孩子受益的。

当然和孩子的相处过程也有很多方法和技巧，比如延迟满足，可以和孩子讨论和商量方法，多设置开放的问题，培养孩子多维度看问题，这样孩子以后遇到问题才不会钻牛角尖、一根筋。

反思自己面对孩子不想上学、听不进课如何处理的，我都不敢接孩子的话，就是怕她真的不去上学了。多亏今天老师带我做了这样的练习，让我找到了回答孩子话语的方法、勇气和力量。让我明白真正的教育不是死板，而是灵活有变化的。

这是我今天最大的收获。为此，我心存感激。

2020年1月13日

上周因为重感冒，耽误了一次课。今天是团体课的第六次。

本来这周孩子的表现已经在向好的方向发展：能够良好入睡，能够坐在书桌前做作业，不再抱怨不舒服，一再地表达想认真学习，把以前错过的时间补起来。可是到了第五天，又遭遇滑铁卢，周六又被打回原形：不想起床，不想看书，身体不舒服，等等。

面对这样的境遇，我也开始变得不淡定了，看过她转好的一面，就不太接受她又开始变差的状态。我的心情开始变得很烦躁，心脏也开始不时地疼痛，也在开始埋怨自己真的命不好，怎么孩子会出这样的状况折磨我呢？

幸好这周的学习开始了，在老师那里我慢慢平复和调整了自己的心态。

这一次的收获也不少。

开篇老师复习了抱枕头的理论：即自己抱自己的枕头，各司其职，属于孩子的责任要她自己承担。接着老师开始评讲作业。我的作业是第一个，老师让我扮演孩子，另一个家长扮演妈妈。经过老师有意识地提问，我竟然意识到看似平常的对话却蕴含着好多的智慧。接下来老师让我们要学会察觉，不仅要察觉自己的情绪，也要察觉孩子的情绪，只有觉察到了的，才可能站在对方的角度去理解她，即无条件地接纳她的情绪，有条件地限制她的行为。

最后我在这节课里也学会了多去觉察，多看她现在有哪些好的方面，尽可能坦诚自己的不足和缺点。自己真实了，孩子是会察觉的。自己的情绪稳定了，孩子也会慢慢学会的。

这不正应了第一次上课前我一直思考的问题，怎么做一个真实的自己？

第三章

3岁以上孩子家长
需要了解的6个发展心理常识

第一节 "像朋友一样"是最好的亲子关系吗?

我问:"你们觉得父母和孩子最好的关系是什么?"

家长们常脱口回答:"像朋友一样。"

我:"想想我们有这样的朋友没有呢?不计付出不计回报地提供给他一切生活学习所需,为他的安全前程担心焦虑,如果他没有按自己的期待言行,就想要管教他。"

家长:"好像……没有。"

我:"那我们希望和他们像朋友一样,是暗暗希望孩子能把我们当朋友没有隐瞒地给我们讲真心话,还是希望能和孩子彼此喜欢,彼此理解又彼此尊重?"

家长:"好像……是前者吧。"

中国古话"养儿才知父母恩",事实是孩子在长大成人的这18年中,几乎是不可能理解到父母的心境。那我们又会不会什么事情都告诉父母呢?答案是:不会。回想小时候的我们自己你就会相信,指望孩子能理解我们,是一件多么和自己过不去的事情。

有没有哪一位朋友你会对他有那么多的期望和具体细致的要求呢?有没有哪一位朋友,你看见他的每一点成长变化都会很激动,你会不顾一切地愿意保护他和支持他呢?所以,家长与孩子怎么可能是朋友呢?

如果平等是做不到的,如果父母的权威地位很长一段时间里是真实存在的,如果每一个孩子都希望能被父母喜欢和肯定,如果每一个孩子都希望自己独立成长的时候,能被允许,而不是被控诉或绑上"不懂事""不感恩""不顾及父母",那孩子成长的路上,家长和孩子的关系有没有什么可以参考的呢?

从心理学的角度来看,教育是一个自我认知和自我指导的过程。好的养育就是给予孩子一个可以自我认知和自我指导的安全而有能量的家庭环境。彼此间肯定、欣赏、接纳、理解、关心、保护、尊重、支持、引导和各自负责的亲子关系,就是我们常说的"爱"。不过,只有少数家长自己的成长过程中,得到过这样精神上的爱。对于大部分家长来说,通常会本能地给出自己小时候得到和理解的爱:我为你好,我克勤克俭,我尽可能满足你物质上的需要,我给你我认为好的东西,我担心你、操心你、过度保护你限制了你的发展空间和试错机会,或者我让你难堪批评指责你让你觉得自己很差劲。

父母和孩子最好的关系是怎样的呢？很难有统一的标准。那有可以参考的标准吗？有三点可以参考：

一是因为彼此信任而不是彼此提防，所以彼此是有安全感的，可以讲"负面情绪"，可以争吵，允许不一样，允许出错；

二是有边界和互相尊重的，互相照顾又彼此独立的；

三是彼此互补互相促进成长的，不是互相嫌弃而是彼此认可又保持各自不同。

第二节 "家规"还需要吗？有用吗？

回答这个问题，要看你怎么理解家规的制定、家规的内容以及家规的意义。

家规是家庭成员共同制定的：你需要我做什么，我需要你做什么，在这个家庭系统里，我们各自有什么权利和义务。目标是为了每个人在这个系统里都有分工，有权利也有责任和义务，有贡献也都有自己的所得。是那些明里的规定（挂在嘴里的唠叨）和潜规则（没有说明，但如果有人这么做了，将被批评）。不同家庭有着不同的提倡和禁忌。

只有确定而清晰的规则才能让孩子和大人获得真正的自由。

在我带领的家长小组团体里，有一项工作是回去和全家人一起梳理自己家里的"家规"。随着孩子年龄长大，不同时期，家庭系统的规定有可能改变，如果比较具体和细致的话。家长反映立家规后，对孩子的行为有约束作用；有些父亲长期不在，也可以做一个母子间的家庭公约。家规可以让明规则潜规则清晰化，其实6岁前的孩子更容易接受规则，大一些的孩子反而难度大。

家规是阶段性的计划，是动态变化的，制定以后的行动跟自己以前比较有变化就不错。父母可以用不同养育风格对待孩子，并不是非要一致，不同类型的父母正好是孩子接触不同社会类型的互动机会，相比于争对错输赢，互相尊重和相互补充是对孩子、对家庭更好的互动原则。

其中一份家长的作业

家庭公约（家中四人。夫妻，大女儿7岁，小女儿4岁）

1. 任何事情都没有生命重要，活着是第一位的。

2. 自己为自己的快乐负责，不快乐时自己想办法，埋怨别人更不快乐。

3. 背心短裤遮住的地方不让人看和摸，是隐私，有人碰了就要告诉爸妈。

4. 不吃冷的东西：冰激凌。

5. 先做好工作或作业，再去玩。

6. 每天早晚刷牙洗漱或洗澡。

7. ×岁以后生活基本自理（自己洗澡，洗内裤，洗碗，叠被、穿衣服）。

8.在家里全家人都要午睡。

9.物品使用完了放回原处，学习桌每晚用后收干净。

10.大的照顾小的不一定是让着小的。

11.别人哭了，自己就要闭嘴。

这份公约里有虚有实，有约束小孩的，也有约束全家人的，公约里既有青春期孩子提出来要权利的条款，也有约束家长的条款。

制作家庭公约的思路和重要作用在于：所有成员感受到家庭的幸福，每个个体的生存和发展都相互独立又彼此相连，这能培养孩子独立合作的意识和行为方法，又能减轻家长因为过度保护，或者轻视忽略粗暴对待给孩子造成存在感和安全感的缺失；家庭成员在自己不同的阶段和角色都需要承担责任和做出贡献，都会觉得自己是有用的、被需要的，有价值感；培养小孩从小养成和人相处做事情的边界感，对规则有所畏惧也享受规则带来的自由。

现在有的家庭太过紧密，边界独立空间不够，成员就容易控制和反控制地抗争而觉得累，有的家庭又太过于独立和疏离而没有合作，成员会有孤立无援的无助感。我们可以问问自己的家庭，有明确清晰的家规吗？孩子们参与了解和共建了没有呢？是只约束孩子还是全家人都需要遵守不同的规矩？家里没有家规但是有潜规则吗？潜规则会不会是妈妈变化的心情和爸爸的脸色呢？没有一个人能够在变化无常的外界规条下训练出自己的边界感和自律性。

第三节　"分数"不重要吗？学习的意义是什么？

学习是孩子自己的事情吗？学习是谁的事？谁在操心？如果是孩子的事，怎么到后来爸爸妈妈操心，而孩子无所谓的样子？身在其中的孩子的感受和想法又是什么？在普及了素质教育的许多年后，在目前的亲子关系中，造成亲子冲突的最为突出的核心问题，还是绕不过学习和分数。

常有家长焦虑万分地问："我家孩子学习主动性差，我家孩子厌学……"我都会说："恭喜你，你的孩子正常着呢。"

正常人都会有厌学的时候，厌家务，厌工作，甚至厌烦当年花九牛二虎之力追来的老婆，厌烦当年过五关斩六将挤进去的单位。何况现在的孩子每天学习的时间通常在10小时以上。

有几个问题和大家讨论讨论：

问题1：分数重要吗？

一次我讲座现场，一位10岁的孩子告诉我："分数重要，也不重要。如果没考好，回家要被爸爸打被妈妈说。不重要呢，是如果考好了，也没有什么。"一个小学生的爸爸说："我觉得现在分数不重要。因为我听了一个讲座，教育我们家长不要把眼睛盯在分数上。"有人问："那孩子小升初的时候呢？"爸爸说："小学三年级之后就很重要了。"有家长说："孩子考得好的时候，我们就让孩子不要骄傲。考得不好的时候，我们就说分数不重要。没关系，下次努力考好就是。"另外一个家长鼓足勇气说："分数还是重要吧。升学的时候，分数不是第一重要门槛吗？"

我接着问家长："钱，重要吗？"这次回答比较一致："当然重要啦！"又问："钱，是一切吗？"大家回答："不是啊。"继续问："家长们最近有参加同学会吗？看看当年那些学习好分数高的同学们，都过得怎么样？成绩不怎么好的，日子又过得如何呢？"家长们回答："呃，不好说，不好说。总体来讲成绩好一些的还是不错。"我说："如果我们说，分数重要，但不是一切。你们同意吗？"

分数重要，因为它关系了我们的选择权有多大，关系着我们是被选择，还是有选择。这些是事实的真相，但我们在孩子面前，为了证明我不是一个只看分数的家长，证明我是一个开明的家长，或者在我们自己的内心遮遮掩掩，摇摇摆摆，让孩子们不明确，我们也难以坚定地对孩子说出来："分数非常重要，但不是一切。"

问题2：学习对孩子的意义是什么？是提高分数吗？

家长们说："不完全吧？是学习知识啊"，"不同阶段意义会有些不一样吧？"我说："学习不只是孩子的事情，学习是伴随一生的。看爷爷奶奶还在学太极跳广场舞，爸爸妈妈还在上培训课，是不是这样呢？"家长们说："这是真的。"

进学校学习对孩子的意义又是什么？认识并结交朋友，学会与其他人相处，学会面对和解决问题，学会遵守纪律和规则，学会表达自己……

我认真听，认真回应："我们把这些通过日常生活的例子，都明确告诉给孩子了吗？孩子们心里都接受了吗？"家长们说："我们说得比较多的是不爱学习，进不了大学，看你怎么办？"我接着问："'快乐学习'是有可能的吗？"家长们开始有不同的意见了。有说，学习原本就是艰苦的，怎么可能快乐。也有说，我们希望孩子能快乐学习。

问家长："你们自己的成长中的亲身体验是什么呢？"家长们沉默。我说："大部分记忆是辛苦的。当自己通过努力取得了成就的时候，很快乐。是不是这样呢？"家长们纷纷表示赞同。

那，我们可以怎样告诉给孩子关于学习的意义呢？

"孩子，学习本身是一件并不总是让人舒服的事情，哪怕是你感兴趣的事情，遇到难处我们总想绕过躲过，这是人的本性。学习也不只是做作业、听课、考好的学校，这只是学龄阶段的主要任务，这个任务训练我们的智力发展达到个体的良好状态，所以需要经历；学习有很多形式，有些你喜欢，有些你会反感；有些结果让你喜悦，有些过程让你觉得很难很痛苦，有些过程让你享受，学习是一生的乐趣，也让我们的生活充实。"

问题3：学习是孩子自己的事情吗？

家长大多会脱口而出："是孩子自己的事情啊！"我问："那为什么孩子做作业拖拉，没完成作业，你比他着急多了呢？为什么孩子的题做不出来，你马上去帮他呢？为什么他没去上课，你比他还着急呢？"有的家长说："我没过度关注孩子的学习成绩，我只希望他有个主动积极的学习态度或者高效的学习方法。"

把对孩子的关注变成对孩子的压力，是我们家长比较擅长的，并且自己并没那么容易察觉。因种种原因孩子的学习成绩总是不理想，离家长的期望有距离，家长对孩子的冷落、嘲讽、打骂，都有可能导致孩子厌学、逆反甚至离家出走。在孩子成人之前，孩子的任何"问题"行为，都需要父母和孩子各自承担起自己的责任，有助于并解决问题。

不同时期的孩子由于心智成熟度的不同以及所处时期的主要任务及周边环境不同，造成孩子厌学的原因也不尽相同。孩子如果不想学习，不想进学校，家长可以尝试不着急批评责骂，不着急讲道理，不着急鼓励，先听听了解下原因是什么。如果不去，他有什么好处？去了，有什么担心？遇到了什么困难？是老师的教育方式太过严厉，孩子觉得被伤害感觉不安全，还是害怕交不了作业，考不了满意的分数？或者是有其他的原因。给孩子一点时间，陪伴孩子，让孩子在被贴上"厌学"的标签之前，有机会去学会面对和跨越他人生中的一个困难。

因为工作的原因，我有机会和孩子们走得比较近，能听到一些平日里他们不曾对家长们说的心里话。这是2018年带领青春期同龄人工作坊团体的一次工作记录：

几天工作坊活动下来，同学们从陌生变成了熟悉，结束的那个晚上我请他们吃一顿好的聚一聚。吃饭的时候，看着这一群可爱的娃嬉笑吃得欢乐，我这个母亲高兴的啊，我说："你们爸爸妈妈如果看到你们这样吃得开心，肯定好高兴喔。"有孩子吐槽开玩笑："他们才不会喔。"幽默地学父母说话："考得这么差，就应该反省，痛哭流涕地检讨，努力发奋，还这么开心！"

看，孩子和父母之间总会有很多的误解啊。父母们肯定很好奇，这两天里发生了什么？因为团体需要每个孩子打开心扉参与，所有涉及个人隐私的细节内容是封闭保密的，孩子们非常遵守约定，回来也不会给家长讲。不过，我可以来汇报一下，我们都学了些什么。接下来家长们做一些怎样的配合，更能帮助到孩子的成长。

（一）关于动力。认识自己和外部世界的关系：分数重要吗？考试重要吗？学习的意义是什么？为自己还是为他人？

他们经过辩论讨论分享，达成共识：分数重要，能力更重要，结果重要，但努力的过程更有意义。活着的意义就是创造意义。如果外在体制环境无法改变，如何在无奈接受的同时还可以看到希望，为了"自己希望过的一种生活，为了拥有选择的自由"去更积极地活在当下。

（二）关于自己与他人的关系。一直为他人着想，为何没能带来友谊？如何考虑交友的需求与自己的需要之间的动态平衡？

通过讨论学习如何理解他人的语言和行为背后的情绪和需求。关于爱的感觉、什么是爱、爱的分离的讨论。有意思的是，几乎所有孩子都"知道"父母爱自己，但很难感受到父母的爱。

（三）关于对自我更完整和更积极的评价。少数孩子对自己的评价是积极的，大部分孩子对自己负面评价占多。每个孩子都有8分钟左右的时间坐到我的位置上，我和同学们一起反馈给他这两天观察到他的一些特别出色的特质，这个环节也很欢乐，孩子们对自己的了解也更丰富，变得更加自信。

有意思的是，几乎所有孩子都给自己一个"标签"：我很懒。同时每个孩子都得到了现场同学们发现他"不懒"的证据，的确也非常真实，在得到自我肯定的能量之后，孩子们对自我要进行的一些改变和坚持（主要是学习和人际交往方面的），更有信心。

我发现，家长们想要讲给孩子们的道理，他们都懂，方法他们也不缺，也有相关的书，只是时常卡在对"自我"的否定，对"目标"的动摇，对"难度"的预期，本来自己时不时想要努力前进，但经常受到很多打击。孩子们其实一直都在努力地面对着他们的生活、学习，只是很多时候并不如家长的意。

听他们说：

我看见他们每个人都如此渴望成长，期待变成更好的自己。大家谈论未来的时候，眼里仿佛都有着太阳。

"分数当然重要，分数是我们的敲门砖。纵然分数不能多么精确地衡量人们的能力，但也是一种较为公平的选拔人才的工具，我们还是可以从分数上发现很多问题。"

"分数既然不能精准地衡量人们的能力，为什么还要使用分数而不是等级？在竞争压力如此之大的今天，一分之差可能相差几千人。这并不公平，那些差了几分的人或许在其他能力上更好，比如沟通交流或者才艺，但这些在分数当中不能体现。分数根本不能反映人的真实能力水平。"

"但在现实生活当中，你不论是升学、评优、找工作等都是需要靠成绩说话的，分数高低直接决定了你的去留。即便它有很多不足，但它很重要。"

"但分数的高低其实和你是不是真正学懂了这个知识点或者有没有努力没有那么大的关系。我之前非常努力学习的时候，成绩反而没有我玩玩闹闹的时候好。既然百分百的努力不一定能换来百分百的成果，那我们为什么要付出百分百的努力呢？"

"我觉得这要看你是不是期望得到这个成果，是不是在内心也是希望有一个好的成绩，希望通过这条路去读一个好的大学。"

"分数是我通往自由道路上最大的障碍。它直接影响了我的心情、我的时间安排和我生活的方方面面。举个例子，有一次我本来在好好儿地烧菜，结果突然看到我的物理没有好成绩，我一下就没有心情做饭了，直接把锅都烧干了。"

"对，一个不好的成绩会让我觉得自己很差。"

"而且爸妈也很在意成绩。虽然嘴上说不在意成绩，只在意你有没有努力，只希望你过得开心，但是如果成绩不好他们还是会不高兴，虽然有些时候可能不怎么说，但我能感受得到。"

"我一般都不会在父母面前表现得很难过，我会在学校的时候哭，回家表现得没有受到影响还是很开心的样子。爸妈就会觉得我一点都不在意成绩。其实他们只看到了他们看到的。"

"为什么回家要表现得很开心呢？"

"因为我觉得我在父母心里就是每天很快乐没有烦恼的样子，我想保持在他们心里乐观的形象。我觉得他们不想看到我伤心的样子。"

"我觉得成绩这个东西，很多时候还是家长的面子，是在朋友同事面前的谈资。"

"考试其实更像一场赌博，有努力、技巧，也有运气成分。永远都有一个失败的可能性。但我们要为了一个好的未来去增加赢的概率，去赌一个好的未来。"

……

"看到大家为分数是否重要而辩论的样子，结果似乎就已经明朗了。大家都曾因为一个分数而开心、洋洋自得过，也曾因为一个分数而难过、痛苦、焦虑。在我们心中，有谁是真正认为分数是不重要的吗？不论是因为自己的追求，还是迫于现实的压力，在每个人心里，分数都有着那么大的重量。"

"每个人自己认为的好的未来是怎样的？"

"成绩之所以重要，似乎关键在于与自己的未来挂钩。从小父母会说不好好学习以后就只能去扫地，去捡垃圾。但是，在现实生活中，其实有很多从事打扫和捡垃圾的工作的人依然过得幸福快乐。我们都只看到自己看到的，觉得自己不愿意过这样的生活，以为别人也不会喜欢这样的生活，这其实是在把自己的价值观念强加在他人身上。但子非鱼，焉知鱼之乐？那自己心中的好的未来是怎样的呢？"

"能够做自己喜欢的事，成为自己喜欢的样子。"

"能够到一个有好的氛围的地方，周围的人都能带给自己正面的影响，丰富自己的思想。"

"能够有选择的权利，不用为了温饱和人际关系感到焦虑。"

"希望自己能活得明白。"

……

一天的讨论与学习，主要围绕着"分数"，也不可避免地也讨论到了"家庭""人际关系""理想"……经过一天的讨论，他们达到了一种共识，也收获了一种正视"分数"的勇气。

"分数的确很重要，它影响到未来的方方面面。"

"虽然不是只要努力就能取得好的成绩，但是我们还是要为了增加成功的概率而付出最大的努力。"

"尽管很难熬，但还是会尽力完成这个阶段，不辜负全家人的期望，也为自己争取更好的未来。"

"其实我想挣脱枷锁，可我又觉得我应该回归。"

"我们就像是被囚禁在监狱里的犯人，你所谓的回归的'功利主义''社会主流价值'，其实就是好好劳动改造，争取减刑。但现在你却越狱出逃了，处在一个要被捉拿的情况下。你想要回归，但是想一想：'自首'？可我明明是自己主动越狱的，现在自己又想要回去'自首'，心里总会有一道坎儿。但不论怎样，还是要越过这道坎。因为我们总是要等到'刑满'了才能享受到真正的自由。"

……

他们都承受着来自四面八方的无形的压力，但从未放弃过。对家人的过分期许、严厉、不信任等虽然会抱怨，却又发自内心地以最大的温柔包容和理解着。

第四节　希望孩子快乐成长，
怎么反而孩子更"玻璃心"？

简单希望孩子"快乐成长"，会有什么问题吗？

如果家长传递给孩子的人生观是单一的"快乐轻松开心愉快"，眼前的辛苦是为了长远的愉快，眼前的努力是为了长远的成功，那么在孩子的心里接受的是轻松愉快的结果，接受的是成功才有价值，对吃苦奋斗坚持这个过程本身的意义，以及在人生中大部分时间里，失败、受挫、难过才是日常这个真实的事实缺乏认知和接受度，等他到了可以独立观察世界和思考的时候，他就会发现这个世界很无奈很无趣。

很多孩子在心里呐喊："为何我拼尽全力，还是一无所有？""为何我历经千辛万苦爬到山顶，却没有看见收获，甚至没有希望。""为何我认真努力却依然会遭受别人的嘲讽和排挤？""每天都这样重复地上学考试，成绩还是上不去，我干什么都不行，活着还有什么意思？"家长觉得孩子经受不了挫折，太在乎别人的眼光，很容易受一些事件或同学的影响，不明白为何孩子们的负面情绪这么重。

其实孩子的现实世界并没有崩塌，崩塌的是他们的内心世界，是那些从小到大被写进脑子里的信念："只要我们善良做人，别人就会同样对待我"，"只要我遵守规矩，别人也应该配合"，"只要我不伤害别人，别人也不会伤害我"，"好好学习，考一个好中学就好了，考一个好大学就好了"，"努力学习，任何和学习无关的兴趣爱好都要为学习让路，都要等到以后再说，中考考进好高中，高考考进名牌大学，然后幸福轻松的生活就会向我展开画卷"。

直到孩子发现这不像背过的公式一样灵验，发现各地的"学霸"都来了，自己瞬间成了"渣渣"，发现要获得老师的认可、同学们的崇拜和喜欢，是一件特别不容易的事情了。那个时候，如果孩子认为自己需要有好的成绩和排名才有好未来，孩子就会觉得自己完了。

奥地利著名心理学家阿德勒说："个体的追求或有目的的活动，是以人的自卑感为前提的。所有的儿童都有一种天生的自卑感，它会激励他们尝试通过改善自己的处境来缓和或消除自己的心理自卑感。"心理学把这种现象称为心理补偿。自卑是先天的，自卑是有用的，只有接受了这个，我们才能温柔地对待自卑，看到自卑感的积极意义，才会允许自己时不时冒出来的自卑心。

如果孩子能接纳"我的存在本身已经足够好，我可以让自己明天和今天不一样"就已经是最大的励志，哪里还需要向往自信？如果孩子能接纳"抑郁是身体的智慧，负责来提醒我，有些东西背得太重太多，停下来看一看，放下一些，坚持一些，也许我可以走得更远。"那么，当沮丧失望绝望抑郁来临的时候，他就不会为此失望。抑郁情绪是自然会发生的，抑郁不可怕，害怕抑郁才可怕。

也许我们不需要拒绝自卑、害怕抑郁。越向往自信，越自卑。

越追求快乐，越容易抑郁。越抵抗抑郁，越容易陷入沮丧，越被要求勇敢，越显得胆小。

"没关系，下次考好就行"，"没关系，妈妈相信你一定能做好，一定能超过谁谁谁"，"没事，妈妈一样爱你，你一定能变得积极乐观起来，能重新回到学校"。

这些家长习惯性鼓励的言语，在孩子听来，时常感受不到鼓励，而是暗含着：我现在还不行，我需要不停地去改变，一直要到我取得好（超越别人或是达到家长的要求）的结果，我才配被家长喜欢和爱。当然家长会说：这是孩子的误解啊，我们不完全是这个意思啊，我们的意思是做好自己就好了。

那家长可以怎样和孩子对话呢？当孩子沮丧失落的时候，可以说："真是很遗憾，事情没有做到如你预期满意的结果，来看看这个过程对我们有哪些收获没呢。"

从精神分析的角度，人在婴儿期会有一种全能自恋的阶段，也就是觉得自己是全能的，自己能让外部世界为自己改变，能改变其他人和事情如自己期待。一路长大其实是一路正常化的过程，发现自己既不是什么都不行，也不是什么都能随我心改变，需要接纳外界有自己无能为力、无法改变的事实，也相信自己有主观能动性，能做出主动的选择获得一定范围内的掌控感。遇到挫折失落的时候，才不会陷落其中无法回到正常，才不会陷入两极极端：要么怪罪他人去破坏伤害他人（报复行为），要么怪罪自己无能（自残自杀自暴自弃）。

养育中建设和培养孩子健康抗挫折的心智极其重要，在他一生中几乎都用得上，是心理健康的基石。这种心理能力称为"回弹力"，也叫"复原力"。毕竟，所有家长都会说："这世上没有什么人一生都顺风顺水，总会遇到挫折。"

第五节　成为一个"优秀"的孩子是我们努力的目标吗?

100个孩子有100种"优秀"，不是只有前10名是优秀。

这些年，在我接访的中学生中，几乎75%的孩子都曾是父母口中的"乖娃娃，又听话学习又不操心"。这乍听起来真的让很多家长费解和不知所措。

我从很多家长和老师的讲话中，发现中国现代"新三好学生"的描述是：成绩好，听话，懂事。从心理学的角度来看，这三个主流评价标准很容易造成孩子的心理健康水平下降，心智发展受到阻碍。因为尽管有三个标准，但与丰富的个体相比，实在是粗暴，完全不人性化。

成绩好：这就涉及个体差异，涉及排名，和他人比而不是和自己比，涉及家长和老师对你的期望和预估，涉及考试的难易度。原本"成绩好坏"只代表在学习学科知识掌握程度以及应试能力的高低，但却成了评价一个孩子的智商和学习能力的片面标准，容易使得成绩落后或者下降的孩子更加注重分数结果，在学习复习考试过程中加重担心和焦虑，增加紧张，导致已经知道的知识也发挥不出来，考差的成绩加重挫败感，这样恶性循环，极其可能导致厌恶上学、不愿去学校或者自暴自弃和自责，大大增加发生焦虑症和抑郁症的风险。

听话：这更是一个体现老师和家长权威，却忽略孩子的主体能动性的养育和管教方式。在这样的教育理念下长大的孩子，会产生心理学上讲的"习得性无助"，也就是当他发现自己的想法常被驳回，自己的行动常出错，然后无法得到家长老师的认可喜欢，但如果听话照着办，自己就不用承担多少责任，于是就会选择压抑自己，听从就好。在日常生活中慢慢地失去了主动思考、主动选择、去反抗去质疑和接受挑战、主动负责的意识。

懂事：这更是一个对于孩子来说很过分的要求，但经常有家长以此来表扬孩子，特别是在外人面前，这会强化孩子牺牲压抑自己的心理需要（当然孩子那时并不清楚自己的需要很正当）而来满足和取悦家长，通过这样的方式来获得存在感和价值感。心理学有一个名词叫"反哺"，意思是原本养育中是父母哺育下一代，结果变成了孩子来哺育家长，让家长得到心理满足，孩子的正常心智发展就受到了阻碍。

家长是只想要一个听话的孩子，还是一个独立自主有自己的擅长，能负责又守规则的孩子？家里有明确或是不成文却清晰的"家庭规则""公约"吗？管教孩子要守规矩，你的家里有没有明确的家规呢？会不会与时俱进呢？三观是怎样在孩子与家长的互动中建立起来的呢？作为家长的我们，我们的价值观、世界观、人生观稳定吗？能明确表达出来还是通过行动已经表达了？孩子收到了吗？孩子是怎么被养成了家长不想要的样子，而过程中家长竟无觉察呢？不要把孩子拿去和别家孩子比。这种感觉只要家长愿意倒过来在自己身上体验一下，就知道是怎样的感觉。如果你的孩子给你说"谁家的妈妈就很温柔，谁家的爸爸经常带他出去玩"，你会是怎样的感受和反应？那换作你是一个孩子，你在遭受挫败的时候，肯定希望听到父母这样给你说："经过这些让人失望和遗憾的事情，你可能会觉得自己很差劲，每个孩子内心都想成为优秀的人，但是失败和失意是成长必经的过程，这也是你正在经历的事情。我们相信你会努力成为最优秀的自己，优秀的标准之一是成人之后能独立养活自己，帮助他人，能感受美好。要知道，你是独一无二的，你需要活出自己的样子，为自己负责。"

自我认识和了解是一生的过程，持续向生活学习就是优秀的；和自己的过去相比，保持成长就是优秀的；能找到自己的兴趣点特长并能具有自我生存能力就是优秀；能接受自己的不完美，允许自己犯错就是优秀；能倾听和理解他人，就是优秀；能在逆境中自我激励接受挑战就是优秀；能制定目标、为目标坚持奋斗就是优秀；能做出主动调整和选择、能放下就是优秀；能成为自己满意的样子就是优秀……

如果作为家长不要求你的孩子成绩好，名列前茅，那么在你心里，什么是优秀？不是必须乐观开朗，因为内向也是很好的品质和优点；不一定必须成绩出类拔萃或者中等，有的人偏科，有的人在学业上就是显不出比别人更好，但他有其他相对突出的特长吧。在你眼里优秀的孩子是怎样的？你想得有多清楚呢？你相信你的孩子可以足够优秀吗？如果你是老师，你会不会相信每一个你班上的孩子都会成为优秀的自己呢？是各自不同的优秀吗？越是很清晰地向孩子传达你心里的"优秀"的孩子的具体品质和行为，在孩子成长过程中，他越容易成为那样的人，养成那样的品质。

　　家长可以理直气壮地要求自己的孩子成为优秀的自己，100个孩子，有100种优秀。如果你仔细观察自己孩子的天赋特质，如果你的优秀标准足够广泛，你的孩子就会成长得有空间、有自信、有生命力。

第六节　孩子爱说爱笑乐呵呵就是心理健康吗？

心理健康有标准可以参考吗？

我怎么知道孩子需要寻求专业人士的帮助了？

美国心理学家马斯洛和米特尔曼提出了以下心理健康十条标准：

① 充分的安全感；

② 充分了解自己，并对自己的能力做适当的估价；

③ 生活的目标切合实际；

④ 与现实的环境保持接触；

⑤ 能保持人格的完整与和谐；

⑥ 具有从经验中学习的能力；

⑦ 能保持良好的人际关系；

⑧ 适度的情绪表达与控制；

⑨ 在不违背社会规范的条件下，对个人的基本需要做恰当的满足；

⑩ 在集体要求的前提下，较好地发挥自己的个性。

在此基础上，后来的心理学家将其进行了扩写：

① 有适度的安全感，有自尊心，对自我的成就有价值感；

② 适度地自我批评，不过分夸耀自己也不过分苛责自己；

③ 在日常生活中，具有适度的主动性，不为环境所左右；

④ 理智，现实，客观，与现实有良好的接触，能容忍生活中挫折的打击，无过度的幻想；

⑤ 适度地接受个人的需要，并具有满足此种需要的能力；

⑥ 有自知之明，了解自己的动机和目的，能对自己的能力做客观的估计；

⑦ 能保持人格的完整与和谐，个人的价值观能适应社会的标准，对自己的工作能集中注意力；

⑧ 有切合实际的生活目标；

⑨ 具有从经验中学习的能力，能适应环境的需要改变自己；

⑩有良好的人际关系，有爱人的能力和被爱的能力。在不违背社会标准的前提下，能保持自己的个性，既不过分阿谀，也不过寻求社会赞许，有个人独立的意见，有判断是非的标准。

为便于大家理解，我将这两个标准都放在这里，家长可以选择自己比较好记忆和理解的方式阅读获取。

家长们都很关注小孩的身体健康，并非只在孩子得病的时候，在孩子健康的时候家长就去了解很多如何让孩子保持健康身体的方法和常识，在日常养育中哪些是有用的营养食物，避开那些垃圾食物。那在心理健康方面呢？我们做得如何了？现状是当儿童青少年出现厌学，脾气暴躁不稳，人际关系障碍，乃至自残自伤等极端事件时，家长才会发现孩子的心理健康出现了问题。但如果大家仔细观察研究上述标准，就知道这些心理特质是需要在孩子长大互动过程中慢慢养成的。

没有专业心理学基础和训练的家长怎么才能认识到以为正确的养育，实际却已经偏离了心理健康建设的轨道呢？先看以下情景：

星期天晚上，读小学一年级的孩子躺在床上突然哭起来了，妈妈立刻跑过去关心孩子。

妈妈："你怎么了？"

孩子："妈妈，我现在非常难受，不是因为想买的玩具没有买，也不是因为和同学闹矛盾，我就是心里面很酸。"

妈妈："那一定很难受吧！"

孩子："呜呜呜，呜呜呜！明天星期一了，又要上学了，周末太爽了，时间太短了！呜呜呜！"

（我什么都没说，一直抱着他，拍拍他后背）

孩子："妈妈，你知道吗？学校是冰冷的，家里是温暖的，我刚刚和爸爸妈妈分开了两天（因为周末跟爷爷婆婆去峨眉山泡温泉了），明天又要分开了。我太难受了！我一去学校就垂头丧气，放学我就神采奕奕（此刻我惊讶，耶，口才不错）！呜呜呜，呜呜呜！"

妈妈："是啊。玩的时光太短暂了，你现在所有的感受虽然妈妈不能够完全体会，但是我都理解，你这种情绪是完全正常的，你才六岁半，刚开始当小学生，我们需要时间来适应，妈妈给你保证，我们会适应得越来越好，以前我小时候也是这样，而且那时候我们只有一天休息时间，我不敢哭出来，婆婆要打我，我只能在被窝里偷偷哭！"

孩子："妈妈。你太惨了，比我还惨！呜呜呜！"

妈妈："可是，后来我越来越不想去上学，越哭越厉害，婆婆发现了，给我办理了休学（我开始乱吹牛了），我在家玩儿了一年，一开始我好得意，后来没人跟我玩儿，我在家也觉得好无聊了。最主要的是，后来，我的同学他们学到了知识，比我先工作，比我先有钱，我可羡慕了。所以，我后来啊，就怪婆婆，她当初要是再坚持一下，我就不休学一年了！"

孩子："呜呜呜，呜呜呜！上学太辛苦了！"

妈妈："这样吧，明天妈妈帮你转学，我看你太痛苦了，我很心疼你。"（我又开始吹牛了）

孩子："什么是转学？"

妈妈："就是不在这里上学了，转去另外一个学校！"

孩子："去哪里呢？"

妈妈："去那种星期五小学（乱说的），就是星期五提醒你星期六星期天要上学了，平时星期一到五都在家玩儿。"

孩子："真的有吗？他们上课吗？"

妈妈："有啊，他们也上课，不过你听不听无所谓，反正，你需要学到40岁才毕业，再久一些他们更开心，因为来的人很少，好不容易来一个人，他们一定好好留住你。"

孩子："那我去以后，要得无聊了，还能回原来的学校吗？"

妈妈："这个好像不可以了，因为，这个学校学生太少了，他们一直在亏钱，所以，来一个学生就不让你走了，一定要在这里学到40岁！"

孩子："呜呜呜！我怎么那么惨？算了，我不去，到时候无聊了也没办法。呜呜呜！"

（我什么也没说，一直抱着他）

孩子："妈妈，我还是很难过，你陪着我睡觉吧！"

妈妈："好的！"

这位妈妈的想象力真是值得称赞，为了当个好妈妈，看了很多亲子教育的书籍，非常注重孩子的内心感受。同时她自己也感觉这样的回答和引导哪里好像不对，因为孩子是蒙不过去的，只解决了暂时的情绪问题。

孩子的爸爸说他是这么鼓励孩子的："乐乐，今天星期几啊？你看是不是很快又到星期五啦？一周很快的。"

我问家长："妈妈的想象力真棒。你们引导的目标是让孩子通过得到别人的安抚照顾情绪变好，还是希望孩子能接受上学是长大的过程之一，包括在学校会有很多不爽，需要适应，慢慢去适应被约束啊，被别人惹生气啊，委屈难过啊，看不惯别人啊，有的老师喜欢自己，有的不喜欢啊，这些现实？"（涉及心理健康十条标准的第③④⑨条）

家长说："你这样一问，我马上发现我们的关注过度放在了孩子的情绪上，希望孩子开开心心的，忽略了引导孩子的现实适应力和面对不爽不适需要他自己去体验去找到解决办法，那才是他的成长。我们之前总觉得孩子小，先哄一下，没想其实这就是很好的培养孩子心智的机会。"

这位家长的觉察和领悟能力实在是快。的确，生活中的可教时刻非常多，很容易由于不知不觉而被忽略，反而给孩子的心理健康水平带来巨大隐患。

简单来讲，心理健康的人并非没有痛苦和烦恼，而是他们能从痛苦和烦恼中解脱出来，寻求改变不利现状的新途径。他们能了解人生冲突的严峻性和不可回避性，也能深刻体察人性的善恶完整性。他们通常能够自由、适度地表达、展现自己个性，并且能和环境和谐地相处。他们善于不断地学习，利用各种资源，不断地充实自己。他们也会享受美好人生，同时也明白知足常乐的道理，可以从不同角度看待问题。

我把这些品质总结成建设孩子心理健康的重要三感：存在感，掌控感和安全感。如果你想知道儿童青少年这三感足够会有哪些表现，如果缺失又会是怎样的表现，在日常养育中和孩子怎样的互动可以帮助到孩子建立这三感，就跟着我进入下一篇去寻找答案吧。

3岁开始如何建设孩子的重要三感

从心理学角度，问题可以归结为一种自我认识和自我指导的过程。

——阿尔弗雷德·阿德勒（奥地利精神病学家，个体心理学创始人）

常有不同年龄阶段的孩子，被家长送到或是带到我这里来，有的是出现了明显的心理行为问题，有的是孩子不愿意和父母交流，有的是觉得和家长说不明白。我一般会问家长"你们会怎么看孩子的问题？这些问题的形成和父母有没有关联？父母愿不愿意配合支持咨询和干预？"幸运的是，这些年越来越多家长会同意，孩子的问题不是单纯属于孩子，家长是这个问题形成和发生的系统中的一部分，当然也就是改变和干预很重要的一部分。

小时候不觉得，长大后孩子怎么变这样了？

是孩子的问题、父母的问题，还是一个系统的问题？

好多家长后来告诉我，之前以为自己在教育上没有什么问题，主要都是孩子的问题，现在听了不少书，看了不少文章后，觉得都是自己的问题，可又无从下手。

有人这样形容中国目前孩子的成长大环境：焦虑的妈，不管事的爸，瞎操心的姥爷姥姥。到我这里来，看见的是：无力的娃。这些娃的内心有着积蓄起来的愤怒无法表达，这股能量，有可能是指向外界，破坏公共秩序，不守规则，伤害他人；也有可能是指向自己，伤害自己的身体和心理。

很多家长都知道"原生家庭""孩子的成长和父母的教育息息相关"这样的概念了，也认可"孩子是来帮助我们成长的礼物，孩子是独立的人不是我们的私有财产，越强势的妈妈孩子越容易出现问题，要静待花开"，不过在日常生活中照常发生着与这些观念完全背离的言行，而不觉知。等到孩子慢慢长大了，才突然意识到哪里没对，孩子更是无力反抗和表达。父母、子女谁都不比谁更容易。

不是家长不小心，不是家长不重视孩子的成长和教育，也不是家长不陪伴，家长们认真努力付出心血，然而直到孩子出现了家长们看不下去的问题行为时，家长有机会"迫不得已"去面对自己和孩子的互动，才发现，原来自己付出的和孩子收到的，差距那么大，甚至是南辕北辙。

家长们会发出灵魂拷问："小时候不觉得，这孩子长大了怎么变这样了？"

家长是怎样将自己的"焦虑"不当地放在了与孩子的互动中，让孩子的性格走向了家长想要的反面？比如：越想要个动作利索的孩子，孩子越磨叽；越希望孩子能上进好学，孩子越是不求上进；越希望孩子情绪稳定，孩子越暴躁。而这些问题又该如何在与孩子的日常互动中得以化解？

一切的心理问题都是关于关系的问题，家庭系统是一个"争权夺利""互相影响""相互依存"的关系，滋养或是消耗着每个家庭成员的能量。爱是流动还是僵化，是舒畅还是压抑，都会影响每一个人的心理，特别是对于身心快速发展的孩子们。家庭环境的氛围和父母与孩子互动交流的过程在影响着孩子的心理健康，而不是父母单方面积极告诉的那些道理和灌输的内容。

阿德勒在他的《儿童教育心理学》里明确指出，人的人格结构形成于童年，要解决一个人的人格心理问题最恰当的时间是从他的童年入手。因为帮助儿童形成正常的、健康的人格是教育儿童的首要和核心问题。

阿德勒反复强调要用正确的方法帮助儿童培养和建立独立、自信、勇敢、不惧困难的品质和积极与他人、集体合作的能力。儿童在成长过程中会出现各式各样的问题，问题儿童的"不良行为"只是问题的表面现象。

现代心理学有三要素，称为"知""情""意"，如果是非心理专业人士，会很难理解这三个字的含义以及和日常生活中如何对应。

我尝试从儿童发展心理学的角度，将养育一个心智健康、人格完整的孩子需要的心理营养总结为：存在感、掌控感、安全感。接下来我将结合日常实践来说明如何建立孩子健康成长所需要的重要三感。

第一章

建立孩子的存在感

我是独立个体，我有自己的感受和想法

我生来就是有价值的，我也能创造价值

别人需要我，我对别人是有用的

是存在感，而不是和别人比较出来的优越感

有没有发现当家长越忙的时候，孩子越喜欢挑这个时间在你面前通过各种"作""闹情绪""寻求你的关注"来找寻他自己的"存在感"。

每天清晨，不论有什么年龄段孩子的家庭几乎都要上演一出"好莱坞大片"：通常是妈妈变身超人，脚下就像有哪吒的风火轮一样，快速地穿梭在孩子的卧室、厨房、餐桌之间。上一秒催促孩子起床，下一秒在厨房煎蛋，再下一秒盯着孩子吃完辛苦早起准备的营养餐，然后像风一样的女子拎着孩子赶紧去学校……

孩子在学校遇到挫折了，遇到困难了，或者求表扬时，为什么越安慰或者越称赞，孩子越不乐意……

本来母慈子孝，为啥一辅导作业，就如山洪暴发、猛兽下山、台风过境……

想着要理解孩子，想着给孩子创造更好的生活学习环境，读了那么多育儿书籍，喝了那么多心灵鸡汤，为啥和孩子的距离却越来越远……

有家长说，现在的孩子都快成了我的"爹娘"了，怎么会还没有存在感？一家几口人都围着他/她转，比我们小时候不知道多了多少的关注和爱，还会没有存在感吗？我们才感觉没有存在感呢。

我们怎么理解存在感呢？从心理学的角度，什么是存在感？用一句话描述：我为我的存在感到骄傲和自豪，我能为他人和社会提供帮助，我对未来有渴望和希望。

当一个人有存在感的时候，内心会感受到：

1. 我是有价值的，我是独一无二的。我是独立个体，不是因为表现出色优秀才是有价值的。

2. 我可以有情绪，但不陷入因和他人比较高估自己无所不能或低估自己啥也不行的自我暗示。

3. 我可以和别人不一样，别人也可以有和我不一样的想法和行为，作为人，我们也有共同的情感。

4. 我可以有自己的边界。不破坏别人身体和心理的边界和底线，也不轻易让别人破坏自己的底线，敢于也懂得保护自己。

5. 我能做出有利于他人以及有利于这个社会的事情，有人会需要我，我也有能力付出些什么。

6. 我知道自己是发展变化的，能接受外在的变化，并且有能力去适应和调整。

7. 我有权利做自己所想的事，在不影响他人的边界权的情况下。我的行为有人会喜欢，有人会漠然，也可能令人愤怒讨厌，那是别人的反应，我决定不了，也无法改变。

也就是说在内心深处，我深深认同，我作为个体活着的意义就是：存在。以自己的方式去学习探索和成长，我的存在对世界是有意义的。

以上是这些年我个人的自我成长和咨询实践工作的提炼小结。

在2005年专业学习心理学之初，我自己的存在感是极度缺乏的，尽管我有不错的教育背景，当时也有不错的职业和成就，看上去社会功能良好。这些年的自我成长中，有一人对我的影响极大，那是著名国际心理治疗师——维吉尼亚·萨提亚。她被美国著名《人类行为》杂志称之为"每个人的家庭治疗大师"，是家庭治疗流派创始人。在我学习和实践萨提亚家庭治疗的过程中，几乎重建了自己的自尊体系，慢慢体会真正内在有存在感是怎样一种体验。这对我意义非凡，帮助我改善了和同事、父母、孩子的相处，帮助我成为一个专业的心理咨询师，让我变得柔软同时有力量，才可以温柔保持真实自我的同时和外界保持真实连接，才可能成为一面澄清的镜子，和来访一起去探索属于他的世界。

我依然记得萨提亚的治疗理念里那些经典的句子，每一次重温都还会给我带来放松和力量：

1. 改变是可能的。即便外部的改变非常有限，内部的改变依然可能存在。

2. 我们所有人都拥有让自己成功应对和成长所需的内部资源。

3. 治疗的一个主要目标是成为我们自己的决策者。

4. 大部分人会选择熟悉而不是舒适的方式，特别是在面对压力的时候。

5. 问题本身并不是问题，应对问题的方式才是问题。

6. 我们不能改变过去的事情，但是可以改变它们对我们的影响。

我还会在书的旁边写下我自己更多的联想：伴侣可以选择，朋友可以选择，但从生物学意义上来讲，一个人不能选择父母。我们不能改变别人，但是可以改变别人对我们的影响。

萨提亚说：人类胚胎的形成必须源于一个男人和一个女人的结合，一个精子和一个卵子的相遇。她认为，我们人类的本质属性就是相似性和相异性的结合，我们是活力生命，而不是创造了生命，她相信，人类具有内在的驱动力。

关于自我价值的问题绝不是我们是否拥有它，而是我们可以如何去体现它。自我价值永远植根于我们的心底，并不断挣扎着，希望被发现、被承认和被证实。

萨提亚所做的一切就是帮助人们找到她称之为智慧盒的东西——他们的价值感，希望，对自我的接纳，赋予自己力量，以及担负责任和抉择的能力。她建议大家在每天早晨站在镜子前告诉自己三遍："这个世界因为我的存在而变得更加美好。"

我是一个反"鸡汤"的人，我不认为她这些是鸡汤，你只要深入去理解萨提亚的理念和治疗，就会被深深疗愈。因为她的第一件事情是承认和接纳，她的改变基础通常是不否定过去，而是添加和怀着肯定去放下，她反对僵化，反对只有单一的正确或是错误，她从更大的系统来看个体，承认真实的一切，并提供切实有效的改变方案。

我在很多中学生以及成年人身上看见：当以顺应和服从为标准来判断我们自己时，我们常常会感到焦虑。我们也许会认为自己根本无法做出任何正确的事情，花费了巨大的能量来改正那些"错误"。在极端的情况下，当人们被迫去做一些应该的事情的时候，他们会产生厌倦反感和抗拒，也许会彻底放弃努力和挣扎，并陷入抑郁。如果一直习惯于过着一种遵从他人意愿的生活，我们会不断错过并最终忽略了自己。

萨提亚成长模式中，对于怎样看待世界有四个方面的评估，在对个体的定义（个体的存在感）中讲道：在等级模式中，个体对自己的定义取决于其他人的准则，也就是人们需要去服从那些"应该怎么做"的规定，以此让自己在生理上和情感上存活下来，并被别人所接纳。

萨提亚发现其实大部分的人们都渴望并且有能力释放他们的内部资源，并通过内部的力量对自己重新定义，这一过程就成为她的成长模式中："每个人都是独特的，而且有能力通过来自内部的力

对个体的定义

等级模式

1.人们需要去服从那些"应该怎么做"的规定，以此让自己在生理上和情感上存活下来，并被别人所接纳。

2.人生来就具有邪恶的潜能。

3.人们被期望能够像别人一样去思考、感受和行动。并通过竞争、评价、顺从和模仿来达到外部标准。

4.人们忽视或是否认他们的感受和彼此间的差异。

成长模式

1.每个人都是独特的，而且有能力通过来自内部的力量和自我确定来定义他或她自己。

2.整合与尊重、相似与差异，人们通过合作、观察和分享，发现了真正的彼此而欢喜雀跃。

3.人们生来就具有精神基础和崇高性，而他们也证明了一种普遍存在的生命力量。

4.人们可以清晰明白地表达感受，并接纳彼此间的差异。

量和自我确定来定义他或她自己、整合与尊重、相似与差异，人们通过合作、观察和分享，发现了真正的彼此而欢喜雀跃。"

对自我的了解，其实是一件相伴终生的事情。因为自我是动态发展的，同时，自我是无形的，是看不见的。智者知己，可见，了解自己不是一件轻松容易的事情。俗话说眼见为实，这句话放在心理学层面，在对自己和他人的内心世界了解这个层面，是非常不恰当的，甚至可以说是造成很多冲突、情绪以及关系障碍的原因。因为，你看见的，你理解的，有可能和对方内心真正要表达的相去甚远。

萨提亚非常经典的冰山理论，可以用来解释为何我们眼睛所看见的，很多时候和内心真正的感受和想法相去甚远，也可用来分析我们是怎么样被激怒和崩溃的，指导我们了解自己并做出选择和改变。她认为：浮在海平面以上的那些看得见的言语或行为，往往是被藏在海平面以下的那些部分所管控，其中最下层称为"自尊体系"。而缺乏和完全没有建立存在感的个人，他们自己通常是一个低自尊体系，归结为"我不好、我不够好"。正因为有这样的低自尊，才会投射出如爱，嫉妒，情绪失控，不愿承担自己的责任，学

萨提亚冰山图

习没有动力，未来没有意义也没有希望，没有目标也觉得目标毫无意义，一切的生命过程都只是为他人的眼光和评价，或者只是本能害怕死去才活着，不过活得很空洞，很没劲，也很痛苦，很希望结束生命，以为结束生命自己就不痛苦了等外在表现。所以个体存在感的建立是一切个体心理活动的基础。

家长们在学习了解"冰山图"的过程中，才真正了解了自己为何会忍不住发火。如果是来自自己原生家庭的原因，今天作为成年人的自己可以如何改变？自己现在已经是孩子的原生家庭中的父母了，需要怎样做才可以让孩子长大过程中能建立重要的存在感？

那么，一个存在感缺失的孩子在日常生活学习中会出现哪些问题？或者有哪些征兆？

1. 各种"作"和哭闹

特别是低龄孩子会经常出现"闹情绪""故意惹怒家长"的行为。比如不买玩具不买糖果就哭闹不止；吃饭、上厕所、走路、玩具的摆放或者任何一件小事，哪一个点好像没顺他的意，莫名其妙就开始各种"作"、大哭大闹；说了不能做的事，还偏要做，故意做，引起家长的注意，家长边骂孩子，孩子还边要去犯，最后双方情绪崩溃，下一次孩子还要再上演同样的画面。

2. 做事/做作业拖拉、磨蹭

晚上不睡早上不起、边吃饭边玩、做作业拖拉，不停出来喝水、吃东西和上厕所。

3. 不自信

家长知道要常常肯定和夸赞孩子，也学习了很多关于"正面管教"的书籍，可为什么没有效果甚至是起反效果呢？不论家里人如何夸赞孩子"你很棒""你做得很好"，孩子还是一副"不自信"的状态。

4.家庭中几方各执己见，互不相让

在三代同堂的家庭中，妈妈这样说，爸爸那样说，老人还有一种说法，低龄儿童在面对这种冲突的时候，常常会表现出僵直的状态或者是大声哭闹。而青春期的孩子常常会离开这个环境，关门走掉。

5.厌学、厌世、逃避、躲避、各种不适应

小学或者小学高阶段以前孩子都表现得很乖、很听话，成绩好，可突然某个月就变得脾气暴躁、厌学。家长软硬兼施，百般努力，却无效。

孩子面对新学校、新环境、新同学、新老师会出现严重不适感，通常是在小一、初一、高一、大一。

6.遇到困难就选择逃避和放弃

孩子常常听到家长告诉他们说："我希望你的人生轻松快乐"。可是，孩子们越来越大，生活和学习的压力也越来越大，孩子们看不到轻松，看不到快乐。遇到困难、阻碍、障碍的时候，更容易会选择逃避、放弃，进而产生厌世、厌学的情绪，自残的行为，觉得自己的人生没有什么意义，自己的生命没有任何价值，甚至在低龄儿童中也存在这个现象。

第一节　当孩子"作"、哭闹，家长如何应对?

低龄孩子（10岁以下）会经常出现闹情绪或者故意惹怒家长的行为。如前所述：不买玩具不买糖果就哭闹不止；吃饭、上厕所、走路、玩具的摆放或者任何一件小事，哪一个点好像没顺他的意，莫名其妙就开始各种"作"、大哭大闹；说了不能做的事，还偏要做，故意做，引起家长的注意，家长边骂孩子，孩子还边要去犯，最后双方情绪崩溃，下一次孩子还要故意去上演同样的行为画面。

如果我们的家长"定力"不太好，也许又一场家庭战争即将上演，家长通常的步骤大致是：

先耐心讲"道理"→然后说出最爱的三个数字：我数三声，1、2、3→最后一不小心演变成三大法宝：打、骂、吼。

小一点的孩子的反应通常是大哭后被迫接受。那青春期的孩子呢? 憋着? 无声的反抗? 过激的对抗? 伤害自己? ……如果家长的法宝有用的话，那这些日常的闹情绪应该发生一两次就能解决了，孩子就会变得听家长的话，就不会没事找事，就不会不长记性，那事实真是如此吗?

我们以课上一位妈妈的事例来举例说明。

有一天，儿子晚上说要喝酸奶，当时妈妈没有注意到时间，就在他洗澡之前答应了他，洗完澡就可以喝。可是当他出来的时候，妈妈发现已经晚上九点过了，于是尝试看能不能让他第二天早上再喝，因为妈妈心中也有一个衡量标准：睡前吃喝太多，会使他休息不好。按照通常的方法，这位妈妈会怎么说？

大家也可以试着模拟一下怎么劝说孩子接受明明答应了却还是想让他不喝酸奶这件事，你可以尝试写下你的做法。

_____

_____

_____

_____

_____

也许会有这几种状态：

直接答应：如果家长觉得"标准"没有那么不可变，那完全可以答应孩子喝酸奶的要求。

讲道理，目的是让孩子放弃喝酸奶："刚刚妈妈没有注意到时间，现在看来太晚了，你这个时候喝了会影响睡眠。妈妈确实是答应你了，可是刚才我没有注意到太晚这个问题，要不然明天早上你多喝一杯嘛。"

讲道理不成功，恼羞成怒："给你说了，明天早上喝，今天晚上太晚了。"妈妈情绪开始有点不稳了，通常伴随孩子继续哭闹甚至更激烈的反抗时，妈妈也会被影响，有可能到最后妈妈和孩子的情绪同时大爆发，双方不欢而散。

家长被迫答应：这种情况比较容易发生在三代同堂带孩子的家庭或者夫妻养育孩子观念常常不一致的家庭。妈妈（爸爸）坚持这样，可是爸爸（妈妈）或者老人觉得可以那样。

冷静下来，这位妈妈进行了反思，其实太晚喝酸奶不好这个道理，孩子都懂，但为什么在那个时间点，双方却容易爆发，容易不欢而散呢？

我们通常的应对方式是语言对语言，比如：

　　儿子："妈妈，我要喝酸奶。"

　　妈妈："太晚了，喝了会睡不好，明天再喝吧。"

这就是典型的"语言对语言"。儿子说一句话出来，我们毫不犹豫地应对这句话，做出一句或几句针对话语本身的回应。

换个方式可以吗？也许可以尝试这样回应呢？

　　儿子："妈妈，我要喝酸奶。"

　　妈妈："酸奶很好喝，看起来你真的很喜欢。"

　　儿子："是的，你刚才答应我了，我要喝。"

　　妈妈："的确，妈妈刚才是答应你了。如果现在时间才八点就好了，这样我们两个人可以一人一杯酸奶。"

　　儿子："我就要喝，我就要喝。"（也许儿子现在情绪有点闹了，注意：我们的妈妈可要稳住哦）

　　妈妈："是啊，酸奶太好喝啊，要是现在能喝就好了。你喜欢喝，妈妈也喜欢喝。通常在晚上的时候我也觉得特别容易饿，觉得什么都好吃。"

儿子："妈妈，那……如果明天早上喝，我可以把今晚的酸奶一起喝了吗？"

妈妈："当然可以，明天早上你可以根据自己的需求自己倒。"

儿子："那我们赶紧睡吧，我明天要早起多喝酸奶。"

妈妈："好的。"

这样的回应，通常会比"简单粗暴"的方法更花时间，更花精力和脑力。但这样的结果多好啊，孩子既没有哭闹，妈妈也没有情绪失控，同时也很好地解决了问题，虽然在对话的过程中，双方的情绪很容易影响到对方，特别是妈妈想要"共情似的赶紧完成对话"，这种时候，一来二去，妈妈也比较容易受到孩子的情绪影响，容易发火。所以我们称这样的回应叫作：语言回应（对方的）感受。当孩子觉得你把他想喝酸奶的感受和想法真正理解到时，让他真心地感受到你的共情是真正懂他了，而不是敷衍完成任务似的共情，他也就放弃了今晚非要喝酸奶这个行为。

接下来，我们会通过一些日常对话场景，来继续感受和体验，当孩子在闹情绪时，家长可以如何回应。

对话一: 餐桌上孩子喜形于色, 被妈妈的教育误伤。

周五下班回到家, 打开门, 妹妹激动地跑到门口: "妈妈, 你回来啦! 我好想你呀。"瞬间老母亲的心都融化了, 上演了一幕母慈女孝的场景。

一起吃饭时, 小女一直给我夹菜: "妈妈, 你吃点肉, 婆婆做的可好吃了。"(妈妈心情很好地接受了女儿的关心, 内心燃爆小烟花: 看我女儿多懂事)然后一会儿又给我夹菜, 问我: "妈妈, 你吃的这个辣吗? 好吃吗?"(妈妈感觉小朋友兴奋异常)

我: "好吃啊, 我觉得不辣啊。"然后就开始了一直重复给我夹菜, 不停地问: "好吃吗, 妈妈, 味道可以吗? 妈妈你可以喝口汤吗? 妈妈我们干杯可以吗?"(最开始, 妈妈还很雀跃, 但是还是被问烦了, 而且吃饭时, 一直说话也确实不对)

这时我突然来了一句: "妹妹, 以后我们吃饭时, 可以不说话吗? 吃完了, 妈妈陪你在旁边去玩。"

妹妹瞬间就不高兴了, 说"我吃饱了, 我要下去了", 默默走到客厅, 玩自己的耳环和贴指甲的玩具。

我心一下就紧了, 走过去抱着她: "妹妹, 妈妈不是故意打断你的, 也不是怪你, 是觉得我们吃饭的时候一直说话, 就特别不好, 这样饭菜也凉了怎么办, 婆婆又要给我们热, 是不是就会很辛苦?"

女儿点点头, 抱着我说: "妈妈, 我知道了。"然后又把她的玩具拿来, 和我一起玩给我戴耳环。

事后我感觉特别后悔，我不应该打断她，应该让她说完，或者坚持到吃完饭，再跟她说，以后我们吃饭的时候，尽量不要说话。这样是不好的，不对的。我觉得控制自己情绪真的很重要。

周老师的圈注

孩子对妈妈的爱心行动一开始收到了妈妈的正向肯定，内心受到鼓舞，越做越多，沉浸在自己的世界里，完全没有觉察到妈妈的内心已经切换到了另一个频道，心烦的妈妈开始想要终止这个局面，但并没有考虑到孩子内心感受。当孩子的积极性突然受到打击，就会黯然神伤。这个时候，妈妈又不忍心了。

妈妈这种道歉的方式我们并不提倡，"妈妈不是故意打断你的，也不是怪你"，真实的情况是：妈妈就是故意打断，就是怪孩子话太多。

另一种真诚、内外一致的表达是："妈妈刚才看见你有点不高兴地走开了，是不是妈妈突然喊你吃饭不说话让你有点伤心啊？妈妈要向你道歉，没有在吃饭之前和你说，让你觉得突然。我们需要尽快吃完饭，吃饭说话不能太多，否则饭菜会凉，又会麻烦婆婆去热。"

孩子内心感觉被妈妈懂了之后，通常孩子会自觉说："妈妈，那我下次吃饭的时候快一点，话说少一些。"

如果这样，妈妈可以及时给予孩子肯定："一和你说，你就明白了。这很好呢。下次妈妈也注意提前提醒。
我们一起来让吃饭变得快乐。"

对话二：当孩子情绪上来的时候，我们可以怎么做？

孩子上周日一直发烧生病在家，连续休息三天，烦躁的情绪持续高涨。周三我看她情况可以上学了，坚持让她去了学校，晚上她到家就往沙发上躺，说肚子疼，我说"那你休息会儿"，结果转身回头看到她在看书，完全没有要写作业的意思。

我问她："小嘟，现在还疼吗？什么时候可以写作业？"（我知道她今天因为去学校有些不爽，所以还是小心翼翼地问）

她马上提高音量，不耐烦地回我："和你说了，我肚子疼。"

我站着，继续问她："很疼吗？那就别看书了，躺下休息。"

（她没回我，继续看她的书，她每次感冒发烧确实会肚子疼，但看她的表现，情况并不严重，估计是在发泄）

我默默深呼吸，坐在她旁边，问她："是不是很疼，要不要妈妈给你揉揉。"

她马上看着并质问我："你是想让我写作业吧？"

（那一瞬间，我差点崩不住，内心其实是知道她并无大碍，肚子估计有少许不舒服，只是她在夸大而已，愣了一下，不知道应该如何接她的话）

我缓了缓说："没有，妈妈只是在问你，有没有我可以为你做的，让你不那么难受。要不要吃点饭，肚子舒服些。"

她看我没有生气的表情，语气略有缓和："吃什么？我想吃调和饭。"

于是我高兴地答应并去做了她爱吃的饭，在吃饭时，她婆婆催她快点吃，赶快去写作业，她吼着对她婆婆说自己肚子疼，吃快了更疼，结果两个人开始打嘴仗，同时间接表扬我："你看我妈妈就知道我肚子疼，不催我，也不吵我，你一天到晚就知道催催催。我的事，我爸爸妈妈管，不用你管。"（听了这话，我心里还是小高兴了一下的，不过，不能让她们继续这种争吵）我缓和地和女儿说："我们不说话了哈，边说边吃，肚子可能会不舒服哦。"

通过这次事件，我发现在应对小孩时，一定要控制情绪。不管事情真假对错，首先要肯定孩子，而不是站在对立面。我们的宝贝不像成人那么理智，她们多数时候真的不会听道理，她只是需要一个"盟友"。

周老师的圈注

妈妈在整个过程中保持稳定，经受住了女儿一次又一次的情绪释放。在孩子和婆婆争吵时对婆婆说"不用你管"，这里事后可以观察下婆婆的情绪，找机会让女儿换位体谅这样的句子会不会伤到婆婆的心。

对话三：没满足孩子要求，孩子一直闹情绪，
妈妈怎么坚持原则

周日下午带姐弟去上课，姐姐还未下课，

弟弟提前结束课程后，想要玩一旁的泡泡机。

弟弟："妈妈我想去玩那个。"

妈妈："姐姐马上就要下课喽，我们下次来玩好不好。"

弟弟："不行，我就要玩。"

（这时想起试试接受他的感受）

妈妈："嗯，你很想玩是吗？"

弟弟："嗯，就是。"（他点点头）

妈妈："嗯，泡泡五颜六色的，确实挺漂亮挺好玩的，可是，现在时间不够了，我们的肚子也饿了，怎么办呢？"

弟弟："我就要玩。"（这时，开始哭闹了）

妈妈："天天，你看里面的泡泡，那个好大，还可以转圈。"（他看了一眼，又开始哭）

妈妈："天天，玩泡泡还要花钱的哦，妈妈今天没有带钱包，怎么办呢？"

弟弟："不要钱。我就要玩。"

妈妈："那你要不要进去问一下小朋友们是否需要钱才能玩呢？"

他不哭了，进去问了两个小朋友："你给钱了吗？"对方没有

回复他。我鼓励她去问下收费的阿姨，对方回复需要用钱。

"我就要玩。"

妈妈（我一时没想起怎么去回应他，只能抱着他，拍拍他的背）："天天伤心了是吗，妈妈知道你很想玩，可是确实没有钱就不能进去。我们去看看姐姐下课了没，好不好？"（他依旧在我背上哭，找地方坐下来后，他开始发脾气了）

妈妈："天天喝点水。"（我在避免提泡泡的事）

"我不喝，我就不喝。"（他在用这种方式来宣泄他气愤的心情，这时，旁边有两个小男孩在玩小汽车。他平时也对小汽车感兴趣）

妈妈："天天，快看，小汽车翻倒了，我们帮忙把它扶起来好不好。"刚开始，他不乐意，但我看到他眼睛一直在盯着汽车看。第二次，汽车又滑到了他脚下，这次他去捡了起来。

"天天，去和小哥哥一起玩吧。"此时，他拿着小汽车就跑过去了。

至此，后面没有再提泡泡的事。

周老师的圈注

孩子在发脾气的时候，是最考验家长的情绪稳定和回应的时候，这份作业里，家长已经有很好的情绪回应之后，自己情绪保持稳定，孩子发一阵脾气发现依然无法得到他想要的，他就自己会转移注意力。

对话四：站在孩子的角度来感受和回应

大宝来到卧室看到我正在给妹妹喂奶，一般都会吃醋。嘴巴里不会说出来但会侧面干扰。于是他爬上床乱扔妹妹玩的小皮球。如果是以往我会生气并责怪他不应该进去卧室打扰妹妹休息，这样的结果会是大宝大哭大闹，妹妹也不能入睡。好不容易维护的亲子关系又会破裂。

妈妈："宝宝，你来啦！"（面带微笑轻声说）

宝宝："哈哈。"（开心的回应）他爬上了床，扔皮球。扔了几次，小皮球掉在地板上。以往他会让我帮他捡起来，于是我立马先发话："耶！小皮球掉在地上了，宝宝不希望小皮球掉地上对不对呀！如果小皮球可以一直在床上能不掉在地板上该多好呀！"

宝宝："嗯嗯"。（看出来他还是想让我帮他捡，却没有说）

妈妈："宝宝现在长大啦！宝宝可以自己捡起来啦！"

宝宝试着去捡起来。

妈妈："宝宝没有让妈妈帮忙自己捡起来了，妈妈觉得好开心！我的宝宝长大了，可以自己独立做事情啦！宝宝能自己的事情自己做。是不怕困难独立做事的乖宝宝！"

家长总结：把他想要说的提前说出来，侧面提前拒绝，让他无言以对。

周老师的圈注

妈妈在分享这份作业的时候，表达了自己的欣慰和轻松。尽管妈妈现在要用练习的方式去和孩子互动，需要自己首先站在对方的立场，一开始会觉得很不习惯，有些别扭。不过，一旦习惯用这样的心境和语言去互动的时候，明显会感觉自己的能量消耗变少了，孩子也变得更自主一些，作为一个养育两个宝宝的妈妈，轻松了很多。

对话五：孩子在意老师的评价，当他沮丧时，
怎么和孩子聊

今天晚上学完棋和跳跳骑电动车回家的路上。

孩子："我在幼儿园的时候是一直进步，在学前班就一直退步了。"（感觉到孩子对在学前班的表现很失望）

我："哦，原来这样呀，我倒是觉得你在学前班也优秀呀。"

我："你还记得上幼儿园的时候，我每天骑电瓶车送你去上学的情景吗？"

孩子："不记得了。"

我："那你还记得在幼儿园的生活吗？"

孩子："还记得一些。"

孩子："今天老师叫我，我没听见，为什么老师没生气，也没说我呢？"

我："哦，老师没生气，因为你不是故意不理老师的。"

以下为周老师新加的台词，来替换妈妈的这一句回答。大家来体会一下其中的区别：

我："喔，对啊，为何老师没生气呢？"

（这句话说了后，后续的是猜想）

孩子："不知道。"

我："什么情况下老师会生气？"

孩子："如果我故意不理他，故意不听他的。"

我："那你是故意的吗？"

孩子："不是。"

我："所以，你说老师会不会是观察到你不是故意的，所以没生气啊？"

孩子："对啊，应该是这样。"

我："所以，一个人的行为可能有故意或不是故意的，有时不是故意的，就希望能得到宽容和原谅。"

周老师的圈注

当感觉妈妈在认真听和回应之后，孩子讲了自己具体的困惑，妈妈带孩子看到一个新角度。

对话六：女儿拔牙记

女儿周末去拔牙，拔牙后医生让含棉球20分钟以上，刚过了8分钟。

女儿说："妈妈，不想含了，痛！"

我："嗯，肯定痛嘛，都流血了，但是要用棉球压到才能止血，如果现在把棉球吐了，还要流血，妈妈没有棉球。"

（过了几分钟，女儿又指了指嘴）

我："含起棉球不舒服哇？"

女儿点头。

我："肯定不舒服嘛，那么大一个棉球，嘴都闭不上，而且还是一个带血的棉花糖！"

（女儿笑了，把手机拿手上，过一会又看）

我："还有2分钟时间就到了。"

（女儿又含了2分钟，马上到垃圾桶把棉球吐了）

周老师的圈注

　　妈妈说，当时的对话，没有写这份作业的时候如此舒畅流利，那时很容易就想说教："忍忍就过去了。"或者威胁："如果动了，会更麻烦，痛得更久"。好在团体课里有要求交作业的练习，所以刻意练习新的对话方式：怕什么说什么。没想到，对10岁的女儿真的很管用，自己也没那么焦躁。

我再一次给团体里的家长们强调，这就是肯定孩子情绪的效果，孩子的负面情绪一旦被接受被肯定，就更容易稳定下来处理自己眼前的问题。

平时做起来难的原因是我们很不习惯这样回应，很怕这样回应局面会失控。

对话七：情绪平和的面对问题

接女儿回家路上。

妈妈："今天是爸爸生日，今晚就在外面吃饭，你打个电话给爸爸，看他什么时候忙完，我们在家等他一起走。"

女儿："好的。"

女儿回到家后就躺在客厅地上，我想是开了地暖的原因，地上暖和吧。爸爸回到家来接我们出去，叫女儿起来穿鞋。本来愉快的氛围被女儿给破坏了。

女儿："我想睡觉，我不去，你们去嘛。"

妈妈："今天是爸爸的生日，陪他吃饭，也算是给他庆祝一下。"

女儿："我真的想睡觉，你们去嘛。"（说完女儿上楼回她自己房间，爸爸跟着要上去，我拉着爸爸说别发火。然后听见爸爸很克制火气地在问她是不是有什么不开心的事情，女儿还是说想睡觉。真的担心爸爸发火，还好，没有发生。要是以前我也会发火的，这不是存心装怪吗？我们出门前告诉她会给她打包回来）

在路上我给孩子爸爸说明天我会跟她交流一下的，我不会支持她这种自私和不善解人意的做法，更不会特意带好吃的回去，随便带点就行。

第二天早上对话：

妈妈："昨天你不去吃饭，你爸心里很难过，他不说，但我感觉得到。"

女儿："我跟你们去了，坐在那里不开心，你们不是更不开心。"

妈妈："如果你的生日想要我们陪你过，我们也不去你开心吗？"

女儿没有回话。

家长总结：有时孩子会莫名其妙的情绪变坏，以前会觉得她太无理取闹而发火，结果并没有把问题解决，现在这种控制自己情绪没发火，也没及时解决问题。但是至少是理性的，多点时间给对方去消化和感悟。

周老师的圈注

通过作业纪录，看出家长是非常有觉察和意识地在找机会，在孩子情绪平和的时候，尝试引导孩子站在别人角度，是一个比"讲道理"和"提要求"更好的办法。

下
篇
121

对话八：9岁孩子睡前莫名反复哭，
却不表达真正心中所想

元旦放假三天，因为加班，我只陪了女儿一天，晚上：

女儿："妈妈，我想哭！"（说着说着就开始流泪）

我忙问："怎么了，为什么突然想哭呢？"

女儿："不晓得，就是想哭！"

我："哦，妈妈有时候也是这样的，莫名其妙地想哭，想发脾气。"（女儿继续哭，我心想，看来这招不管用，肯定是有什么事）

我："妈妈想哭的时候是……（列举了很多哭的理由）那你是被同学欺负了？和好朋友吵架了？被老师批评了？今天玩得不开心？"

女儿（女儿都摇头）："我真的不晓得！"

我："哦，那就是单纯地想哭，那你就哭一会儿吧。"

女儿（止住哭）："妈妈，抱抱。"

我（我拥抱了她）："好好睡吧，晚安！"

（过了一会儿，又听见哭声）

我："还没哭够啊？现在愿意给妈妈说下，什么原因让你这么伤心呢？"

女儿："放三天假，你没有一半的时间陪我！"

我："原来是妈妈这两天加班陪你的时间少了，前两天，我还在说，最近陪你时间比较少，你还说，有爸爸在，我以为你不那么想妈妈，我当时还比较失落。"

女儿："爸爸又不是妈妈！"

我："爸爸确实不能代替妈妈，妈妈最近确实比较忙。"

（给她讲了爸爸、妈妈工作的差别，估计是讲得有点多，她也没咋听懂）

女儿："想睡了。"

（我说了晚安，走开了，过了几分钟，又听到在哭，要是以前，早发火了）

女儿："不晓得咋回事，还是想哭，原来哭一两次就不想哭了，这次还想哭！"

我："是不是妈妈这几天加班，都没有陪你睡觉。想不想妈妈陪你睡嘛？"

女儿："想！"

我："那妈妈陪你睡嘛！"

女儿："好！"

（我去陪她睡了，一会儿她就睡着了）

家长反思：估计女儿是想让我陪她睡，看到我又有点感冒，不好说出来，又纠结会不会传染给她，之前有说过怕传染给她之类的话。

周老师的圈注

整篇对话中，可以感受到妈妈没有责骂和否定过孩子的"睡前哭"，一直尝试在了解女儿，并肯定和接纳她的情绪，积极观察孩子，根据妈妈事后的反思，我尝试增加和修改了最后几句对话：

我："是不是妈妈这几天加班，都没有陪你睡觉。想不想妈妈陪你睡嘛？"

女儿："想！"

我："是不是又想妈妈陪睡，觉得妈妈感冒了，又不好说出来，怕妈妈传染给你？"

女儿："嗯，不怕传染，是我觉得你也很累了。"

我："感动感动。你也体谅妈妈了。那妈妈戴上口罩，陪你睡着嘛！"

女儿："好！"

顺便提一句：如果是低龄的孩子，比如4岁或者5岁，对话到这个时候，一般都能把自己的想法比较明确地表达出来："妈妈我想你陪我睡。"但是年龄越往青春期发展，想法和感受就越不太容易明确跟家长表达出来。

对话九：孩子去游泳却不肯下水，家长恼羞成怒

今天在游泳池看到孩子和爸爸置气，询问，孩子却不搭理我，只是生气。

爸爸："我就是说，其他小朋友都能游泳了，你还不会，我来

教你，她就闹脾气了。"

原来是这样，我顺口对她爸爸说："你怎么这样说小孩。孩子会觉得丢脸。"

爸爸说："谁叫你让她这么早起床，现在肯定闹情绪。"

爸爸的语气让我有些烦躁，但还需要安慰孩子，而且有家长也过来了。我想快点摆平。

我："爸爸说你不会游泳，你觉着丢脸了是吧？刚才爸爸当着面跟我争执，我也觉得丢脸。"（孩子嘟着嘴不说话）

我："我们继续游吧？"（孩子不肯游，也不说话）

我："那不想游了，就一起去玩别的吧，这么坐着不好。"（摇头示意还是想游泳，但就是不下水）

其他家长说："是因为其他小孩家长带来了眼镜，她没带，所以怄气了。"

孩子听到，于是说："刚刚眼睛就进水，不舒服。"

我："妈妈知道，可你不会游泳憋气，所以咱们只是来玩水的，没想那么多，就忘了带。"

（孩子嘟嘴不说话）

我："那你要我怎么帮你？"（孩子还是不说话）

我："去买一个？"（旁边阿姨说：我去问了，68元一个，质量很差）

（孩子嘟嘴埋头）

（我也无语了，离她一段距离，泳池喧闹所以说话基本靠吼，我弓着身子说话，也非常难受）于是吼道："你要干吗？不玩我们就走。"

（她便哭了起来。于是我选择走到一边，放她自己冷静一下，让她小伙伴儿们来安慰她。孩子又哭又闹，我又看不下去，赶紧制止了）

事后，我不想跟她爸爸说话，其实心里很懊悔，回想起来，应该先安抚爸爸的情绪，然后爸爸再跟孩子沟通之前他们发生的小摩擦。

周老师的圈注

这个生活中的小故事，怎么演你会觉得不失败或者感觉好些呢？我家姑娘小时候不敢下水，看着她扭扭捏捏又想又不敢的样子，那个时候我比你还毛，真恨不得一把把她推下去。

我试着复盘一下游泳池边：

妈妈："妈妈看见你和爸爸都生气了，听说是爸爸觉得你没别的孩子学得快，你肯定觉得委屈了。"

女儿不说话。

妈妈接着说："你也想快点学会啊，也想和其他小朋友一样下去耍吧。"

女儿点头。

妈妈接着说："那是什么原因让你这会儿不下去游了呢？"

女儿继续不说话。

妈妈："你可以试着相信妈妈，告诉我你在担心和害怕什么吗？也许我可以帮你喔。"

女儿："眼睛不舒服，没有泳镜，别人都有泳镜。"

妈妈："喔，是因为泳镜啊。在水里没有泳镜眼睛真的很难受。"

女儿："是啊。"

妈妈："所以你是想也有副泳镜？如果我们真的要好好学游泳，那还真的需要一副泳镜，今天早上出门时，妈妈爸爸没预料到你马上需要潜水，需要泳镜。那这样可不可以，你先在水里站着不打湿头，先玩着。妈妈去周围看看，了解下泳镜的质量价格什么的。然后我们决定是在这里买还是以后出去买？"

家长可以试着和自己的孩子，或者是伴侣一起角色扮演一下这两个不同的剧本。试着去体会前后两段家长不同的语言下，孩子的内心感受有怎样的区别。

第二节　当孩子啰唆、拖延、磨蹭，
家长如何应对？

现在大家很多都住在高层，邻里之间可能没有像以前那样亲密了，可是我们有时会发现这样的调侃：各位邻居大家好，我是xx栋xx号的业主，等一下我会打娃，可能哭声会有点大影响到大家的休息，我尽量打快点，提前给大家说声抱歉。邻居的回复也很有意思，有要求开直播的，因为反正也睡不着。有喊等到自己娃回来一起打，这样可以减少干扰邻居一次，也有要求带孩子来现场观看，想要杀鸡儆猴。

玩笑归玩笑，但是可以看出来，每个家庭每天或多或少都在上演一出出鸡飞狗跳的场景。比如："晚上不睡，早上不起；妈妈昨晚忙着吼娃上床，今早忙着吼娃起床"，"吃饭看电视要说，吃饭吃慢了要说，吃快了也要说"，"今天做作业快了家长多半要怀疑其作业完成质量不高，果然一看，写字歪歪扭扭的，于是勒令重写，孩子的嘴巴却嘟得都可以挂一个水壶了；如果孩子规规矩矩在房内写作业没有出来东晃西晃的，多半在里面弄其他的，反正除了写作业，任何事的专注力都挺高的"。

难道我们除了这样的"家庭日常剧本"就没有其他的"新剧本"了吗？如果说磨蹭、拖延是孩子内在存在感（自己曾有的努力被理解被肯定）不足的外在行为表现，你信不信？试着看看下面的真实对话练习，也许会找到答案和不一样的回应方式。

对话一：孩子早起拖沓，怎么可以快一些

我："大宝小宝，起床了。"（俩孩子睡着没有反应，妈妈把音乐打开了）

我喊道："孩子们，快起床了，幼儿园要开始做早操了。"

听见我的话，小宝坐起来，给妈妈轻声说："妈妈，我喜欢幼儿园早操的音乐，你给我放可以吗？"

我："好啊，我给你放，你先慢慢穿衣服。"

大宝："妈妈，我还想再睡一会儿。"

我："你们每天早上上幼儿园早起床，妈妈也觉得很辛苦，很想多睡一会。你们觉得呢？"

两个孩子："嗯，就是。"

我："但是我们要上幼儿园迟到了怎么办呢？"

大宝："早起呗！"

我："早起啊，我们还要洗脸，穿衣服太慢了还是要迟到。"

小宝："早点起、早点洗脸、早点喝奶。"

两个孩子一起说："早点背书包、早点下楼、早点热车、早点开车。"

我："那太好了我们就这样做好吗？"

两个孩子："好。"

周老师的圈注

用提问的方式，以孩子的位置，激发他们为自己的行
为负责任的主动性。这个方法对低龄孩子特别好用，正是
他们开始寻找"自我存在感"的阶段。

对话二：上初中的儿子周末做作业很拖拉

儿子早上起来一直在看电影，没有做任何的作业。

妈妈："电影是不是很好看啊？"（其实内心已经很想吼了，
早上起来浪费那么多时间）

儿子："嗯。"

妈妈："还有多久才演完啊？"

儿子："快了。"

妈妈："那你制定了周末计划安排，却没有按照计划执行哦。"

儿子："那个计划是你让我安排的，又不是我想这样安排的。"

妈妈："那你想怎么安排呢？"

儿子："好了好了，你可以走了，我自己晓得安排。"

妈妈强忍住没有发火，打算先静一静，一会儿再继续。

家长小结：对于孩子周末回家做作业问题真的是头痛，他真的
很喜欢拖延，喜欢晚上做作业，虽然每周都是做完作业才返校的，

但是由于经常拖得很晚，造成很多不必要的疏忽，整体来说，学习习惯很差。

周老师的圈注

　　这样的场景在很多中国家庭里经常上演。家长特别不容易，既想民主开明，又希望孩子能自觉完成那些自己预设的良好学习习惯。低龄的时候还不太在意，孩子长大家长就会被升学择校压力所迫，但几乎没有孩子能体会到成年人的那种焦虑。

　　当孩子到了高年级，家长看见孩子没有养成好的学习习惯时，又着急，又无计可施。这个时候的孩子"软硬不吃"，除非他自己的内心找到了动力。即便是有动力，学习的方法和习惯与父母的期待也有可能相去甚远。

　　怎么办呢？1. 从刚读书开始，就让孩子为自己的学习任务和目标负责，建规矩。父母只支持，不插手，让孩子自己承受表扬和惩罚；2. 如果孩子已上高年级，家长要想办法启动和鼓励孩子去找到自己的目标。家长不要都拿着"我不要求成绩，只希望你足够努力"这句没毛病的话，去监控和控制孩子的一举一动，因为会导致孩子更反感。

对话三：睡前习惯性拉锯战：大人希望孩子快
睡，孩子想要多磨会儿

我（看到他还在耍）："儿子，你是洗漱之前收拾玩具还是洗漱之后收拾。"

儿子："洗之后收拾。"

我（有点冒火）："我洗完了，你赶紧洗。"

儿子："妈妈，我等一下收拾。"

我："不行，快洗。"

儿子："就两三分钟。"

我："……"（默默转身吹头发）

我："儿子，三分钟到了。"

儿子："我没说三分钟啊，我说的几分钟。"

我（有些毛了）："你说的两三分钟的嘛。"

儿子："我自己晓得。"

我（大声）："快点！你需要10分钟还是15分钟弄完上床？"

儿子："15分钟是洗、准备和收拾玩具吗？"

我："啊！"

儿子："哦哦，你觉得15分钟我搞得完吗？"

我（大声）："你看现在几点了嘛？到底该几点上床？之前说的9点半，现在10点多了！"

儿子不耐烦地去洗了，洗完没有收拾玩具，直接上床看书了。

我（气不打一处）："你说的洗了收拾，咋又看书？等下看。"

儿子："现在是准备时间。"

我："准备啥？快去收拾。"

儿子："刚才我说的15分钟包含洗、准备、收拾，你同意了的。"

我："你还要准备好久？你不要和我扯字眼！现在几点了嘛？该几点上床？"

儿子："你不要扯开话题，刚才你同意了的！我看几分钟就收拾。"

我："妈妈就忍不住想冒火，这几天你都晚睡，我怕你影响睡眠，影响身体！快去。"

儿子："我跟你说了看书几分钟就收拾，你不打扰我我都已经看完开始收拾了。嗯！你就是故意打扰我。"

我（瞬间觉得他说得好有道理，有点不甘心，还是没忍住）："那看书时间到了嘛。"

儿子气冲冲去收拾玩具了。

周老师的圈注

家长们说，这是好多家庭里日常上演的剧情，搞得很恼火。你不催他吧，他可以拖到很晚，又不自觉。看来这是个千古谜题啊。我说，解不开就解不开了吧。家长们问：有没有什么办法？我的问题是：家长想要的办法，希望解决什么问题，希望达到怎样的目标？

如果希望孩子到约好的点就很快洗漱，到点上床睡觉，到点起床，还要笑眯眯地很快乐的样子……（家长听到这里已经笑了），估计机器人调配好程序是可以的。

如果家长希望孩子学会自律，那就需要时间和耐心，还要看得下去，忍得住不要出手，让孩子自己承受自然后果。

如果家长说孩子还太小，等他学会自律，好多事情都做不了，得先帮他管他自己。那家长就接受孩子被管时的气愤和情绪。坚定不移地执行管束，让孩子了解生活中有"管束"，也有"民主"。

对话四：喊女儿起床是个"心魔"

早上10点半孩子才起床，放假在家一直是这样。

女儿："妈妈，我起床了。"（平静的语气）

妈妈："好的，妈妈给你煎鸡蛋。"（描述我正要去做什么，没有评价）

女儿："嗯，好的。妈妈，我早上就是这么迟才醒，我没有办法。"（无可奈何的语气）

妈妈："你醒了就起床也还好。"（有点肯定的语气）

我把熬好的粥和煎好的鸡蛋放在餐桌上。女儿开始发脾气了。

女儿："妈妈，菜都没有，饭又太烫了。"（生气的语气）

其实有一碟小菜。

妈妈（在卧室）："早上时间早可以做点菜，现在是11点，你将就吃嘛，待会儿到中午我要做饭炒菜，你再吃吧。"（语气尽量平静，但有指责、不满）

女儿："饭这么烫，怎么吃嘛？我待会儿吃。"

（我想说：你将就吃嘛，谁让你这么迟才起来。但忍住没说）

女儿在书房待了2分钟就出来了，自己去冰箱找东西。

女儿："哦，妈妈，我找到白菜了，我要炒醋熘白菜。"（有点兴奋）

妈妈："你炒嘛。"（肯定的语气，但还是担心她又花时间又耽误吃饭）

厨房里一阵忙乎，大概7—8分钟。

女儿："妈妈，你要不要出来尝一下我炒的白菜。"

妈妈："好啊，我真的想尝一下。你炒的白菜味道不错，有醋的味道，就是再加点盐和酱油就更好了，白菜也切得好，以后我就照你切的白菜形状做菜。"（高兴，赞赏）

吃完饭后。

女儿："妈妈，你知道吗？你老说我起得迟，我也没办法，我就像树懒要睡很多个小时。树懒一天要睡很久，中途只醒2到3个小时。"

妈妈："那你就是树懒宝宝。"

女儿："树懒妈妈也是这样，我上辈子就是树懒变的。"

妈妈："嗯，有可能。"

女儿："所以你就不要老是责怪我起得迟。我晚上睡得早，早上还是起不来。"

家长总结：每天早上，我都这样安慰自己，她不起床，是她自己的事。特别是周老师说过："你以为她不起床就真的会一直睡在床上？"她不起床，我也不催她，因为她自己说过："你越要我怎么样，我就越不想这样。我就是想和你对着干。"所以，我放弃劝她起床，尽管她迟起床，我没有语言上的责怪，但是思想上还是不接受、不赞同的。有意无意还是会拿迟起床说事，孩子其实是感受到了我的不赞同，于是有了这段对话。

周老师的圈注

对于要喊孩子起床的妈妈，也许每一个清晨都不一样，大部分妈妈会说很累。很多家长说，无论怎么约定，使用什么方法，都很难顺利，像是一场仗。

我的建议是：要么你特别在意每天的准时准点，那么就像部队的管理一样，从小对孩子没有什么情面情绪可讲，到点必须起床，别在意孩子怎么看你，怎么哭闹，而且全家人要态度一致，都得下狠心。很多家长一听，就说做不到这些。

好，那如果我们要选择既照顾孩子情绪，又要民主一些，那就民主到底，把闹钟上好，让他自己管理自己，如果没起来迟到了，就让他在家睡。家长说这也做不到。

这是一个持久战。家长其实有选择，也在选择。

第三节　表扬还是老三样：真棒、真厉害、真聪明？

通常你是怎么夸奖你的孩子的？

_____

_____

_____

在夸奖的时候，喜欢用主观评价的方式吗？比如：你很棒，你很厉害，你很能干。或者对比性的称赞，比如：你比妈妈能干多了，爸爸在你这个年龄的时候还不懂这么多。

这两种称赞方式很容易造成空洞感和无力感，当孩子稍大一点或者进入青春期以后就会觉得你这种表扬好"假"。并且这两种方式传达的都是"来自于他人的肯定"，即：他信。所以如果有一天有人对你说，"你不行，你太差了"，这个时候你从小建立的"信心"很容易坍塌。只有当我们把他信变成真正的自信时，不论外界

如何干扰，无论别人怎么说，我们始终相信自己。那家长具体应该
如何操作？我给大家提供一个"称赞的公式"：1+2+3。

1. 客观描述事实。

2. 表达自己的感受：妈妈感到很欣慰、很开心。

3. "这就是……"或"这需要……太不容易了。"或
"这需要……你是怎么做到的啊？"

省略的内容强调某个想要养成的习惯或品质，比如：
这就是自律、这就是为别人考虑、这就是自信、这就是自
己的事情自己做、这就是认真、这就是助人为乐、这就是
有礼貌、这需要很好的洞察力……

让我们带着这个公式开启今天的篇章。

对话一：低龄孩子特别受鼓舞的方式是什么？
怎样让他愿意不断重复好的行为？

周六上午带着丫丫购物回家，东西很多，手中实在拿不下了。

我："丫丫，能帮妈妈拿些东西吗？"

孩子："嗯，好。"

我递给他一个不重的小袋子，其实她还空着一只手，可以再拿

一个袋子。

我："哇，丫丫能帮妈妈拿东西了，力气变大喽，棒棒哒！"

她听到我夸他，乐得赶忙说："我力气大哇？"

我："当然啦。"

她非常开心地又从我手里又拿走一个袋子，嘴里还说着："妈妈，这个我也能拿。"

然后开心地回家了。

周老师的圈注

及时客观肯定孩子的行为，肯定他做的行为的难度。

低龄段的孩子很快会重复被肯定的行为。

对话二：双胞胎兄弟，妈妈抓住机会左右开夸

场景一

早上我还在睡觉，大双跑到床边："妈妈起床了，我要上幼儿园了。"然后自己搬着凳子自己去刷牙。

我说："今天大双心情很好啊，自己去刷牙了呢！"

大双点点头。

我："妈妈最近都不想起床，总是有点赖床。"

大双："我都起来了，我还要上幼儿园呢！"

我："我觉得大双一下子有变化了呀，比妈妈都早，真不错。"

（这里还可以补充一句："感觉你长大了，知道为自己的事情操心负责任了喔。"这里是一个很好的机会）

场景二

我："你们俩给我搬个小凳子过来，我们坐这儿画画。"

两个小朋友说好。

大双："我搬了两个凳子过来了。"

我说："哇！大双我都搬不了两个呢，我觉得两个太重了。"

（很好的带有客观表述的称赞，引出孩子自己表扬自己）

大双："我力气可大了。"

我："妈妈看出来了，看我们大双每天吃饭多，力气就很大哦！"

小双："妈妈我要吃两碗饭。"

我："小双也经常帮妈妈呢。"

小双："我长大了，妈妈走不动了，我抱着妈妈。"

我："小双是妈妈的乖儿子，妈妈好幸福。"

周老师的圈注

我们对妈妈最后的回答尝试做一个修改：

妈妈："哇，听到这个妈妈想着都觉得好幸福。感觉小双知道感恩和报答，愿意付出呢！"

而不只是简单的，做乖儿子，有具体的指向——"感恩，愿意付出"。

对话三：让孩子自己分析考试得失

临近期末，学校的复习开始多起来，今天回来，茜茜很高兴："妈妈，我语文考试得了99分哦！"

"哦！这个分数很高了呢！"

"不，这还不是最高的！才第二名！还有个同学考100分！"

"嗯！比上次有进步了哈！还是很不错！妈妈看看！"

"哎，可惜这里拼音写错了！还有这里错了个字！"

"嗯！就是，挺可惜的！"

"下次一定记住了！"

"看来我的女儿已经学会总结经验教训了！这就是很好的学习习惯！"

周老师的圈注

真诚的肯定，积极的关注，孩子会自己寻找问题。这个心理假设是：每一个孩子内在都希望自己变得更好。这是他们不断成长的动力，参与竞争的自然动力。

家长越念叨，孩子越反感，他会有一种怎么做都无法获得你的肯定的焦虑和烦躁。

对话四：生活中无处不在的发现和表扬，
对孩子和家长的影响

晚上小朋友洗了澡后。

我："去把小裤裤洗了吧。"

儿子："好。"

他很乖地就去了，我准备照张照片，被他发现了。

我："我一会儿发朋友圈，一定有人说你很能干。"儿子半信半傀。

儿子："我要洗两遍，才洗得干净。"

我："哇，洗得真干净。"

儿子："我就是说嘛，洗两遍才洗得干净。"

后面我把朋友圈给他看了，他还让我把那些赞扬读给他听。我给他读了后，他不开心，还让我删掉。

我："你现在很伤心哇，在生气了？"

儿子："我生他们的气，还有你。"

此时我有点疑惑。

后来我给爸爸说，你还是该表扬下他。

第二天没洗，第三天还是自己洗，爸爸看见了说："你自己在洗裤子哇？小伙子可以。"

儿子脸上有点不屑的表情，应该还是很高兴。这几天还是有坚持洗。

（又过了一周，这位妈妈交来了以下的作业作为这件事情的续集）

今天儿子主动让我拍缝纫的视频发朋友圈，让大家知道他可以。我发现他的反应和上次完全不一样，说明他是需要得到肯定的。

儿子："妈妈，我要来试一下。"（我担心他扎到手，看到他确实很想弄）

妈妈："好，那你小心一点，脚踏上去要轻一点。"

我后面告诉了他怎么弄，还有怎么传针，他就慢慢弄。

妈妈："哇，你缝得好直，快给奶奶看一下。"（后面高高兴兴地给奶奶看了，奶奶也表扬了他，他心里美滋滋的）

妈妈："奶奶以后看不见穿针，你都可以帮奶奶了，好棒，还可以帮妈妈缝衣服。"

因此，自从那天后，我都不担心他扎到手，小心点就可以，后面他还自己缝了沙包，不过里面是装的是一块石头，缝得不是那么好，我也有表扬他。

家长总结：学习后我的感受还是比较深，以前不知道关注小朋友的内心，就是很焦虑，虽然现在也做得不够好，还是需要继续坚持，只有改变自己才能在孩子身上看到变化。

周老师的圈注

从作业对话中看，儿子不是对发朋友圈这个行为不满意，可能是对妈妈发朋友圈的文字以及叔叔阿姨们的评论和回复不满意。当妈妈有困惑的时候，尝试去了解是哪里不太妥当，也正好是了解孩子的喜好的好机会。从心理活动来讲，孩子的行为本身受到恰当的肯定，一定会促使他重复和做好这个动作，这在心理学上称为"正面动机"。

对话五：被鱼刺卡住大哭的孩子，大人怎么回应引导

闺蜜聚会，朋友带了她8岁的女儿乐乐。

我们聊天，乐乐安静吃着鱼，突然大声地哭了起来。

朋友着急地问："怎么了？被卡住了吗？"乐乐哭得更大声了。

我问："你一定感到很疼吧？"乐乐抬起头看了我一眼，点点头，哭声小些了。

我："那我们先一起试一试，肯能不能把鱼刺弄出来，不行就去医院，好吗？"

她又点了点头，跟着我努力做咳嗽和呕吐的动作，几分钟后，

鱼刺出来了。

我问："还疼吗？"她摇了摇头。

我说："乐乐被鱼刺卡住了，虽然疼，却能够不慌张，通过自己的努力，把鱼刺弄出来，这是勇敢的表现哦。阿姨觉得你棒棒哒！"

乐乐高兴地笑了："我还要吃鱼。"

周老师的圈注

大多数情况下，我们会看见当孩子被卡住，受到惊吓一哭的时候，家长因为担心焦虑同样受到惊吓，第一反应是责怪甚至吼孩子，吼旁边的人："怎么搞的？给你说了要小心，哭有用吗？赶紧弄出来啊，以后别吃鱼了！"孩子就会更紧张了，也许刺就会卡得更紧。

这位妈妈保持了情绪稳定，给予共情理解，同时给予具体的帮助，引导孩子解决问题，并且及时给予很客观的肯定。孩子解除了痛苦，觉得自己参与了自救，增强了自己有能力解决问题的信心。

经过这件事情，孩子吃鱼会更小心，也不会因为鱼刺卡住这一次就放弃吃鱼。最后还是要提醒家长朋友一句，小朋友如果被鱼刺卡住，家长和小朋友稍微处理后仍无法解决的，一定及时就医。

对话六：怎么激活8岁孩子的自信心，
如何引导孩子更加积极地观察和思考

和朋友带她8岁女儿一起参加读书会。

两个半小时下来，我问小朋友："感觉怎么样？"

乐乐："好无聊啊！"

我："你觉得时间很长吧。"

乐乐："嗯。"

我："两个半小时哦，这么长时间，你能坚持下来，坐在自己的位置上，偶尔喝水，吃薯片，出去走走，都没有影响到别人，这是很自律的表现哦！棒棒哒！"

乐乐："我影响到别人了。"

我："哦？"

乐乐："我吃东西有声音，水还掉到地上了。"

我："是有一点声音，不过影响不大，总的来说很好。"

乐乐点点头。

周老师的圈注

听完对话，可以看出这个家长朋友的女儿乐乐有个比较注重细节的重要养育人，孩子从小被影响，容易看到自己做得不好的地方，对自己做得好的地方都觉得是"应该", 处在这样的养育氛围的孩子, 长大后更在乎别人的感受, 也更容易看到自己做得不好的地方, 更容易出现压抑憋闷、爱挑刺、放不过别人也放不过自己, 身边的人以及她自己都会生活得比较心累。有没有办法从现在开始有一些改变呢?

家长可以继续和孩子聊, 并启发孩子:

"看来你对这个很在意? 似乎你对自己还是很不满意? 你有没有觉得自己哪里做得好? 你觉得自己影响到别人了? 要不我们可以问问别人, 他们觉得你影响他们了没有。"

对话七: 和刚上小学的儿子怎么聊天, 怎样称赞

妈妈: "儿子, 上了两天小学怎么样?"

儿子: "还好啊!"

妈妈: "'还好'是什么意思?"

儿子: "比幼儿园好!"

(以前会回应"那肯定比幼儿园好嘛, 可以学更多知识, 你要珍惜学习机会, 养成良好学习习惯……", 然后儿子就没有话了)

妈妈: "很高兴听你这么说! 我很想知道你前两天都讨厌小学, 怎么才两天就变了! 发生什么事, 能告诉我吗?"

儿子："不告诉你！"

（以前会回应"你怎么能不告诉妈妈呢，妈妈是你最信任的人啊，有什么事情都要告诉妈妈喔"，给他讲道理，然后儿子又没有话了）

妈妈："好可惜，我好想知道你是怎么做到的，你不想说就算了。"

儿子："我告诉你嘛，我以为小学老师要批评人，结果老师没有批评我！"

（以前会回应"老师对你严格才好了，不要怕批评"，然后儿子又没话了）

妈妈："老师喜欢你？"

儿子（很高兴）："是的！老师喜欢我。"

（以前会回应"那要好好表现喔，争取一直做个老师喜欢的孩子"，孩子会受到短暂鼓舞，对内在自信的建立却没有什么帮助）

妈妈："哦！太好了，不知道老师喜欢什么样的学生。"

儿子："老师喜欢上课认真听课的学生！"

（以前会回应"上课认真听课才是好学生"）

妈妈："太好了，我儿子就是这样的学生。"

妈妈和儿子一起大笑。

儿子从内心里把"上课认真听讲"和"自己可以做到"连接起来，非常有根基的自信。

周老师的圈注

妈妈说整个过程中，她的最大改变是在倾听的时候保持了对孩子说的那句话的好奇。这份好奇止住了自己以前的"下定义""讲道理"和"贴标签"。气氛轻松愉快之下，可以感觉到孩子内心被鼓舞了。

这份作业的最大亮点还来自妈妈将自己以前和现在的对话做了对比，让自己可以看见自己的改变和进步，这是很好的一次自我肯定和自我鼓励，这份作业的完成过程就又鼓舞了妈妈一次。

这是很好的亲子之间彼此鼓舞良性互动的例子。

对话八：9岁女儿认真讲述她关于"亲子关系"的调查，爸爸的反应亮了

女儿："爸爸，我给你说件事。"

我（谨慎地观察她的情绪）："嗯。"

女儿（走到黑板前，在黑板上画了一个心形）："这个是爸爸妈妈，这三支粉笔，黄色代表自私，玫红色代表关爱他人，红色代表爱子女。你来填色，你觉得爸爸妈妈是怎么样的。"

（我有点忐忑，画了一个三等份，边画边想怎么解释）

女儿（侃侃而谈）："我调查了很多同学，很少这样的。"

我："那爸爸妈妈是怎样的呢？"

女儿："一种，爸爸很成功，只是关心他的上司。但完全不管子女。"（讲故事，开演）

我："那他儿子肯定很难过。"

女儿："是嘛，这个爸爸关心他上司，是因为上司能帮他。第二种，（开演）'快去写作业'，微信来了，一溜烟跑了。"

我："真同情这个女儿。"

女儿："第三种，父母是'白骨精'，也很爱自己的子女，对子女要求很高。四三班××同学一次考了98分，本来很高兴，结果回家她爸看到了，打了她20下，差一分打10下。她完全没有耍的时间，如果学校布置4个作业，妈妈会再给她布置5道题，周末也全是补课，都是语数外。"（一边说、一边画表、一边举例）

我（小紧张，有部分例子好像在说我们）："那真是够可怜的，孩子天性就是喜欢耍，搞这么凶，孩子一定受不了。"

女儿（看起来对我的回应还算满意）："这是望子成龙型。第四种，这颗心全是黄的，完全自私。"

我："你还调查到有这样的父母啊？"

女儿："嗯，××同学就是，父母离婚了，他跟着爷爷奶奶，也不写作业，也没有补习。爸爸一年只回来一次，2天。"

我："还是跟着爸爸妈妈一起的孩子最幸福。"

女儿："嗯嗯嗯，最后一种，这颗心全是红的，要啥给啥，只要孩子不喜欢哪个，爸爸就去弄他……"

我："这是溺爱型，会害了孩子。"

女儿："××就是这种。"

我："那我们家你觉得是哪种呢?"

女儿(另画了一颗心,黄色和玫红各占1/8,其他是红色,又画了一张日程表):"我本来以为自己压力够大了,现在看来我是最好的那种。平时是这样的,可以上自己喜欢的圆号和毛笔课……周末是这样的……"

我(小心翼翼):"看来我们是最好的了,那你觉得我们的学习压力还是可以接受的对吧?"

女儿:"嗯。"

爸爸总结:这段对话,我自己的感觉很好,也感受到了女儿的自信,如果不是每周来家长团体上课,我肯定一早就打断孩子,加入了自己的判断和评价,就会阻断孩子的讲述,也许我和她还会争吵起来,不欢而散。

周老师的圈注

这份作业在团体里一"对演"出来,就惊艳了现场的父母。两个惊艳点:一是孩子的思维和表达能力,二是爸爸在整个过程中近乎完美的共情式回应。这两点相辅相成,呈现了这一场精彩流畅的对话。

对话九：在不利的局面下，如何给孩子的行为点赞，"辣子鸡丁"怎么用来鼓舞孩子

女儿把自己和目录学校老师的聊天截图发给我看，说："妈妈，我们再也不用花冤枉钱了，目标大学的老师说的根本不要去听培训机构的片面之词，他们的一切目的都是为了从你荷包里多掏钱，这些东西其实我自己都可以准备。"

我心里倍感欣慰，说："你做得非常聪明，我都想不到这些，你越来越会分析问题了呢。你的思考能力在提升，这次你就避免了自己走弯路，我为你的行为赞一个！"

女儿："耶！妈妈表扬我了！我要交手机了，这周末我们再一起去跟老师面谈一下哈。再见妈妈，我们明天接着聊。"

周老师的圈注

在这个对话中，妈妈的表扬其实是不符合称赞的公式：行为客观描述+欣慰的感受+品质客观描述；可为什么这一次起到了作用，因为孩子感受到了妈妈对自己的想法和决定的真心欣赏，因为孩子做的选择和妈妈希望的一致，妈妈也更容易发自内心的肯定。得到肯定的孩子获得了鼓励的能量，坚定了自己的决心。

对话十：错过的称赞，可以补上吗？

我在洗澡，儿子在外面问我事情，说了三遍，没听清，洗完问他。

儿子："刚才我要用你手机，同学打电话说有个题没抄，要我拍个照过去，我已经用了。"

我："哦，用了就用了嘛。"

（反省这里应该可以找个"鸡丁"）

我："儿子，你这种用我手机、用别人东西先问一下，就是尊重别人。"

儿子："我晓得你肯定会同意我才用了，像这种帮助别人的事，你肯定会同意，不然我咋会用嘛。"

我（继续补起及时称赞）："儿子，你这种帮助同学的行为就是助人为乐，有爱心。"

周老师的圈注

家长们在团体学习中，学会了称赞的方法，由于习惯的原因，会常常忘记。事后补上是可以的。

为何我们常要用这样的称赞方式给予孩子肯定呢？

如果你希望孩子养成怎样的行为，或者怎样的品质，当他做到的时候，去给予肯定是最好的引导方式，而不是当他没做到的时候，教育他。

对话十一：考试成绩下来了，
鼓励孩子的机会很容易一晃而过？

女儿："妈妈，猜我英语考了好多分？"

我："80？90？"

女儿："100。"

我："总分多少呢？"

女儿："100分。"

我："哦，那你一定很高兴吧？"

女儿："还好啦，这次考得好简单，大多数都是选择题，只有一两道需要写的。"

我（心想，如果说得多，是不是就要露馅，忍不住转换话题）："那这次的语文考试很难吧？"（语文考得不好）

女儿："嗯，全班只有一个90分以上的，王老师脸都是青的。"

我："看来王老师比较失望。"

女儿开始说哪些错了，作文扣了多少分，班上谁谁扣了多少分……

我："哦。"

家长反思：转变话题了，本来是求称赞的，结果转到不高兴的事上了。

周老师的圈注

记录作业的好处是家长有机会重新去体会这段对话里，自己和女儿当下的感受和反应。

团体里我们一起讨论，在女儿说英语得100分，不经意地表现出求表扬时，家长可以说："就算简单，要做到100分，就要全部对，除掉运气，还需要对知识的掌握和做题谨慎认真吧。你怎么做的呢？"

这个时候，孩子就有机会来重新肯定自己已经做到的部分，有利于增强孩子的自信心。

对话十二：怎么适时真实地点赞孩子？

周三晚餐桌上。

奶奶："下午给你妹妹打电话，说小小成绩下降得厉害，做作业特别拖，看到她坐在书桌前，但20分钟都没做出一道题，怎么吼她都没用。"

我："妹妹对小小太严，老是吼来吼去的，小小也都听妈妈的，现在10岁，可能开始反抗了。"

女儿："这都是我跟你说的。"

我（看着她）："哦？"

女儿："大人把我们小孩控制了，要我们啥都听大人的，我们又不是机器人，不能有自己想法啊？"

我（正好，求表扬的来了，抓紧机会补起来）："哦，想起来了，望子成龙型。小小家就是这种类型的。"

女儿："这样我们肯定不高兴嘛，哪个喜欢被控制嘛。"

我（看到她没有继续说下去的意思）："嗯嗯嗯，你总结父母类型，我事后想了一下，很能反映你几项特点，要不要听？"

女儿（继续吃饭）："随便你。"

我："你把收集的爸爸妈妈分成5大类，这是分析总结的能力。"

（女儿吃饭中）

我："然后你跟我讲，又是故事，又是图表，这是演讲能力。思路清楚，能充分表达出自己的思路，这几项能力对学习工作都很有帮助。"

（女儿继续吃饭，我感觉到她心里暗爽着）

我："你调查了很多小朋友，她们都愿意配合你调查，说明你善于交朋友，这就是社交能力。"

女儿："我在其他班也有很多朋友，有三年级的，有五年级的。我们找了个空教室，把很多银杏叶放到教室，一有空我们就去拼轮船。我画图，她们照着图拼。"

我："你朋友圈很广嘛，而且有组织能力。你是怎么想到要总结父母类型呢？我很好奇呢！"

女儿："那天我没带课外书，就乱想。我无聊时就会想些奇怪的东西。"

我："哦，那以后可以定期不带课外书。"

女儿（得意）："门都没有。"（然后女儿又跟我讲了很多学校里的话题，接着又拉着我跟她做了一会儿游戏。真切感觉到她的开心和对我的亲密）

周老师的圈注

完成这份作业的爸爸，非常高兴分享说，自从尝试用这样的方式去点赞孩子，孩子很愿意接受。

我们也可以看出来，爸爸是很用心地在观察和分析，用了团体里学到的"学会称赞"的公式，坚持客观事件描述，明白具体点赞的点是什么，还有好奇地问："你是怎么想到的呢？你是怎么做到的呢？"

对话十三：上高二的女儿数学考了93分，
怎么夸怎么鼓励？

女儿跟我视频："妈妈，数学成绩出来了。"

其实她什么时候考的我都不知道，既然主动告诉我，就说明考得不差。就顺着她的话问："怎么样啊？"

女儿："咳咳，请准备好你的掌声。"

我为了配合她于是使劲鼓掌。

她说："哈哈哈，我考了93分！"（满分100）

我内心还是挺开心的，说道："很不错啊，高二考得这么好，你一定还是很不容易吧！"

女儿一脸得意："那是当然啊！我每天都在使劲看书刷题。唉，不过也没啥，数学对我来说so easy。"

我："我感觉你还是多辛苦的。"

女儿："嘿嘿。这次只是A，因为高二最高就是A。照这样下去，到了高三，我拿A+没问题。"

我："对自己很自信嘛！这次只是小考，一月份大考你千万不要掉以轻心哦。"

女儿（有点不耐烦了）："那是肯定的啊。"

周老师的圈注

妈妈前面两句运用了"学会称赞，激活孩子自信心"的方法，通过女儿的反应看出来是很有效的。

后面一句的对话，显然大人孩子都不满意了。家长们特别能理解妈妈的内心戏，以及怎么忍都忍不住的啰唆——"这次只是小考，一月份大考你千万不要掉以轻心喔"。当问及如果你们是这位女儿的时候，扮演女儿的妈妈先说："本来只是来和妈妈高兴显摆一下，到头来又是一通让人扫兴的唠叨。"

我问："你觉得女儿知道大考不要掉以轻心吗？"家长

们都说孩子其实知道，但是大人就是担心孩子一得意就放松了。

"如果家长从内心深处就觉得孩子自信心很重要，并且在她的学习这件事情上相信她，大人最后一句可能会怎么说？"团体里家长提供了不少的句子，我综合了几句："感觉到你自信心满满喔，自信心对学习和每一次考试都很重要。我都为你高兴。每一次考试都是一场经历和学习，一月份大考就要来了，相信你会总结得失，充满信心又不掉以轻心。"女儿可能就会回答"那是必须的"，继续信心满满。

对话十四：你刻意夸赞孩子，孩子却不领情，家长怎么给出称赞和鼓励？

周六下午美术课后，和老师聊天。

老师说女儿有美术天赋，可以走专业路线、考美院。

我："听到老师这样说，我真高兴。"

女儿（挽着我的手，看起来很满足的样子）："嗯嗯嗯。"

我："自己的梦想被老师说出来的感受，肯定很开心吧。"

女儿："爸爸你要请我吃好吃的。"

我："为什么呀？"

女儿吧啦吧啦说了一通，然后去买了一个蛋糕……

女儿（把今天的国画牵牛花放在桌子上）："爸爸你看哪朵花最好看？"

我："这几朵都好，花瓣之间有间隔，而且花的颈部也展现得很清楚。"

女儿："哪个花骨朵最好看呢？只能选一朵。"

我："这几朵都很好看呢，选不出这个'最'。"

女儿（指着一朵）："这朵是董老师画的。"

我："哎哟，我都没看出来，你看这朵，这朵，还有这朵，和董老师画的都差不多呢。"

（目光移向第二张画）"这个漫画妹子的眼神很特别，是什么样的情绪呢？"

女儿："她在等待一个人。"

我："我们把情绪卡拿出来找找好不好？"

女儿："好。"（拿出情绪卡翻，不过忘了她翻的是什么了……）

我："嗯，我感觉她眼神里有点小惊喜的样子，可能是看到了她想念的人。"

妈妈回到家。

妈妈："哇，这个漫画好好看，（对我说）看这个眼睛，会放光呢。"

我："就是，上次课上专门学习了画眼睛，立刻就不一样了。面部也显得有血色。头发看起来很细腻，原来短发也可以这么漂亮，（女儿一直抗拒剪头发。对女儿说）你以后可以试试这种发型。嗯，颜色也好看。"

女儿："就是颜色没有搭配好呢，你看嘛，红配绿。"

（我和女儿妈一脸懵）

我："我觉得挺好看的啊，我们不咋懂。听董老师说，这幅画虽然有再完善的空间，但对你这个年纪不能要求太严，免得破坏想象力。"

妈妈："她穿的是和服吗？"

女儿："嗯，我画的就是日本女人。"

妈妈："是不是老师放一个图片，然后你照着画的？"

女儿："不是，我自己想着画的。"

妈妈："你怎么想到要画这个呢？"

女儿（说了一堆原因后）："我再画一幅给你看嘛……"

周老师的圈注

到10岁左右、自主意识强的孩子，轻易评价式的表扬是很容易被怼回来的，比如真好、真棒，家长仔细地观察和发自内心的好奇，用"你怎么做到的？怎么想到的？怎么完成了的？"的句式，容易引起孩子自我表扬和鼓励。

对话十五：原来这样和孩子聊考试成绩，
真的能"剧情"反转，孩子自己鼓励自己了

放学路上。

女儿："妈妈，今天有个事儿我要跟你讲一下。（一听就不是好事）我数学考差了，只考了89+16。"

我："你自己觉得数学没考好有点难过？"

女儿："是啊！不过我朋友让我给她看看，我开始不好意思给她看，她说没关系的，就看一下，我给她看了，她说，好，还可以嘛！差一分就上90了。"

我："有了朋友的安慰心里好多了吧！"

女儿："但是我同桌考得比我好，他考了96。"

我："哦！你觉得比同桌差有点难过。"

女儿："是啊！但他的思维题没我高。"

我："哦！你觉得思维题更重要。"

女儿接着说："我觉得下次我再仔细一点，再努力一点，再认真一点，可以考好！"

家长感悟：这次我觉得我自己有进步，我真的接纳了她，所以反映情感的时候更平和了！

周老师的圈注

家长特别欣喜地分享，在实践中运用了在团体中学到的和练习的"肯定和接纳"孩子的情绪，没想到，原来总是家长讲道理，现在是孩子自己分析和说出自己激励自己的话。

当孩子的情绪得到家长"共鸣"和认可后，孩子的自我掌控感就上来了。

对话十六：孩子不停抱怨，家长怎么接话和扭转局面，激活孩子的自信？

女儿下晚自习，在回家的路上。

女儿："妈妈我还是很虚弱。"

妈妈："身体还是不舒服？"

女儿："不是的，我做作业，不好的念头还是会冒出来。其实以前也是这样的，我小学有时候上课注意力不集中，做作业头脑里也会浮出画面。人家做作业很专心，别人喊都不一定听得见。"

妈妈："那你呢？"

女儿："我是就算做作业，只有有一点外界的声音我都听得见。我的大脑就是这样，这是我没法控制的。"

妈妈："你可以一心多用哦，你的大脑很特别，只属于你自己哦。"

女儿："可做作业很枯燥，所以大脑才会浮现画面。"

妈妈："哇，我从来没有体会到，这很神奇呀。"

家长小结："通过这次聊天，我感觉女儿开始接受存在于她头脑里的某些画面，能够不怎么排斥并愿意把它说出来。"

周老师的圈注

看出来妈妈在接纳孩子的情绪上做得足够，所以孩子在很安全的情况下，什么抱怨都可以讲了。

如果要说有什么补充的话，是最后有机会通过孩子自己讲述，让孩子自己表扬自己，对自信心建立很有帮助。

尝试修改剧本：

女儿："可做作业很枯燥，所以大脑才会浮现画面。"

妈妈："都怪作业太枯燥。"或者"似乎你希望作业很有意思，能抓住你所有的注意力，这样就不会浮现其他画面了，就不会分心了？"

女儿："对啊，好烦喔。"

妈妈："这么艰难和不容易的情况下，你是怎么完成了你的作业的啊？"

女儿："我这样……这样……"

对话十七：和孩子约定好了看电视时间，
到点不照办怎么弄？

女儿："妈妈我想看一会电视。"

妈妈："可以啊，那我们约定好先看30分钟就休息眼睛好吧。"

女儿："好的。"

（看了30分钟，闹钟提示时间到）

妈妈："佩佩，时间到了喔。"

（女儿盯着电视继续看，不说话）

妈妈："这集还没演完吗？"

女儿："嗯。"

妈妈："那把这集看完，就关电视休息一会儿，玩点别的。"

女儿："好的。"

（等女儿看完那集动画片后）

妈妈："佩佩，好了，该关电视了。"（一边说一边关电视）

（女儿有点不高兴）

妈妈："妈妈要去做午餐，你先自己玩会儿，吃完午饭后你可以再看一会儿，好吧？"

女儿："好的！妈妈我画会儿画吧。"

妈妈："好啊，等你画好了我们就可以吃午饭了。"

女儿："妈妈你看我画好了。"

妈妈："喔，让妈妈看看你画的什么。"

女儿："这是小狗的厨房，这是小狗做的梦，我还用拇指画了的。"

妈妈："小狗有个绿色的厨房，这边有绿色、粉色、红色圆点的是小狗做的梦，妈妈很喜欢这幅画喔，最让妈妈高兴的是，佩佩今天画画用了差不多1个小时的时间，这就是很专注、专心地在做事情。我们把画放在黑板上吧。"

家长说：记录完对话才发现，她遵守完约定后，我忘记表扬她了。

周老师的圈注

"妈妈看出来了你不高兴，我也不想你不开心的，只是更重要的是需要遵守我们之间的约定"，如果能加上这样一句话，就可以在理解和肯定孩子的感受的同时，强调原则，并执行原则。

妈妈可以加一句："今天你还遵守了到时间就关电视的约定，现在感觉怎么样啊？"女儿："刚开始有点不开心，现在觉得很好。我还画了画，没有一直看电视。"

妈妈："你做到了，这就是遵守我们的约定啊。配合协作，大家都轻松。妈妈也很好。谢谢你配合。"

这是很用心的称赞。孩子在内心会觉得"我是有专注、专心做事情的能力的"。

第四节　当家庭中养育孩子的意见不同
甚至相反时，怎么办？

　　我时常在思考，家庭中，重要养育人，包括妈妈、爸爸以及家里的老人之间的观念要尽可能保持一致吗？有回答说：当然要一致，我们大人保持一致，才可以一致对外（孩子）。也有回答说：也可以不一致，我们都是一个严格（虎妈），一个温柔（猫爸），一个当好人，一个当坏人。读者朋友们，你们也是这样想的吗？

　　一致当然是很好的，因为这样可以避免家长们之间的一些"冲突"，可我们的家庭成员间，不全是一致的，总会有不一样的感受和想法，这些不一样的感受和想法可以存在吗？如果答案是肯定的，那我们要怎么求同？怎么存异？当面对孩子时，我们又该如何在孩子面前表达爸爸和妈妈对你的回应是可以不一致的呢？

　　我的家长团体中有这样一位学员，她说她的妈妈当初告诉她，你们夫妻二人在教育孩子的理念上如此不相同，将来不知道要为孩子争吵多少次。她为此十分苦恼，她在上完我的团体课后，把所学的知识告诉她的老公，可她的老公却说，我不会和你步调一致，你有你的方法，但我也有我的方法……后来，她想明白了，是的，这个社会上有和孩子这样沟通回应的妈妈，就一定会有和孩子那样沟通回应的爸爸。就算爸爸和妈妈的步调一致，你又怎么能保证，将来孩子到了学校，到了社会，他的周围人也是这样回应他的呢？那不如现在就把爸爸的不一样当作积极有效的资源，借此也可以让孩子明白，不一样的可能性。

对话一：早餐桌上的对话

女儿问："今天怎么安排呢？"

爸爸说："我还要去舅婆家拿手机，完了去花市逛。"

女儿回答道："都10点了，逛不了什么，下午去吧！"

爸爸说："今天起得太晚了！下午还有安排。"

女儿马上说："你们又不叫我，昨天晚上12点才睡，没睡好。"

爸爸接着就说："只为成功找方法，不要为失败找原因。"

（明显没共情，女儿马上一脸不高兴，到书房没话说了）

妈妈跟爸爸说："你又讲大道理了。"

爸爸很不开心："这不是大道理，我也是说给你听的。"

周老师的圈注

女儿本来开开心心的，但是爸爸的回应把本来开心的气氛弄得比较尴尬，但事实上爸爸的回应代表了许多家庭的回应，很多时候，我们都是习惯性地把固化的思维模式搬出来，理所当然的应对女儿的话就变成了讲道理，同时觉得自己的女儿没有把道理听进去，转而又把道理情绪化地表达给了妈妈。其实故事还没有结束，爸爸虽然这样说，造成妈妈和女儿的情绪都有点低落，如果可以的话，妈妈是有机会去和女儿弥补这段情绪共情的，该怎么弥补呢？大家可以尝试着写一下：

_____

_____

_____

_____

对话二：孩子精心做的手工不小心弄坏后，家长怎么安慰?

爸爸："这有什么好哭的嘛，又做一个不就好了吗？"

妈妈："这是小贝很用心做的，现在被压坏了她很难过！"

小贝："是的。"（哭泣声小了点）

妈妈："我想你一定花了很多心思去做吧！现在坏了！（我把她抱着，语气温和同情）要是我有魔法就好了，我就可以帮你复原了。"

小贝："我要有魔法，我要变真的甜甜圈出来。"

妈妈："嗯，我也想吃。"

小贝："这件事让我明白了珍惜。"

妈妈惊讶地看着她："这件事虽然让你难过了，可让你明白了一个这么重要的道理，妈妈感到挺开心的，对，珍惜，懂得珍惜很重要！那下次我们把它放哪儿呢？"

贝贝："放在安全的地方！"

周老师的圈注

这是很典型也很经常出现的家庭日常对话，爸爸代表了习惯性回应，妈妈代表了经过学习儿童心理，家长自我成长实践训练后的回应。如果你是孩子就可以体会到，这两句带给孩子完全不同的心理感受和情绪反应。

妈妈持续说出了孩子内心的感受，用幻想的方式真诚地去和孩子共情，不是否定孩子的情绪，而是肯定和接纳。很多家长都怕这样说了之后，孩子闹得更凶。

我常在家长团体里说接纳孩子的情绪的时候，就要怕什么说什么。越是能肯定孩子的情绪，孩子越能自己解决自己的问题。

对话三：周末的早晨，妈妈在厨房忙着早饭，儿子在客厅里玩

儿子："妈妈！"

妈妈："小福，怎么了？"

儿子："妈妈，我跟爸爸说，让他帮我找一下卡片，他说叫我自己找。"

妈妈："看起来爸爸这样说，让你有一点不高兴了。"

儿子："是的，我都已经找过了，可是没有找到，才让他帮我的。"

妈妈："这个时候特别需要爸爸的帮助，可爸爸却让你自己去找，有点委屈了，不是不愿意找，确实是自己努力了，可还是没找到。"

儿子："妈妈，我去找爸爸的时候，他都不会这样和我说话。"

妈妈："妈妈和你这样说，你觉得有被安慰到吗？"

（儿子这个时候走过来抱着我，我也紧紧地抱着他，看起来不仅是爸爸行为上没有帮助他，语言上也没有给予他心理上的支持）

儿子："我不喜欢爸爸，我喜欢妈妈和我说话。"

妈妈："是啊，要是爸爸和妈妈的说话方式一样，那该多好啊。可是，爸爸这样回应你，我们可以不要爸爸吗？"

儿子："嗯……（他想了一下）应该不可以吧，他有时候还是挺好的。"

妈妈："是啊，有些时候你遇到的人和你说话的方式不一定就和妈妈的说话方式一样，就像爸爸的回应也是一种方式，你可以不喜欢，但这种交流方式确实是存在的，你也可以告诉爸爸，但爸爸有权利决定是否进行改变。"

儿子："哦，那好吧。"

周老师的圈注

通常来说，孩子更愿意亲近对自己温柔宽容的家人，不喜欢那个对自己严格要求和表情严厉的。如果此时家长利用这个机会，让孩子学会了解每个人很有可能有不同表达方式，每个人都有权利选择自己的方式，以及有权利决定是否进行改变，孩子就会学会很宝贵的和人相处的品质：尊重。正因为分清楚了如果有人对自己没那么好，或者不是用喜欢的方式对自己的时候，不会陷入那种一定是因为我不好的的"自责"中，可以感觉不被别人接受的情况下，依然保有坚实的自我存在感，这在孩子今后的成长中实在是太重要了，会大大减少孩子在人际交往中不切实际的预期。不仅增强了孩子对自我的自信，还减少了因为今后在交友中对他人的控制，以及关系终止或变动的承受力。

存在感充足的孩子，不太会因为谁不和他玩了就自暴自弃、放弃自我或是怀恨在心。

对话四：家里老人喊不动孩子做作业，这个局面怎么解？

本周儿子学校提前放假一天，因为出差，

所以周五中午才匆匆见了一面，晚上回家跟两个儿子碰面。

妈妈（回家以后看到两个儿子正在看电视，没有一个在做作业的，心里开始想冒火，想到一致性表达）："孩子们过来抱抱，走了好几天都没有看到你们，挺想你们的。虽然进门的时候希望你们是在学习，当然你们没有学习，也不代表我就不想你们了。"

儿子："妈妈，我们也想你了，抱抱。"（基本每天晚上都有视频和通电话，情感联络还是有的）

婆婆："你看嘛，两个我都喊不动做作业。"

妈妈："作业是他自己的，他自己决定什么时候完成，是他自己的安排。"

儿子："哦，就是嘛，我自己晓得安排，今天就让我看一会儿电视嘛。"

妈妈："好嘛，那弟弟一会儿去上课了，你也就不能看咯，我看你们这几天作业也挺多的，还是要合理安排一下。"

儿子："好嘛，我今天晚上把英语完成了哈。"

周老师的圈注

这是方法之一，适合一直是以"自主，自己负责"的

养育氛围的家庭。如果家里是有比较严格的共同同意的规
矩，那就需要执行规矩喔。

对话五：儿子不想训练，打电话向妈妈求助

儿子："妈，下午我都还要训练，因为我没有跑过，但是我实
在跑不动了，路都走不动了，我想回家了。"

妈妈："你这会儿一定是超级累，我都能想象得到，肯定是什
么都不想动了，但你还是要经过教练同意才能走。"

儿子："我跟他们解释过，我跑不动了，他们不听，我要回
来了。"

妈妈："你最近的状态能坚持强度这么大的训练已经很不容
易了。"

儿子："可是他们不知道，我真的跑不动了，我尽力了。"

妈妈："如果我是你，我先给教练说我的身体情况，如果不
行，等会回场地，我还是会跑一会，然后我就躺地上。"

儿子："他们不听，没有用的。"

（一个小时后儿子回来了。没多久，我就在群消息里面得知，
儿子因为擅自离队，被停训了。我和教练进行了沟通）

妈妈："教练你好，因为我儿子之前身体原因，状态不太好，
现在刚刚开始恢复，能否再给他一个机会呢？"

教练："×××擅自离队，这是训练队最严重的问题之一，如果都可以想干什么干什么，我怎么管理队伍，怎么训练，怎么出成绩。"

妈妈："是的，是的，确实是他不对。不过他也还在恢复期，压力比较大。"

教练："压力大就不要来训练了。无组织无纪律。"

妈妈："我让他好好在家反省。"

周老师的圈注

我想这样类似的场面，大家比较熟悉，憋屈的家长陷入了两难。给儿子来硬的，儿子不干，又如何面对教练的要求压力呢？把后来妈妈的一致性表达尝试放进去，理解了儿子，也安抚了教练。

对话六：公公和孙女这样说话，妈妈被激怒了

家里公公正在抽烟。

女儿："爷爷，以后你和爸爸抽烟我就双手比叉叉说不行好吗？"

公公（半开玩笑）："那你以后哭的时候怎么办，家里你最爱哭了，那你哭的时候我们全部的人都用小细棍打你的屁股好不好？"

（女儿点点头，好像同意了）

（妈妈听到这样的对话，有点生气，觉得公公不应该这样和孙女说话）

妈妈一下子怼上去："说什么说什么呢，什么哭就要打屁股哦？"

公公有点尴尬，说："她自己同意了的。"

妈妈："那你要是说她哭的话用刀砍她，她也同意的话是不是就要砍她嘛。"（妈妈知道举的例听起来有点过激，但是想表达女儿同不同意不应该是以方法对不对为参考，而是大人应该有判断和引导）

公公（也有点恼羞成怒）："你这样子当着孩子的面说这些太过激了，比我说的话还恐怖。"

妈妈："不是过不过激的问题，是大人就不应该那样引导，凭什么哭就要这样被对待，她是可以哭的。"

公公自然不想听妈妈说话，就回房间去了。

周老师的圈注

家庭中养育人较多且育儿观点不太一致的时候，往往会出现这样的问题。老年人有他们的想法，年轻的妈妈又有新的育儿理念，常常会在孩子的教育中出现矛盾，如果矛盾没办法化解，那是和老人据理力争，还是转而关注孩子呢？我通常的建议是倾向于理解老人的情绪，关注孩子的成长，因为通常孩子的成长可能性和发展性更大，同时这也是属于父母的责任。

育儿的环境，没有我们可预见的"剧本"，意料之外很正常，如果我们对孩子的养育目标是从小让她明白：我可以有我自己的观念和想法，可以选择在不侵犯他人边界的基础上表达出来，别人说什么，是别人的想法，如果迫于压力，我也可以"附和"一下，但这并不代表我失去了自我。让孩子慢慢学会判断，大家庭或者社会中，会有各种各样的声音，这些声音和自己的观点不一定都一致，但没有关系，自己可以慢慢形成自己的认知，而不是别人说什么，都觉得对。

这里的妈妈勇敢地站出来表达，维护了重要的身体权，以及对自然情绪产生的允许和接纳，尽管并没有同时表达对公公的理解，但在现实生活中的父母毕竟不会有那么多的训练和时间来完美表现。事后，妈妈可以向公公表达理解，也可以再和小孩交流爷爷这样开玩笑的原因，让孩子理解为何爷爷不喜欢哭、妈妈可以接受哭这种行为。小孩不需要站队支持某一方，认为某一方对，而是了解人与人的不同。她可以有选择地接受。

第五节　当孩子遇难而退时，家长如何应对？

困难像弹簧，你弱它就强。

宝剑锋从磨砺出，梅花香自苦寒来。

被克服的困难就是胜利的契机。

故天将降大任于斯人也，必先苦其心志，劳其筋骨，饿其体肤，空乏其身，行拂乱其所为，所以动心忍性，增益其所不能。

古今中外，如此的名言警句数不胜数，家长念叨孩子，孩子用来加进作文，扪心自问，有没有真正起作用呢？作用肯定有，不然就不会被当作名言流传至今，可又有多少人能被名言所激励，真正做到遇到困难迎难而上呢？

我时常在咨询中有见到很多青春期的孩子们，他们遇到学习上的困难，首选逃避，实在逃不了就求助，如果求助也没有用，那就放弃，反正家长老师对自己也失望，也认为自己做不好。家长们告诉我，这些孩子遇到一点点事情，就觉得像人生走到尽头一样，家长们自己小时候哪有那么多毛病，父母都很忙，还不是要靠自己顶着压力，顶着困难上，而且还会苦中作乐地开导自己。我听到这里常常会会心一笑，也许就是因为小时候你们的父母放手，没有时间管你们，反而你们有更好的发挥空间。

生活水平提高，科学育儿的知识从胎教开始就围绕着我们，给孩子读第一本书，培养孩子的情商，等等，太多太多。而我们的父母又是特别善于学习的父母，总觉得不仅要说给孩子听，还要通过各种手段（电影、故事、绘本）强化这些"信息"。

有家长说，青春期的孩子简直说不得，有时候你还没有开口，他就知道你要说什么，一句"我知道了"然后门一关，机会都不给你。也有家长说，早知道就早点来学习，小时候说这些的时候孩子们就愿意听。越早效果当然越好，可是开始觉察并愿意有意识地做出改变，任何时候都不算晚。从现在开始尝试有意识地换个方式和孩子对话，或许整个家庭氛围、孩子的状态都会改变呢？

对话一：孩子压力有点大

妈妈："儿子，看起来你的脸色不是很好呢，是不是这周压力有点大？这周连续三天都是考试。"

（儿子没有说话，点了点头，看他的情绪表情觉得妈妈还是理解了他）

妈妈："如果感觉压力特别大的时候，需要妈妈做什么，你都可以打电话给我，我肯定是第一时间出现在你的面前，站在你这边的。"

（儿子点了点头）

妈妈："你要相信，对于妈妈来说，妈妈的信念就是儿子的身体健康是最重要的，在保证身体健康的状况下，那么考试成绩只是说明你现阶段的学习状态和状况，所以也不用太过于紧张了哈。"

儿子："就是，但我还是觉得压力有点大。"

周老师的圈注

好多家长都觉得这个场景太熟悉了。能理解妈妈特别想要帮儿子解压的心情。当妈妈去扮演儿子的时候，体会是：妈妈一直在说着她自己的想法，而儿子自己内心的压力没法表达和释放，只有自己压下去。

那可以怎样接对话呢？

儿子："就是，但我还是觉得压力有点大。"

妈妈："嗯，虽然妈妈这么想，但你还是觉得压力很大，对吧。"

儿子："对。"

妈妈："能说说让你心烦和担心的是什么吗？"

儿子："……"

妈妈："那是的。"

儿子："……"

妈妈："是啊，有时很努力也不一定取得好成绩。"

儿子："哎，还是要积极准备，压力有时也是动力。"

当家长没有一味沉浸在自己的想法中，而用语言去共情儿子的感受（虽然妈妈这么想，你还是觉得压力很大），用尊重和好奇的语气（能说说让你心烦和担心的是什么吗？）去引导儿子的时候，儿子反而可以很快解决掉自己的问题，转而说出了"压力也是动力"这句话。其实，青春期的孩子处在一个自我矛盾的阶段，一方面自主思想开始发展，另一方面家长的话还在耳边念叨。当家长忽略孩子表面的言语或行为，转而倾听他的感受、他的情绪时，他的问题其实他自己就可以解决了。

对话二：引导孩子的自信心，
重在过程还是结果

孩子："我的物理和生物作业都做完了，我的同学们都很奇怪，我为什么可以做得这么快。"

家长："是啊，你怎么做到的呢？"（用周老师的方法）

孩子："我上早自习的时候做，课间也在做，有时候中午吃完饭也会做一会儿。"

家长："哦，看来你是有效地利用零星的时间，碎片化管理得比较好。"（注意表扬取得结果的这个过程）

孩子："是的。"

家长："嗯，那其他同学是怎么一回事呢？"（从反面汲取经验和教训）

孩子："×××说，她上晚自习的时候本来要做作业的，结果看杂志，看着看着就忘记了，一直等到睡觉，也没有把作业做

完。"（边说边笑）

家长："是啊，一不留神，确实还是容易被其他事物吸引。看来你并没有受到这些事物的干扰。"（还是表扬她在这个过程中的表现）

家长总结：以前我不太注意，强调目标导向，孩子就不愿意尝试没有把握的事情。所以，这周回来我在这方面去做了刻意练习。果然接下来的对话，孩子表示不愿意参加一个英语口语的比赛，因为：1. 报名费300元；2. 这只是一个市级的比赛；3. 不喜欢单纯的朗读方式；4. 得不了奖。我觉得最重要的原因是最后一个。所以把关注力往"过程"上引导，作为家长，还要从内心认可并且多加练习。

周老师的圈注

如果家长过分强调结果，孩子的注意力也会在结果上，就比较容易患得患失，担心失败。

对话三：照顾孩子的心情，
还是鼓励支持她走出困境？

妈妈："女儿，电话。"

女儿："给我吧！"

（女儿拿过电话，按的免提，同学约女儿一起去看望小学老师。女儿当时很爽快就答应了。过了几个分钟，我看她一直沉默）

妈妈："此刻内心是不是很纠结？想去，又怕面对老师和同学，不去，又不好拒绝同学于是答应了。"

女儿："嗯！"（继续沉默）

妈妈："遵从自己的内心，想去就去，不想去就不去，学会拒绝，不要勉强，让自己有个好心情。"

女儿："那我还是不去了吧！"

妈妈："好的。但是又爽约了，这样很不好，以后什么事情都是要想好再回答，等一下你自己给××打电话解释。"

女儿："好的。我就知道你会叫我自己打电话说。"（心情明显好转）

妈妈："是的，自己的事情自己解决。"

周老师的圈注

这一段对话中，如果我们扮演孩子，能体会到妈妈对孩子情绪的关注、照顾，还有从妈妈的指导语言里，孩子会读到"自己的心情很重要"。

得到妈妈的支持，孩子的心情是变好了。妈妈却总觉得自己有些憋闷，我问："是什么让你不爽？"妈妈说："其实我内心希望她可以出去和同学玩，克服害怕。"我接着问："为何你没有坚持表达自己的想法呢？"妈妈说："我怕我提，她就一口否决了。"我："她选了爽约不去，你当时什么感觉？"妈妈："其实我不太高兴，我觉得她应该去，但不知道怎么给她说。就只有顺着她，让她自己去解决。"

这是很多家长常会遇到的困扰和矛盾，到底是照顾孩子的情绪还是可以坚持一些家长的想法和原则，在孩子犹豫的时候，也可以给孩子一些压力和推力？其实这不是一个非此即彼或者二选一的问题。

在不同情境下，面对不同的孩子，其实我们有很多选择，又照顾了情绪，又推动了孩子当然是完美，不过有很多时候很难做到两全齐美。

这位初一的女孩休学在家，就是一直克服不了担心自己在老师同学面前表现不好的问题。这个时候，我们会建议家长多试试去鼓励孩子，走出困境。

在孩子越小的时候，家长想要建立一些规则或希望孩子能克服困难，能克制自己的一些欲望，就越需要坚持原则，尽管当时孩子不开心或者被动无奈去了，行动完成后，会很大一部分增强孩子克服困难的能力。

我们给出一个新剧本：

妈妈："此刻内心是不是很纠结？想去，又怕面对老师和同学，不去，又不好拒绝同学于是答应了。"

女儿："嗯！"（继续沉默）

妈妈："是有点难决定。和同学们还是多开心的，但总觉得别人会另眼看自己，自己很尴尬，不想要这种感觉。还是待在家里自由自在，不用顾及别人眼光。"

女儿："对啊，在家里自在。和同学玩是开心，但一想起那个尴尬，就算了。"

妈妈："当然啊，谁都想轻松。我可以说一下我的看法吗？"

女儿："说嘛，你是不是还是希望我去？"

妈妈："对，轻松是最舒服的。不过，人长大就是要学会经历很多不舒服，我会支持你鼓励你去玩，一边开心，一边也体会尴尬，害怕别人的眼光人人都有呢，我们不可能去掉这种感觉，但如果你投入地玩，然后就会有新发现。"

女儿："真的啊，我不太相信。"

妈妈："要不你这次去试试，再说，你出去玩的话，妈妈也可以出门去放松一下。我们都换个体验，你回来了告诉我你的体验。"

女儿："那好嘛。"

如果孩子这一次没有答应，也没有关系。但凡遇到类似的事情，家长可以一直坚持表达自己的观点。

对话四：陪孩子仰卧起坐练习，有没有机会培养孩子 今后愿意克服困难的意愿和信心？

晚上睡觉前让儿子做点仰卧起坐。

儿子："定一个目标吧。"（主动提出来要定一个目标）

妈妈："好啊，那定一个，昨天是30，今天还是30吧。"（后来想想应该每天有点进步）"今天做31吧。"

儿子："好吧。"（开始做起来）

儿子："腹部好累啊。"（做了十来个就有点累了）

妈妈："那就是腹部要长肌肉了。"

儿子："妈妈，你能做多少个？"（边做边问）

妈妈："18，19，20。"（数着数，没回答他的话，其实是觉得我自己估计做不了几个，也不好意思说）

儿子："我们老师说要仰卧起坐手肘碰到膝盖才算一个。"（主动提出了标准，对自己有要求了，平时做点就说太累了）

妈妈："那好啊，你按老师的要求来做。"（我其实知道他没做标准，但我想着能做起来就算，不要求太高）

（坚持继续做）

妈妈："30，31，（看他没有打算要停下，数数的语气就跟着加强了）32，33……41。"（最后数到了41停下的）

妈妈："今天比目标超过了10个，很棒啊。"（挺高兴，这次明显感觉到他自己有动力去挑战更高的目标，很意外。平时提目标

做点什么都是说好累啊、好难啊）

（儿子笑一笑没说什么）

周老师的圈注

很多时候家长带来的作业里，被括在括弧里的内心戏是非常好的资源。妈妈已经很注意用到客观数据来鼓舞肯定孩子，比目标超出10个。相信孩子在这里受到了鼓舞。

我问妈妈："你的内心戏部分如果说出来会怎样？"

妈妈说："我怕孩子觉得我又重提旧事，觉得我又在找他的毛病。"

妈妈习惯性的称赞和表达自己对孩子的满意用的语言是"很棒啊"，内心里更多的称赞如果说出来，孩子会收到更多信息。

这样增加和修改了最后两句：

妈妈："今天比目标超过了10个，很棒啊。我看着都挺高兴，明显感觉到你自己有动力去挑战更高的目标，很意外，这个过程就是战胜了'难'，也战胜了自己。也很鼓舞我。"

儿子："哈哈哈，我也觉得自己还是坚持的。"

对话五：初一孩子提出各种理由：学习太难。
妈妈也很难，怎么接话引导孩子继续往前？

孩子这一周开始尝试网上课程，总体适应还可以，主要困难在英语方面（口语、听力、阅读相对较弱，全英文教材以及作业题目理解有一些困难）。

儿子："这些题目我都看不懂。"（有点不耐烦）

妈妈："看不懂是正常的，别的同学也是经过几个月适应的，而且也有一些新生，我想他们和你的情况差不多，也许有的新同学比你弄不懂的地方更多。"（想让孩子别太着急，心里不要有太多负担）

儿子："语法我好多都不知道，怎么学？"（有点没有方向的感觉）

妈妈："如果说英语能像说中文那样多好，我们好像没有学过中文语法也能很顺畅地说中文呢。"（试图用学习中文交流的方式引导孩子思考如何学习英文）

儿子："但是我现在周围没有人说英语。"（觉得没有英文环境）

妈妈："你喜欢听英文歌，喜欢看电影，我们可以尝试看看歌词、字幕，还有一些有趣的电影配音软件，在获得一些快乐的同时逐渐增加对英语的熟悉程度。"（想通过一些不那么枯燥的学习方式让孩子能够接受学习）

儿子："但我只会一些简单的语法，很多复杂的句子我也听不

懂、看不懂啊。"（有一些畏难情绪）

妈妈："我们先试着查询不认识的单词，有时候知道一些单词的意思，整句话我们也能明白七八分，经常看，经常听，慢慢就会熟悉，我也要开始学习英文了，以后要是出国旅游，我看着你和别人叽里呱啦，我可不想在一旁被你们笑话。"（想让孩子有一种尝试的想法和有一种平衡感）

（儿子笑了几声，有点放松的感觉）

妈妈："怎么样，可以尝试尝试吗？"（试探）

儿子："那好吧，我试试吧。"（不排斥）

周老师的圈注

这位妈妈经过一个多月的团体学习，感觉自己已经从以前对孩子辅导作业的焦虑中脱身很多，说自己也可以在一些时候稳定和坚持。而且通过扮演孩子，也能感觉妈妈没有那么焦躁后，孩子情绪稳定很多，就更愿意去面对自己需要解决的问题。

妈妈感觉还是有哪里有些不够完善，我们试着复盘了一下"对话剧本"：

孩子这一周开始尝试网上课程，总体适应还可以，主要困难在英语方面，口语、听力、阅读相对较弱，全英文教材以及作业题目理解有一些困难。

儿子："这些题目我都看不懂。"（有点不耐烦）

妈妈："看不懂又要学，还想着急马上学会，肯定让人心烦意乱，烦起来又更不想学了。我想新同学学习新东西都差不多吧，也许有的新同学比你弄不懂的地方更多。"（想让孩子别太着急，心里不要有太多负担）

儿子："语法我好多都不知道，怎么学？"（有点没有方向的感觉）

妈妈："如果说英语能像说中文那样多好，我们好像没有学过中文语法也能很顺畅地说中文呢。"（试图用学习中文交流的方式引导孩子思考如何学习英文）

儿子："但是我现在周围没有人说英语。"（觉得没有英文环境）

妈妈："对啊，那开动下你的想象力，可以怎样解决这个问题啊？"

（这里可以让孩子自己想办法，然后家长补充。）

妈妈："你喜欢听英文歌，喜欢看电影，我们可以尝试看看歌词、字幕，还有一些有趣的电影配音软件，在获得一些快乐的同时逐渐增加对英语的熟悉程度。"（想通过一些不那么枯燥的学习方式让孩子能够接受学习）

儿子："但我只会一些简单的语法，很多复杂的句子我也听不懂、看不懂啊。"（有一些畏难情绪）

妈妈："对啊，怎么从简单单词到句子，简单语法到复杂的句子能听懂呢？"

（这里可以让孩子自己想办法，然后家长补充。）

妈妈："我们先试着查询不认识的单词，有时候知道一些单词的意思，整句话我们也能明白七八分，经常看，经常听，慢慢就会熟悉，我也要开始学习英文了，以后要是出国旅游，看着你和别人叽里呱啦，我可不想在一旁被你们笑话。"（想让孩子有一种尝试的想法和有一种平衡感）

儿子（笑了笑，有点放松的感觉）："那我可以试试。"

对话六：承认药难喝，反而和10岁女儿一起搞定"喝药"这件难事

晚上10点回家，发现孩子还没睡。

我："咦！还没睡？"

女儿："嗯，睡不着。"

我："听你声音有鼻音？"

女儿："鼻子堵了不舒服。"

我："妈妈帮你弄点感冒药？"

女儿："好吧。"

我（把药端来了，顺便带了一杯白开水）："这个药不光有甜的感冒冲剂，还有苦的药。"

女儿："我不要喝苦的，太难喝了！"

我："对哈，这药为什么是苦的呢？"

女儿："那得问杨妈。"（杨妈是药理分析师）

我："药肯定在想：'我这么苦，看谁有勇气喝！'妈妈喝药的时候也觉得很难喝，要鼓起很大的勇气，憋住气，喝下去，然后喝白开水。"

（女儿边听边开始端我手中的药，开始喝）

我："搞定这个难喝的药！"（双方对视，笑了）

周老师的圈注

很多家长说，这个对话对他们最大的帮助就是：以前一到要给孩子喝药，总是变着法地哄"药怎么不苦，喝了怎么好"，很少敢去承认、提前告知药是苦的。

现场感受了这样一段扮演，站在孩子角度去体会。家长发现：其实，家长越是坦诚这件事情的难度，鼓励孩子时，孩子克服困难的斗志更容易被激发。

存在感强的孩子，抗挫折和抗压的能力也会强。

有家长担心：按你这样保护他（我们学的那种说话方式）对这个孩子不好，将来他出去以后，没人会那样和他说话。如果换个方式和他说话，他就顶不住压力了，抗挫折的能力太弱。不是网上经常说：你不教训他，以后出身社会就会被别人教训。

我在思考，难道提高孩子的抗挫折能力，就需要恶言相向吗？肯定不是。家长有一部分说得对：孩子以后出去会面对很多挫折，被粗暴对待甚至恶语相向。正因为这样，所以需要培养抗挫折的能力，需要有构建抗挫折的健康心理基础，而不是麻木地耐受。社会中有谁会那么耐心地既保护孩子内心柔软的有弹性的部分，又在他承受这些痛苦的时候接住他，并给他支持呢？一个有存在感和安全感的人才能真正地抗挫折。挫折从来不需要创造，一走出自己的舒适圈，一进入要和多人接触的场合，就免不了压力和挫折，而能培养和帮他建设存在感的，是谁呢？又能是谁呢？

建立孩子的掌控感

我拥有选择的权利和能力，我能为我的选择负责

我能承受选择所带来的自然后果，我可以为我的情绪负责

愿意参与团体协作，可以妥协并依然保有掌控感

是自我掌控感，而不是决定他人的情绪想法和行为

处在婴儿时期，最大的控制权握在父母手中，父母管孩子吃喝拉撒，教孩子坐立行走。把他们的人生经验告诉孩子，把所有认为"健康的""好的""优秀的"概念灌输在孩子们身上。于是，慢慢地、一天天地，常常就会听到这样的句子："把鸡蛋吃了，牛奶喝了，把这个（蔬菜）吃一点"，"你要早点睡，才能长高"，"用品的图案虽然不一样，但都是一样的作用，先用着，下次再给你换"，"做作业要有安排和计划，时间规划好"，"心思放在学习上，学生就应该有个学生样子，不要东想西想的，作业做完了，就多复习和预习，不要成天想着玩"……

在这样的养育互动中，孩子会感受到什么？会在潜移默化中学到什么呢？

总能听家长说："这娃小的时候多听话的，母慈子孝。现在

真的到了青春叛逆期了吗？咋说啥都不听，还简直把我们家长拿住了，轻不得重不得，咋弄？"

可能家长不愿意相信一件事情：孩子控制家长的本领，是从小学会的。想想如果你是孩子，在以上的对话中，你是不是感受到很多不得不做的无奈感和被控制感。几乎每一个来到我咨询室的孩子，都会选择"被控制"这张感受卡来描述他们的感受，青春期的孩子一般还会选的卡片是"被监视"。

孩子在互动中感到了被控制，学会了用控制他人和希望他人改变来解决自己的问题，那等孩子长大了，就会很自然地用这样的模式来对待外界，当然首当其冲的是父母，加上到了青春期心理发展的一个任务是要和自己的父母分离，这是让父母感到最痛苦的一件事情。

青春期常被称为"叛逆期"，那只是孩子的行为表现。心理学上把这个时期称为孩子"寻找自我同一性"的阶段，是一个找寻自我的阶段，简单说是认识我是谁，建立自我评价以及对外界的认知模式，俗称世界观、价值观、人生观，是孩子建立属于自己的"三观"的动荡和稳定的时期。

当然从小开始，我们就通过互动在孩子内心埋下种子，并非是青春期才有，准确来说，在孩子低龄的时候，家长和孩子的互动多得多，埋种子的机会多效果好，所以孩子幼龄时才需要父母多陪伴，不过，陪伴的质量、如何互动、怎样回应才是根本，孩子在这个过程中会感受到什么最重要，而不只是陪伴的时间。

我们从说"和妈妈再见"，在电梯里说"叫叔叔阿姨"，是培养孩子的掌控感还是让孩子学会控制他人，就已经开始了。

"和妈妈再见"，孩子收到的是指令，妈妈发出的是温柔的控制：我要你和妈妈说再见；孩子也会学会这样去要求其他人"给我把什么什么拿过来"。

如果是希望孩子提升自我掌控感，可以说"妈妈和你再见"，孩子自然会说"妈妈再见"，不过，此时孩子微妙的心理活动却是自我发出的自觉行为。

如果在电梯里不是给孩子指令"叫叔叔阿姨"，那可以怎么说呢？可以这样讲："这是我的儿子乐乐，这是李叔叔王阿姨。"

什么是掌控感？它和我们常说的控制欲有什么不同？

掌控感是指对自己的感受、想法和行为能进行感知；对为何会这样想、这样做有比较明确的认识，即便不清楚，会去了解和寻求专业帮助；对是否坚持和改变，能做出选择，并想办法去执行。

我拥有选择的权利和能力，我能为我的选择负责，我能承受选择所带来的自然后果，我可以为我的情绪负责，愿意参与团体协作，可以妥协并依然保有掌控感。

著名心理咨询师萨提亚在人本主义心理学创始人罗杰斯的研究基础上，从心理学的角度知觉世界的方式，对于个体对关系的定义有一个经典的描述：

对关系的定义

等级模式

1. 人们具有不平等的价值。

2. 人们要么支配对方，要么服从对方。

3. 角色与地位常常与自我认同发生混淆。

4. 角色通常意味着优越感和权利，或是劣势地位和无能为力。

5. 等级观念意味着权势和顺从。

6. 人们拥有超越他人的力量，但是却会感到孤立、恐惧、愤怒、怨恨以及不信任。

成长模式

1. 人们具有平等的价值。

2. 人与人之间的关系是平等的。

3. 角色和地位与身份截然不同。

4. 角色仅仅意味着在某一时刻的某一阶段关系中的作用。

5. 平等表现在：人际平等、彼此联系、个人兴趣，以及相对性和差异性的接纳上。

6. 人们感受到爱、自我拥有、对他人的尊重、表达的自由，以及自我确认。

在这些年的心理学咨询实践工作中，我设计了一个表格，和来访人一起来区别掌控感和控制欲：

名称	主体	对象	内　容
掌控感	我	我自己	感受，想法和行为（包括产生和改变）
控制欲	我	别人	感受，想法和行为（包括产生和改变）

同时想象用一幅图来表示：

掌控感是掌心向上增加自己力量的握拳；控制欲是掌心向下对别人的束缚和抓捏。

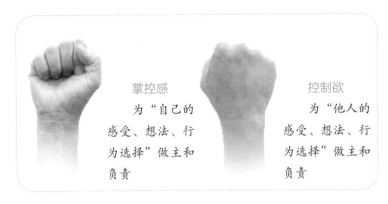

当我询问来访家长："你们是希望孩子们能自己把握自己的人生呢，还是永远等着你们来安排他们的人生？""你们想培养一个独立自主的孩子，还是依附于别人的孩子？"家长们异口同声："当然是独立自主啊，有自己的主见，可以选择自己想要的生活，可以掌控自己的人生。"所以，孩子们有没有接收到父母的这些期待呢？我们长久以来的日常说话方式，很有可能是让他们觉得父母想要掌控我，而不是期待我可以掌控自己。

　　为什么家长的初衷和期待孩子们没有接收到呢？看看上述那些父母和孩子们的日常对话，也许你会问：是直接告诉孩子要"独立自主"更好呢？还是在日常生活对话中，通过一些带有好奇、带有欣赏、带有询问的方式，让孩子有机会选择，有机会决定更好呢？

　　经历过程，一定比直接拿到结果更精彩！

　　培养孩子足够的掌控感，给予孩子心理健康的重要营养来源，能大大提升孩子行动的心理能量，增强行动力，有助于孩子坚定自信心；掌控感缺失时，他们会在日常学习生活中有哪些表现呢？缺乏自我掌控感的表现是无助、无奈、没有动力、看似对啥都无所谓、厌学、行动力差、畏难情绪严重、拖拉、放弃自己（包括自伤）、自责、拖延、抑郁、焦虑烦躁、失眠等。

　　有充足的掌控感的孩子，在日常对话和自我对话中，很少使用到"应该"和"必须"，取而代之的是"可以"和"需要"，内心透着一种可选择会执行的自由和笃定的决心。

　　能给予孩子掌控感最好的客体是养育人家长内心有掌控感，而不是控制欲。所以，建设孩子的掌控感，家长需要首先觉察和自我建设。

　　在日常亲子互动和养育中，哪些时候是帮助孩子建设掌控感的好时机呢？

　　1. 生活中的"可教时刻"：当孩子不听话、叛逆、反感（父母或老师）、情绪易激惹、情绪时好时坏波动大的时候，或者当孩子和家长的一些平常的对话的时候（双方情绪都比较稳定）……

2. 当孩子选择了又不能坚持的时候，当孩子表现出想好又不想努力的时候，当他需要克服困难的毅力又常常退缩的时候……

3. 对手机离不开放不下又不想被手机控制的孩子，怎么走出来？

4. "早恋"

5. 交友的那些事

6. 当你在学校被人欺负时

没有一个人愿意被别人控制自己的人生。随着年龄的增长，孩子们的"自我掌控、自我选择"会逐步发展起来，会想要自己决定事情，自己做出选择，当主控大权在家长手中，孩子的掌控感缺失时，他们会怎样应对？当孩子感觉自己是可以拥有"选择的权利和能力"时，他们又会和父母呈现怎样的亲子关系？

第一节　日常生活中的"可教育时刻"

孩子在低龄阶段的妈妈有时会说："我的孩子每次做错事时认错的速度非常快，有时候见我的第一句就是妈妈对不起，然后才开始说是什么事情。他/她在我面前一直很乖，很听话，可他/她也会有不听话、要求过多的时候，我常常不知道该如何去面对这些突发情况，我讲过道理，吼过他/她，也忽略过他/她。事件过去后，也总可以平息，我有时候觉得他/她太讨好我了，可当他/她不听话的时候，我又很烦躁，觉得不可控，我知道这里面有什么东西没对，可又讲不出来是哪里没对。"这样的妈妈们很迷茫。

孩子在青春期的妈妈会说："我们家孩子小学以前都很乖，不知道这学期怎么回事，回家就爱关门，我才刚张口和他/她说一句话，他/她就嫌我啰唆、唠叨。我们之间几乎没有任何交流，可能唯一他/她会主动找我说的话就是要钱吧。"这样的妈妈们很失落。

其实低龄阶段的孩子常常能很快地将自己的感受和想法表达出来，可是很有意思的是，这个阶段的父母通常很容易忽略他们的感受和想法，简单粗暴地认为他们的"意见"不成熟，没有可操作性，甚至觉得"你怎么会这么理解，这么想呢？"所以家长们会很容易将自己的感受和想法强加于孩子们身上，不自觉地开始"控制"孩子们，给他们提要求，提希望。而低龄孩子反抗父母的能力实在是太有限，所以他们在被动接受"控制"的同时，也慢慢从原生家庭的教化中，学会了对他人的控制和希望，而最首先的试验品就是父母们。

对话一：电动牙刷的图案不是自己的期待

妈妈："我买了电动牙刷，是你最喜欢的汽车图案哦！"

儿子（拆开一看）："妈妈，怎么是小公主！"

妈妈："呀，怎么会是小公主图案呢？我明明专门注明了我儿子要的是小汽车，怎么发错了！太粗心大意啦！"

（儿子有点不高兴，没有说话）

妈妈："要不这样吧，我把牙刷退回去，让他们重新发货！但是这样你就要过几天才能用电动牙刷哦！"

儿子（犹豫了一下，开心地说）："妈妈，我也喜欢小公主，我就用这个小公主的电动牙刷，谢谢妈妈！"

妈妈："好吧，儿子，你喜欢就好！"

周老师的圈注

这里也可以使用选择的方式，让孩子去选择，去掌控同时引导孩子自己去解决突发的事件，学会取舍。

妈妈："你看，如果我们退回去换一个呢，好处是可以拿到小汽车图案的，缺点是要多等几天；如果今天就用这个小公主的图案，有没有可能想办法怎么改造一下，更接近你喜欢的样子？"

对话二：孩子不小心打碎了幼儿园的玩具

　　调皮的二宝在幼儿园放学的时候跳进幼儿园菜地玩，不小心把一个石膏娃娃雕像打碎了。在保安叔叔、执勤老师和围观家长的震惊目光下，妈妈也惊慌失措地边跑进菜地边喊："啊！怎么回事啊？叫你不要跑进去玩，非不听话，这下好了，打碎了，你说怎么办？！"妈妈尴尬又担心，怕孩子受伤，又有点丢脸。

　　（二宝低头不说话，一只小手指摸摸身边碎了的娃娃，一只手拽着自己衣角）

　　妈妈："有没有受伤啊？"（蹲下来检查孩子情况，有点心疼）

　　（二宝瘪着嘴还是不说话）

　　妈妈拉着二宝走出菜地："打碎了东西不要紧的，但是要承认和道歉，你说，是不是你弄坏的呀？"（尝试引导，依旧有点尴尬）

　　（二宝不说话，只是点点头，有点要哭的样子）

　　妈妈："是你做的，那就要说对不起哦。"（强调立场）

　　（二宝不说话，开始抽泣，眼泪吧嗒吧嗒掉下来）

　　老师跑过来圆场："没关系的，不要紧哦。宝贝没有受伤就好，我们修一修就好了，（实际根本不可能修好了）但是你确实应该道歉哦。"

　　（二宝继续哭，不说话，估计有点吓到，还有点委屈）

　　妈妈蹲下来抱着二宝，让二宝坐到自己腿上："打碎了东西没有关系，妈妈知道你不是故意的对吗？但是做错事情要承认并且改正，我们一起跟老师道歉，然后再赔一个新的给幼儿园好不好？"

（妈妈情绪已经比较冷静了，也想好了处理方案）

（二宝把脸藏在妈妈脖子那里，悄悄点点头，依旧在小声地抽泣）

妈妈："××老师，小熙有话跟你讲哦！"然后带着小熙走到执勤老师跟前，鼓励二宝："跟老师说对不起好不好？"

（二宝低着头，不说话）

妈妈："来，我们一起说好不好？对不起，我不小心把玩具打碎了，我会用我的零花钱来赔的……"

（二宝低着头，小声跟着妈妈一起复述以上的话，说到后面声音越来越大，也敢抬头看着老师了）

（回家在车上的时候，为了让她很好地理解什么是赔偿的代价，妈妈跟她说要扣掉两次吃糖果零食的机会，把买糖果的钱用来买娃娃赔给幼儿园。她愉快地同意了，虽然不知道听懂没）

（后来在幼儿园老师的建议下，没有进行赔款，我们全家，包括二宝在内打算一起在网上选一个类似的娃娃，由妈妈陪同让二宝自己带到幼儿园，让她更深刻感受应承担的责任）

周老师的圈注

家长情绪稳定，耐心引导孩子去表达，孩子在这个互动中学会如何面对突发事件，可以怎么解决。

看一看孩子在哪里感觉被懂了，妈妈的回应怎样帮助到了孩子的心理建设？

1. "打碎了东西没有关系，妈妈知道你不是故意的对吗？"孩子的反应是把脸藏在妈妈脖子里，悄悄点头，当孩子感觉到妈妈允许自己做错事情，孩子的安全感就建立起来了。

2. "跟老师说对不起好不好"，孩子低着头，不说话。妈妈带着她示范，增加了孩子的勇气。孩子自己跟读并且用自己的零花钱来为赔偿，并为此事负责，同时这让孩子有掌控感。

对话三：家长被老师请去了学校，怎么和青春期女儿交流这事儿

女儿："妈，我昨天住校，晚上放学看到你了，你怎么跑来了。"

我："被老师请的。"

女儿："哦。"

我："你能告诉我发生了什么事情吗？"

女儿："我写了一张条子给一个女同学，然后她就情绪失控了。"

我："写什么内容？"

女儿："这个女同学跑去找我最好的朋友，说了好多伤人的

话，我的好朋友就哭了，我就和好朋友商量写封信给女同学。"

我："小小年纪还很仗义。"

女儿："我就骂她贱。"

我（吃惊）："我们说话做事要有底线，像这样带侮辱的话不能说，很伤人的。"

女儿："老师找我，我都没有说是和好朋友商量写的，我自己一个人承担了。"

我："有点你爸的风格。"

我："但我觉得你在帮倒忙。"

女儿："哦。"

（接下来我说什么女儿只回答"哦"，只要是讲道理回答都是"哦"）

周老师的圈注

家长说一开始还可以控制住自己，耐心好奇地听女儿讲述。明显感觉孩子是愿意讲的。哪怕是讲一点道理，表明自己的立场，孩子也会听。从什么时候开始，青春期的女儿就只简单回应"哦"了呢？

我们发现是从评价"但我觉得你在帮倒忙"开始的。

家长说得没错，那有没有可能换个方式？

家长："你觉得自己一个人承担了的好处是什么？"

女儿："……"家长："对啊，这就是仗义，那你觉得这件事情有没有什么不太好的地方？对你自己，或是你的家长？你打算怎么来应对呢？"

这些启发性的问题，即便孩子不回答，也会有机会启发孩子从不同角度去看待一件事情。

对话四：当孩子一再要求买东西

爸爸从幼儿园接了孩子，路过一家良品铺子。

圆圆："爸爸，你说过今天上幼儿园就要买糖的！"

爸爸："好的，爸爸早上说了，下午来接你们的时候就买糖。"

（进商店里，找了一圈发现没有他们以前要的那款糖）

圈圈不高兴了："爸爸，没有小猪糖了！"

爸爸："就是啊，爸爸也没有看见一个小猪猪造型的糖呢，（肯定孩子的发现）你觉得有别的糖果可以代替吗？"（启发转换思考，而不是直接说：那我们就买其他的吧）

（圈圈沉默）

圆圆："爸爸，那我们买点这个饼干吧！"

爸爸："好的，爸爸也觉得这个饼干看着很漂亮，味道应该也很好吃呢！"（肯定孩子的选择）

（圆圆开始选）

圈圈也过来了："爸爸,我也要选绿色包装的饼干,还有黄色包装的。"

爸爸："嗯,圈圈很喜欢五彩色的饼干呢。"（肯定孩子的喜好）

圈圈："就是就是。"

（买完出来,上车去宜家）

圈圈发现路线不对："我们不回家吗?"

爸爸："我们去宜家,爸爸带你们去玩宜家游乐场。"

圈圈："我不想去玩游乐场。"

圆圆："我也不想玩游乐场。"

爸爸："你们俩不是最喜欢玩游乐场吗?妈妈在商场选东西,你们玩了游乐场,爸爸就来接你们一起回家。"（告诉孩子需要去的原因,以及之后的安排）

圈圈："我要吃冰激凌。"

圆圆："我也要吃冰激凌。"

爸爸："可以,但是要我们选完东西再吃。"（同意要求,提出限制）

圈圈："不行,我就要现在吃。"

爸爸："爸爸答应给你买冰激凌,但是必须是我们选完东西后再买。"（再次清晰表达）

圈圈："不行,我就要现在吃嘛。"

爸爸："圈圈已经长大了,要知道做事情的原则,什么事情都是需要沟通同意的,你要吃冰激凌,爸爸也答应了要给你买,但是条件是我们必须选完东西才能买，这是我们的约定，必须遵守。"

（再次重申有条件限制和家里一直倡导的约定）

（圈圈沉默算是同意。逛商场尾声）

圈圈："我必须要吃冰激凌，我已经等不住了，什么时候才能吃到呢。"

爸爸："我们已经马上要结束了，今天圈圈表现得很好，和爸爸约定了时间，爸爸结束后就给买冰激凌，圈圈表示同意，现在我们的约定马上就要实现了，希望你能遵守。"

圈圈："哎呀，我已经等不住了，什么时候才能吃冰激凌呢。"

爸爸："这个盒子不错哦，很适合我们的战争游戏哦。"

（最终吃完冰激凌）

爸爸："今天爸爸遵守了承诺，你们相信了吧。"

周老师的圈注

"无条件接纳感受，有条件限制行为，温和地坚持原则"，可以看见爸爸在这些方面做得非常有节奏。

这是心理学里著名的"延迟满足"。

如果最后再补充跟上："爸爸看见圈圈圆圆那么想吃冰激凌，还是忍住了，真是不容易，爸爸为你们感到高兴，这就是遵守约定，就是自律。"

孩子极其可能会回应："我是很棒的""我就是自律的孩子"。

此时在孩子内心，就完成了一次从他信到自信的转化。

爸爸及时的肯定会对年幼的孩子内心产生莫大的鼓励，建立孩子内在的自我价值感：认为自己是有能力控制住自己，认为自己是有价值的。孩子自然在下一次需要自律的时候，控制住自己的内在毅力更强。

如果希望孩子养成怎样的品质，那么就在孩子做到的行为里包含有这样品质的时候，去肯定他。孩子的内心就会生出对自我的肯定，而且是具体的，是自己好在哪里的确信，这对孩子建立内在的存在感价值感、建立自信心、相信自己是有能力的是非常有帮助的。

恰恰相反，很多家长养育中，当在孩子做得好的时候，提出要求和鼓励："如果更努力你会做得更好。"当孩子做得不好的时候，催眠孩子"你就是一个管不住自己的人，你就是拖拉，做事慢，效率低"。

家长了解孩子发展心理之后，才猛然觉察，原来自己一边要求孩子自信，一边常常做着摧毁孩子的存在感和价值感的事情。

对话五：当遇到一个心软的爸爸时，如何尝试和孩子分房睡

周三晚上，和女儿商量，今晚在自己房间睡。

妈妈："小小，我们今晚在自己房间睡，好不好？上次你自己睡了一周，坚持得很不错哦，妈妈觉得你这次一定可以坚持得更好的。"

女儿说："我晚上不说爸爸打呼噜了不就行了？我一个人睡，晚上还是会找你们的。"（她认为我们想让她自己睡觉是为了半夜不吵醒我们）

妈妈："小小，妈妈爸爸不是怕你吵我们，是因为你现在已经快 9 岁了，可以自己睡一个房间了，而且这是一个成长的标志哦。"（说完，突然想起来，好像回答错了，赶快转移）"你如果害怕，可以过来找我们的，我会把门开着。"

爸爸说："你的同班同学都自己睡了，而且你有属于自己的空间多好。"

女儿说："那你必须看着我睡着了，你才能走，必须哦，有时我是假装睡着的，一定要真的睡着了，你才能走。"（她看到我和她爸都坚持，知道这次不能拒绝了）

晚上，我在她旁边，一直坐着看着她睡着了，我才离开。果不其然，半夜，她去厕所后，站在我们房间门口："告诉你们，我没有睡着。我妈妈就走了。"她在门口待了有几十秒钟，她爸只能说："那你要不要继续回来睡嘛。"（我这个心里呀，简直是，瞪

了她爸一眼，太黑，估计他也没看到）我一直没有应对她。她看我没有回答她，又走回了自己房间。

第二天早上，她开始埋怨说："告诉你，我没有睡着就不能走，我一晚上都没睡。"（她只是找了一个借口，想告诉我们她一个人睡不着，看我们会不会心软）其实晚上她都开始打小呼了，我才走，早上起床时还赖床，完全没有一整夜没睡的迹象。

妈妈说："妈妈是看着你睡着了才走的。"

她立即反驳说："你怎么知道我睡着了，你可以推我一下，看看我是否睡着了呀。"

这下话题从"单独睡"扯到"是否睡着"上面去了。

周五，爸爸出差，晚上只有我和她对阵。我把她的被子枕头全部拿到了小房间。

她看见后瞬间不高兴了："你上次没有陪我睡着就走了，让我一晚上都没睡，你说话真不讲信用。"

妈妈说："那妈妈今晚一定看你睡着了再走，我会推推你。"

"你推也没用，我是假装的，我还是会醒的。你原来不是说过，我爸出差了，就可以和你睡吗？我又没和你睡一张床，我睡旁边就行了呀。"（她又开始把话题转移到我身上了，我试着去理解她的感受）

妈妈说："小小，一个人睡确实有时会东想西想，不舒服，妈妈小时候也是这样过来的。但这是经历成长的必经阶段。"

她顿时不高兴了："你就是不想和我睡。"（开始带着哭腔，她想用激将法说服我）

我说："小小，你看同龄的小伙伴都是自己睡的。"

结果这句话就让我中招了，她立即说："我的同学在爸爸出差时，都会和妈妈睡呀，人家又不是一直自己睡。"（一看时间已经快10点了，我有点着急了）

我说："小小，你答应妈妈的，今晚要自己睡的，你是一个讲信用的人哦。"

她继续哭着说："你就是不想和我睡嘛，你直接说呀，我还不想和你睡呢，别人家的爸爸妈妈多好。"

一听这话，我有点生气了，但不想继续和她争吵，我拿起被子，说："那你自己在这边睡，妈妈去你的房间睡。"

不一会儿，她在我门口哭，但又不敲门，我赶快出门，抱着她说："好了，不要哭了，妈妈任何时候都是爱你的，那这样，你答应妈妈，爸爸出差回来后，你就自己睡喽，要守信用哦。"

她立即开心地答应了。

每次和女儿对话，时不时就会被她给绕进去，而且情绪也会波动比较大。接纳她的感受始终坚持不下来，最终要败阵。

周老师的圈注

分床分房这件事情需要爸爸妈妈甚至爷爷奶奶配合，建议家人一起商量关于这件事情的看法，共同做一个决定和操作办法，一定要团队配合来做。当然大人之间存在分歧，达不成一致意见也很常见，也可以谁主张谁负责、其他

人配合，分时段进行循序渐进。实在操作不好，也没有很
大关系，孩子到青春期，自然就不会想和大人睡在一起了。

对话六：接纳情绪，同时要将情绪和行为分开，
还要爸爸配合，真的难

周二晚上，除上上外，其他家人都围着饭桌吃饭。

上上："爸爸，我要玩手机上的弹琴。"

爸爸："不行。"

上上："我就要玩，我要弹琴。"

（爸爸有些动摇，妈妈只能上场了）

妈妈："上上，等妈妈吃完饭，妈妈陪你一起看书，好不好？"

上上："不行，我要玩手机。"（说着去扯他爸的袖子，并且
带着哭腔）

他爸有些动摇了，问我："要不让他玩会儿？"

我看了他一眼（心里相当地无语），走过去，把上上拉到一
边，对他说："上上很想玩手机上的弹琴游戏是吗？"

上上哭着点头："嗯。"

妈妈："看来你很真得很想玩，游戏里面是不是有很多乐
器呀？"

上上："嗯，就是，里面还有鼓。"

妈妈："哦，那一定很好玩。妈妈这里还有一样东西，可以发出更奇怪的声音哦。你想不想听？"

上上："嗯？我要听。"（瞬间停止了哭泣。此刻他惊奇，更想知道是什么东西）

（我把一本英语绘本和点读笔拿出来，里面传出的钟表滴答滴答的声音，然后我们开始了阅读和观察钟表）

周老师的圈注

当孩子提出一个要求的时候，最好爸爸妈妈要有一个一致性的意见，同意，不同意，或是协商，或是其他。如果不同意，那孩子无论怎样哭闹，家长都需要坚持。可以哭，可以有情绪，但无理的要求就是不能答应。如果是可以同意的，有限制条件，那就和孩子讲清楚，坚持执行限制性条件，比如玩10分钟，到时就要及时停止。

从小建立和养成了互相尊重又有原则的交流方式，家长和孩子都不会那么累，不会把很多的时间和精力耗费在争论正确与否、争夺权利的冲突之中。

对话七：孩子缠着要养宠物

儿子："爸爸，我想养一只狗，妈妈说可以不用买，可以领养，不花钱。"

爸爸："不行，除非你每个月给我50元租金，每天3元狗粮，就是每个月挣140元。"

儿子："爸爸，我每天给公司打扫卫生5块钱嘛，两个公司7块，洗碗3块。我要是把钱给你，你不去买狗粮呢？"

爸爸："你养狗你去买啊，也可以把钱给你自己买。"

最关键的是爸爸还是不同意养狗，说"三年级以下坚决不买"，因为爸爸还是担心很多问题，这下儿子哇地就哭了。

妈妈："你想了这么多办法，爸爸还是不同意，是不是很失望？妈妈也很失望。"

儿子："还要等几年，这么久！"

妈妈："因为爸爸担心你带不好它，你力气不够拉不住，把别人咬伤了怎么办？"

儿子没哭了，继续想挣钱的事，儿子："我一天可以挣30多块。"

妈妈："怎么能挣这么多？"

儿子："我一天打扫三次卫生，洗三次碗。"

妈妈："哦，这样好像是可以的。"

后来儿子还说："我上小学了就不行，挣不到这么多了，只能洗一次了，放学回来先做作业嘛，然后再洗"，"我到三年级就可以挣一年多的钱了，到三年级还要继续挣，养到它死为止。"

妈妈："儿子很棒，知道想办法来解决问题。"

（现在回想起来很感动，很有爱心，但是当时忘记说出来了）

周老师的圈注

这个时候妈妈已经肯定了儿子，"知道自己想办法来解决问题，很好的习惯"，事后想到还愿意肯定被孩子的爱心感动。事后想到的时候也可以立即补上，也可以等到有相关的新闻或是事件的时候，再提出来肯定。符合客观事实和真实感受的肯定永远不嫌多。

第二组家庭的对话

9岁的女儿一直想养狗，我答应了。同住的爷爷奶奶知道后强烈反对，轮流劝说女儿，原因罗列了一大堆。我带她回房间，聊了很久。

女儿（激动）："反正我就想要狗狗，你答应过我的。"

我："是的，我说过的话没有不算数的。"

女儿："养猫以前，奶奶也反对。现在还不是喜欢猫猫。"

我："猫猫不会乱拉。你上学挺忙，养狗还是得靠爷爷奶奶，可他们现在身体不好，累不得，所以我很担心。"

女儿："那狗狗想拉粑粑时，有没有什么前兆嘛？"

我："没有，它又不需要脱裤子，噗一下地板上就是一坨。"

女儿（笑，而后委屈）："我5岁就想养狗狗了。"

我："我记得你7岁的生日愿望，就是有一条小狗狗，但又考虑爷爷奶奶的感受，真为难。"

（女儿含泪点点头）

我："看到爷爷每个冬天的状态，我很担心。想不想看看正常的肺和抽烟的肺？"

（聊爷爷的肺气肿及症状30分钟，抽烟害的）

女儿（默默地说）："但是我还是想要一只狗狗。"

我："我也很想送一条狗狗给你，我欠你一条狗狗，等你长大自己住了，我送给你好不好？"

女儿："我不要自己住，18岁送给我。"

我："18岁你在上大学呢，住学校里。这样吧，你工作后，我送给你。"

女儿（开心）："好，你要记在手机上。"

我："好。你能体谅爷爷奶奶，我很高兴。你要不要给爷爷奶奶说说？"

女儿："不要，你去说。"

周老师的圈注

这位爸爸在对话开始之前，有一个小小的动作值得点赞。他把女儿单独带到了房间，一来给孩子一个缓冲的空间，也给孩子一种备受重视和尊重的感觉。

对话开始，无条件地接纳孩子当下的情绪：委屈、渴望、无助、为难。但一直没有否认孩子，也承认自己欠孩子一条狗狗。然后是有条件地限制行为，在之前的共情和理解和爸爸的坦诚之下，孩子有了很好的信任，爸爸给出的解决方案，也很好地解决了孩子目前的为难，毕竟孩子也不希望让家里的爷爷奶奶非常不支持和不开心。

对话八：孩子的学习创造力，如何保护？
孩子如何认错？

女儿在洗脸台边玩，半天不刷牙。

爸爸："怎么又把衣服弄湿了，刚刚才换上的，这么久了还没有刷完牙，不准在那边刷了，过来，到马桶这边刷。"

（女儿快速刷完牙，放好牙具）

爸爸："快过来。"

妈妈："她刷完了，不想去那边刷。"

爸爸："过来，惩罚！"

妈妈："来，把衣服脱了，给你吹干，告诉爸爸刚才是怎么回事，给爸爸认个错。"

女儿："我刚才在做实验，看把两个东西倒在一起会变成什么颜色。"

爸爸："做实验？我让你过来怎么不过来？"

女儿："马桶那边太臭了，爸爸，我错了，下次刷牙的时候会快点。"

周老师的圈注

家长注重规则和良好习惯养成的时候，对低龄孩童的玩耍中的创造力和意识要给予及时肯定和保护。

剧本修改：

妈妈："来把衣服脱了给你吹干，告诉爸爸刚才是怎么回事，给爸爸认个错。"

女儿："我刚才在做实验看把两个东西倒在一起会变成什么颜色。"

爸爸："做实验？做实验挺好的，可这会儿是睡觉时间，看你在那里磨蹭，爸爸着急。你做的什么实验啊？你有什么发现吗？"

女儿："……"

爸爸："听上去很不错。不过，以后做实验不能挑刷牙的时候，刷牙就刷牙。刷牙再磨蹭，我就拉你来马桶边刷牙，哈哈哈。"

女儿："马桶那边太臭了！爸爸我错了！下次刷牙的时候会快点。"

对话九："妈妈不准走"，怎么和孩子谈判？

今天带儿子去上英语课，路上给儿子说："妈妈今天要先走去办点事，一会儿婆婆来接你。"儿子："不，你不准走。"

妈妈："妈妈感觉你很想让我陪你，但妈妈的确要办事。"

儿子（不高兴）："我晓得你要悄悄地走。"

妈妈："妈妈跟你商量啊，跟你沟通啊，真的要去办事情，说了就不是悄悄地走啊。"

儿子还是不停重复："你就是不准走。"

妈妈："一岁的小朋友才真的是必须时时刻刻要人陪，你已经长大些了，妈妈可以离开一下。"

儿子还是不高兴："说了不准走的，我晓得你要悄悄走。"

妈妈："妈妈真的要去办事啊，很重要。"

儿子："我给你两个选择，一是婆婆来送我，二是不准走。"

妈妈："这样妈妈很为难，婆婆没来送你是没办法，但是她可以来接你。"

后面还是纠结了一会儿，最终其他事岔开了，并且知道婆婆来接就同意了。

周老师的圈注

这份作业带到团体里来的时候，其他家长给出了反馈，感觉妈妈被孩子"控制"住了一样，妈妈通过扮演儿子，感觉到了儿子对妈妈的试探。我问妈妈也问其他家长，如果一开始家长就果断讲清楚并坚持："你不希望妈妈走开，你看不见妈妈在外面，感觉到不安全。妈妈给你确保，这里有老师，很安全。妈妈有事情，一定要离开。你开始会有一点难过和不习惯，上课就好了。下课的时候，婆婆会来接你。就是这样，妈妈需要你的配合和支持。"然后妈妈抱抱孩子就离开。你们猜，孩子会有怎样的反应？家长都说"最多就是哭一会儿，然后知道已成事实，就会加入到课堂里去了"。

对话十：早上出门，越催越熄火，
家长孩子可以怎么协作？

妈妈："儿子，快点起床了，已经6:20了。"（催促孩子起床）

儿子："好，我晓得了。"（儿子回应妈妈）

五分钟后……

儿子："妈妈，你今天早上煮的面好酸啊，又没有海椒油，我

不想吃，吃不下去。"（儿子描述早餐的味道）

妈妈："好嘛，我刚刚估计是醋倒多了一些，要不要我把调料改一改？"（妈妈试图改变，想让儿子多吃一点）

儿子："算了，把调料倒了重新再加，更不好吃了。"（儿子开始抱怨）

妈妈："好嘛，你能吃多少就吃多少哈，如果没有吃饱，待会儿我们路过面包店再去买一些早餐哈。"（妈妈为了避免冲突，退后一步）

儿子："面包也不想吃了，早就给你说过，放些奶奶做的油海椒，你就是记不住！"（儿子数落妈妈，开始絮絮叨叨念……）

（儿子只喝了牛奶，然后换裤子准备出门上学）

儿子："妈，你看看这条裤子，这么长？"（儿子开始找茬，找和妈妈拌嘴的机会）

妈妈："这条裤子是小脚裤，因为你穿的是篮球鞋，鞋帮有些高，所以裤脚有些就处在鞋子上面，其实不算长。"

儿子："你说不算长，你看看，我都穿得这么上面了，裤脚还是那么长。"（儿子描述裤子的长度）

妈妈："这条裤子是在台湾买的，当时就是买得有些长。"（妈妈继续想解释）

儿子："都是前年发生的事情了，都快两年了，裤子还是那么长。你在武汉买的那双鞋子也是，前年买的，还是长。你以为我要长好高吗，买这么长，穿都穿不得。你说你是不是浪费嘛？！"（儿子越说越生气，分贝开始增加……）

妈妈："是我的错，裤子长了，我拿到裁缝店剪一截就好了，鞋子再等一年，你或许就可以穿了。"（妈妈想说服儿子，想找办法解决）

儿子："喊你不要买这么长，你就是不听，现在你来承担这个责任。"（儿子不依不饶，继续说妈妈……）

（看到这个情形，听到儿子说的话，妈妈忽然感觉这就像是在儿子小时候发生的事情，仿佛就在昨天。儿子做错事，妈妈数落儿子，就像今天早上发生的事情一样，妈妈不依不饶，就像儿子今天数落自己一样）

妈妈："你一直说，我都说这是我的责任，你还要继续说，你还要说多久？这条裤子，每次你穿，你都要拿出来说一次。"（妈妈开始生气，儿子继续刺激妈妈，妈妈越来越生气，气也缓不过来，胸口也气痛了）

（出了门，上车了，儿子还一直在说裤子和鞋子的事情，气得妈妈一直叹息）

儿子："你都是对的，只有你是对的，这下你高兴了吧？"（儿子说这个话，妈妈突然意识到这是自己一直以来坚持的对错原则，现在儿子学到了，印证了爸妈是原件，孩子是复印件）

妈妈："你是来报复我的吗？如果妈妈做得不好，请你晚上回来说，现在我准备开车了，请不要再说了，也请给司机一个安静的环境。"（试图让儿子停下来）

儿子："你不要威胁我，快开车，我还要上学。"（儿子看到车没有动，开始着急）

（慢慢地，双方的争吵平静下来了）

周老师的圈注

修改剧本：

妈妈："儿子，快点起床了，已经6:20了。"（有点着急，担心会来不及了，尽量语气平和）

儿子："好，我晓得了。"（心情平静）

（大概五分钟后，儿子坐到桌子边准备吃早餐……）

儿子："妈妈，你今天早上煮的面好酸啊，又没有海椒油，我不想吃，吃不下去。"（胃口不佳，想说明下）

妈妈："看来今天的味道不合胃口。"

儿子："是啊。"（情绪被肯定了，平和些）

妈妈："可能我刚才醋倒多了（平和说明下），那你吃不饱吃点别的啥不呢（表达关心）？"

儿子："算了，一会儿路上买个什么早餐吧。"

（儿子只喝了牛奶，然后换裤子准备出门上学）

儿子："妈，你看看这条裤子，这么长？"（不满的情绪蔓延）

妈妈："感觉有点长哈，不舒服哇。"（肯定孩子的感受）

妈妈："这条裤子是在台湾买的，当时就是买得有些长。"（妈妈继续肯定事实和孩子的感受）

假设孩子继续抱怨：

儿子："都是前年发生的事情了，都快两年了，裤子还是那么长。你在武汉买的那双鞋子也是，前年买的，还是长。你以为我要长好高吗，买这么长，穿都穿不得。你说你是不是浪费嘛？！"（儿子越说越生气，分贝开始增加……）

妈妈："看来这事让你很烦躁，以前看到不满我也容易这样上火气。我希望自己可以改进下，如果不满就深呼吸，可以表达如何改进，如果这样数落和抱怨的话，反而会让我们情绪更激动，说出更让双方不爽的话来，也解决不了问题，儿子你觉得呢？"

儿子："那你说怎么改吧。"（平静下来）

妈妈："两个方案你听听……"

通过这两个不同版本的对话剧本，相信家长们已经看出来了不同。这里家长持续使用了肯定孩子当下的情绪，稳定自己的情绪，同时给予孩子选择的解决问题方案。

对话十一：和孩子聊学习以外的事，会发生什么？

妈妈："儿子，你的合伙人的事情是否有眉目了呢？"

儿子："哦，这两周都比较忙，忙着复习准备期末考试！还没跟我同学好好聊呢！"

妈妈："嗯，也是，下周就要考试了，你们比较忙也能理解！知道合理安排时间了，真棒！"

儿子："嗯，我准备考完了约同学聊聊。"

妈妈："太好了，是否有什么思路或想法呢？"

儿子："我想过的，我们00后都是吃货，从研究我们的需求开始。"

妈妈："嗯，不错，妈妈昨晚上看了一则新闻，就我们成都树德中学又有一个7人团队创业，CEO年龄16岁，00后创业已不再是奇迹了。"

儿子："嗯，我们是可以边学习边找点事情做了。"

妈妈："你有这样的想法很棒，妈妈可以助力你。"

儿子："到时候需要你帮忙再说吧！"

妈妈："好，反正现在我们各自疏理自己的事情，我负责陪你和弟弟慢慢长大，负责协助爸爸处理公司事务，负责陪爸爸慢慢变老！"

儿子："哈哈，你就想说我负责学习、成长、创业嘛！我知道的！"

家长总结：自从聊到创业以后，孩子时不时地都会去关注下茶饮业的品牌及行业，并且学习会主动一些了。昨天又跟我聊到在金牛万达又去做了市调，感觉我们越是不去关注他的学习或情感，他反而越自觉了，终于体验到无条件接纳孩子的感受，其实收获的是孩子的成长、成熟、进步，他的行为在不知不觉中改变了。

周老师的圈注

　　站在孩子的角度来体验父母这样的交流和沟通，孩子会产生轻松自豪，有自我掌控感的心理感受，这时家长对孩子的引导更能产生正面的效应。

对话十二：总是谦让软弱的儿子，爸爸如何给予鼓励

　　儿子："我和×××都是队长。"（重视朋友感情）

　　爸爸："你们谁是总队长呢？"（想让他意识到责任感）

　　儿子："我们两个人都是总队长。"

　　爸爸："总队长只有一个哦。"

　　儿子："为什么呢？"

　　爸爸："因为一个队伍只能有一个总队长，否则就要出现问题，假如你们要去攻打敌人，你说要去打，他说不去打，那下面的人听谁的呢？"

　　儿子："那我问问他，看他想不想当，他不当我再当。"（自己想当，但是又怕伤害朋友的感情）

　　爸爸："如果你真的很想当这个总队长的话，你就应该去争取，你要想办法说服他，而不是跟他商量，如果他真的要当，你是不是也会有点难过啊？"

　　（儿子没说话，说中他的心里了，但他还是担心）

爸爸："你是担心不能说服他吗？你不用担心，爸爸妈妈都会支持你的，我们来帮你一起找一个方法，就像你们班上竞选班长一样，准备一个ppt，写上你可以当好这个总队长的理由。"

儿子："真的吗？"（开心了，很期待）

爸爸妈妈："真的，我们都会支持你的！"

儿子："好。"（很有力）

周老师的圈注

并不是会竞争愿意当头儿的才是好的行为，或者才是好的孩子。不过，如果这件事情你的孩子内心是愿意去尝试的，那就要鼓励他去尝试，去体会这样的过程。这个过程对孩子的心智会有多方面的锻炼。他长大成人后，总会遇到各种各样的竞争。

这位父亲的这段对话呈现了高质量的陪伴，包含了观察孩子的情绪，听见孩子说出的话，读懂孩子没有说出的语言。

对话十三：未成年的女儿晚上9点不回家，爸爸怎样坚持下来把女儿接回家？

周三女儿约了朋友到外面玩，并说好晚饭过后回家。

我："出发回家时给我电话。早点走，公交车收车早。"

女儿："晓得，待会可以坐地铁。"

我："但还有一段需要坐公交，早点，小女孩一个人在外我们都担心。"

女儿："我晓得。"（她心情还比较愉快，期待与朋友一起玩）

我："快9点了，快回家，电话也不接。"（心有点急，担心她要闹事情，果不其然）

女儿："不想回去，我想自己待会。"

我："必须回家，在外面怎么待？"

女儿："你不用管，我在家附近，我自己晓得。"

我："我不管谁管，在哪里？必须回家！一个女孩在外不安全。"

女儿："我回家更不安全。"（觉得家里孤单，没人能交流）

我："经过这么长时间的咨询交流，你应该知道我们对你的宽容和接纳。你现在在哪里？周围的环境安不安全？发个视频。"

（我担心有其他人诱骗孩子。我再声明一下，跟我家孩子在一起的不管是同学还是朋友，是大人还是小孩，都必须保证我孩子安全，并且还要送回家，不然我马上报警）

女儿："我不想回去啊，我一个人待会不行啊？"

我："回到家里也没怎么管你，你在外面叫我们怎么安心？发个位置，考虑一下我们的心。"

女儿："那你考虑一下我的心。"（不想见到我们，特别是不想见到妈妈）

我："你现在那么多时间在家里一个人待着，给你足够的空间了。你毕竟是小孩，还没成年。"

（还是担心有人诱骗，警告对方：先说一下，不管你是我家孩子的同学还是朋友，必须让她回家，我家孩子才13岁，还未成年，一旦出了任何问题，我会不管任何代价找到你）

女儿："我就一个人。"

我："你一个人就更应该回家，晚上你能待在什么地方？这么冷。"

女儿："不需要，我只需要自己待一会，很安全，我自己晓得。"

我："发位置给我。昨天还说好的守法守纪守承诺，下午你说好要在晚饭时间回家。必须要回家，不管多晚我都会来接你，你也要尝试多遵守承诺。我会一直等你。"

（发了一张我和宠物狗狗一起眼汪汪的照片给她，这时10点40分，她终于把地址发给我了，我开车花了1小时把她接回家）

周老师的圈注

在我的工作中，常遇到青春期孩子独自往外跑，全家人担心的场景。一部分孩子是和家里关系闹僵了，不想在家里待，一部分孩子就是单纯想体验独自探索这个世界，出去走走。

他们会自认为自己对外界的风险很了解，但显然每一位家长的警戒线要高很多。履行监护人对未成年人的保护，是需要坚决的态度和稳定的情绪，以及适当的方法。

这位爸爸在微信里的喊话，女儿听了不会反感，女儿听出了爸爸那种不顾一切要保护自己的力量，同时感受到了爸爸的柔情，父女之间在这时建立了爱的连接。

对话十四：8岁女儿缠着问问题，妈妈怎么强作稳定地坚持下来，让女儿自己完成自己的事情？

女儿："妈妈，××的反义词是不是××？"

我："我可以拒绝回答。"（不高兴，有情绪，因为她已经磨蹭了一个多小时了）

女儿（跟我耍赖）："你要回答。"

我："你今天要把我惹冒火哇！"

女儿："不要。"（还是继续耍赖）

我指着冰箱上的公约，来读一下这一条，每一位家庭成员自己的私事尽量自己完成，不合理的求助可以拒绝。

自己开始自言自语，一直想吸引我去帮她。我就是不帮！

过一会儿她拿出复习资料开始翻。

我看见了，知道翻复习资料了还是有进步的，面对困难知道想办法解决了。

她翻了半天资料没找到答案，继续哼哼唧唧的。

我真的快忍不住了（我一边翻着题单一边说）："那么多对于你来说真的很不容易，写了那么久一定很累了。"

女儿："我真的很累。"

她继续写。

过了一会儿，女儿："终于写完了。"（如释重负）

我："你终于写完了（我也如释重负），我的灭火器都快用完了！"

女儿（笑嘻嘻）："不要嘛！我再给你放一瓶。"

我："一瓶可能不够，至少得几瓶。"

女儿："那100瓶。"

我："写完了就可以抱抱了！"

对话十五：女儿在爸爸面前哭着投诉妈妈，
爸爸怎么接招？

女儿一直坐在凳子上，面朝窗外，双手撑着头，一句话也不说，进入习惯的生气状态，谁也不愿意理。"怎么了，又生气了吗？"我下班回家也不知道发生了什么事情。女儿没有回答，一动不动，十分钟后见她起身一个人进了自己的房间，重重地把门关上了，感觉她在气头上，就没有跟进去。

过了二十分钟，有些担心，就敲门进去看看，没有声音，推门进去的时候，发现她坐在地上，满脸都是泪，还偶有抽泣。"今天都怎么了？"她没有理我，我突然意识到这样的方法不对，反省调整。

我坐在她旁边的地板上："爸爸能感受到你很难过，很伤心，看到你的眼泪我也感觉难过，我非常理解你最近的感受。"此时，抽泣停了，暴风雨来了，接着就是号啕大哭："你说理解我，你们理解我吗？我一个小小的要求，就一场电影，都不同意，这个电影是我最希望看到的电影，最喜欢的啊，我最喜欢看的啊！"

"哦，妈妈不让你看吗？"爸爸问。

女儿："她让我明天看，说今天看电子产品时间超过了两小时，不让我看，要明天啊，可是明天就看不到了啊！"

爸爸："哦，要不我马上陪你去看？"

女儿："早都开始了，现在都快结束了，明天就没有了啊。"

爸爸："那是挺遗憾的，难怪你会这么伤心，真希望今晚还有一场，要不我们去看看。"

女儿："我不去看了，我不想看了，你觉得妈妈理解我不嘛？"

爸爸："从你的角度妈妈好像是没有满足你的要求，她让你明天去看，也可能是为你考虑的。我赞同你的说法，妈妈可能没有照顾到你的情绪，如果明天有是一个惊喜，如果没有，年底有更好的片子可以看，贺岁片总是很多的，带着一个好心情去看。"

她停止哭泣，情绪好了很多，感觉有了一些认识，发现自己有些过。

女儿："算了吧，反正都过了。"

爸爸："走吧，散散步，运动一下一定会个好心情。"

女儿："好嘛。"

周老师的圈注

爸爸在女儿情绪激动的时候，没有着急去教训孩子，也没有停下来习惯性地追问"怎么啦"，而是尝试用一些理解孩子情绪的用语来试图共情："爸爸能感受到你很难过，很伤心，看到你的眼泪我也感觉难过，我非常理解你最近的感受。"这句话说完之后，女儿大哭，不是这句话错了，恰恰是这句话给了孩子安全感，孩子的情绪释放出来了。

爸爸接得很稳，并没有辩解和教育。

"哦，妈妈不让你看吗？"

"那是挺遗憾的，难怪你会这么伤心，真希望今晚还有一场，要不我们去看看？"

这两句都是很好的共情，孩子就慢慢平静下来了。

这个时候爸爸有机会站在妈妈的角度，让孩子可以看见和思考不同角度，去理解下妈妈。这个很重要。爸爸还给出了解决方案。

第二节　兴趣班不想去，作业不想做，
　　　　家长如何应对？

那些年我们放弃过的兴趣班，回首往事，是否有一丝丝不舍？

那些年我们不曾努力的瞬间，蓦然回首，是否有一些许嗟叹？

那些年我们面对的十字路口，时光倒流，是否可以重新选择？

当面对不喜欢的事情时，家长回答："你该……你必须……"

当面对不喜欢的事情时，我来回答："你可以……也可以……"

当你拥有选择的权利时，你要学会承担不同选择所带来的不同的自然后果。

有家长问我："周老师，你说让孩子自己去决定自己的事情，我给我女儿安排暑假的兴趣班时，问她想怎么调整时间来上兴趣班。我女儿瞥了一眼电脑上的表格以后，默默说了一句，'我什么都不想上，我就想玩'。我当时听到这句话，差点吐出一口血。难道我就这样'纵容'她，让她什么都不上吗？"

我常挂在嘴边的一句话叫："无条件地接纳情绪，有条件地限制行为。"什么意思？这个孩子不想上兴趣班是她所表现出来的言语和行为，在这个言语和行为下面，她的感受（情绪）是什么？

"无条件地接纳情绪"就是指家长们要对孩子的这个情绪给予充分的理解、接纳，这里不仅仅是应付说几句"妈妈知道你不想去，你想玩，但是……"这种话，尤其是后面还带有"但是"的这种话，

孩子们的耳朵早都听起茧了，"有条件地限制行为"是指孩子说不想去就是最直接的一种行为，家长可以根据自己的家庭教育情况，同意他完全不去，还是勉强同意，抑或是坚决不同意，必须去。

很多时候，当我们真正充分理解和接纳孩子的情绪以后，是完全可以和孩子一起解决这件事情的。比如开头我提到的那位妈妈，她后来告诉我，当初和孩子商量后，女儿决定一周只上一节游泳课，没想到，刚去了一次，女儿遇到了同学，并且和同学商量说要参加两个月后的比赛，于是女儿主动要求一周要去四次游泳课了。

对于事件本身的道理，孩子们，包括低龄阶段的孩子都大致能明白，但他们对于事件本身所产生的情绪，比如委屈、无奈、矛盾、厌倦、憋闷、扫兴、紧张、忧伤、压抑、可惜、困惑、怀疑、忐忑不安、郁闷、心烦、别扭、气愤等，是不太会表达和消化的。消化情绪这件事情很多的父母也很难做到，成年人通常更容易情绪化表达，如用大吼、打人、摔门等行为来表达而非表达情绪，比如用语言直接告诉对方我生气了，我伤心了，我内心的真实感受和想法是什么或者也可以通过写日记、写信的方式厘清自己的情绪。

所以当我们的养育目标是希望能养育一个情商高的孩子，而非脾气暴躁、易怒的孩子的时候，我们不妨尝试以身作则先去理解和接纳孩子的感受和想法，表达出自己的情绪，尝试说出孩子的情绪，不论对于低龄孩子还是青春期的孩子，其实都是非常需要父母引导的，做到第一步后，你的建议也许就非常容易被孩子采纳，孩子也会觉得在这种情况下，所做出的行为选择对于他自己来说更有"掌控感"。

对话一：漫漫陪练琴路上最耐心的一次

儿子按照自己的计划安排晚饭后练琴，练了一会儿就失去自控力，爸爸主动要求陪练，儿子同意了，刚开始还顺利，十来分钟就开始冷战了，爸爸离开，儿子坐在钢琴边上流眼泪。

我："宝贝，希望妈妈陪你吗？"

儿子看我一眼没说话。

我："宝贝现在心情不好，心情不好怎么练钢琴嘛。"

儿子又看我一眼。

我："能告诉妈妈，你喜欢钢琴吗？"

儿子："我喜欢呀。"

我："哦，宝贝喜欢你的小黑（他给钢琴取得名字），那怎么练的时候不开心呢，还哭了，是太难了吗？"

儿子："不是，我是想学钢琴、弹钢琴，但是我不想练钢琴。"

我："哦，原来是这样啊！（此时孩子已经没流泪了）如果不练的话，我们怎么可能弹得出好听的音乐呢，是吧，而且我们心情不好也练不出好听的琴声呀，让妈妈陪你快乐地练好不好？"

儿子说："好。"

我："那我们先看一个爆笑视频后再练可以吗？"

儿子马上笑起来："好呀。"

儿子："妈妈，我一坐在钢琴上就又想哭了。"（其实此时

的孩子还想看手机，想拖延时间）

我："为什么呢？"

儿子："因为坐在那里我就想到爸爸说我不流畅，然后生气走了。"

我："哦，原来是因为这个呀，妈妈陪你，保证不走开，让你自己开心地练，你不想唱只弹都可以，你自己做决定，怎么样？"

儿子："好的。"（我们来到钢琴边坐下，儿子开始弹琴了，第一遍顺利，第二遍又走神了，我没说话，他自己又接着练下去）

儿子："这遍后面我弹错了。"

我："没关系，你自己都发现弹错了，证明你很认真呀。"（接着练了一遍很顺利）

我："可以告诉我这一遍怎么这么完美吗？"

儿子很自豪、自信地说："因为我认真弹的呀。"

（我心里真的好开心好开心，此时此刻的我和孩子都有新的改变，他自己说出了自己的认真，我没有直接表扬他）

我笑着说："那我们可以交作业了吗？"

儿子："可以。"

今天的作业还得到老师的好评。

周老师的圈注

这是一份非常完美的作业，一次几乎完美的耐心陪儿子练琴。在我们的实际生活中，长年陪娃的征程中，估计很多时候做不到吧，天天做到更是不可能。

关于练琴，建议是一开始选择时，孩子和家长都需要做好心理准备：这不是一件快乐的事情，学会了弹着很有成就感，但学的过程就是很辛苦的过程，需要很多次的哭泣、挫败，然后才有一点点的收获。家长们还需要同孩子约定好目标和坚持多久。

对话二：贪玩的小天，完成了每日英语听读

妈妈："小天，我们去听会英语好不好？"

小天："妈妈，你陪我玩嘛。"

妈妈："你想让妈妈陪你玩什么？"

小天："我想下去小区玩。"

妈妈："哦，妈妈也想下去散会步，唉，如果姐姐把作业及时写完就好了，这样妈妈就有时间和你们俩一起下去了。"

小天："我就是想下去玩。"

妈妈："下面有小朋友，还有你喜欢的滑梯，对吧，不过，还有你最讨厌的蚊子，把小天腿上咬得全是包，真是好讨厌啊，如果没有蚊子就好了。"

小天："嗯，就是。"

妈妈："对了，我们来看看MacDonald的农场里面有没有蚊子

好不好？”

小天："好呀好呀。"

然后妈妈陪着他听了三本绘本，他还边听边唱，虽然唱不清楚，但没有在提下去玩的事了。之后妈妈便去看姐姐作业了，他自己在那儿看绘本。

周老师的圈注

妈妈耐心地回应孩子，没有否定孩子想要下楼的要求，并用转移注意力的方式，成功化解了孩子的要求。这是在妈妈有时间有精力回应的情况下。

如果妈妈很忙，没有时间陪孩子下楼，也可以诚实相告，孩子最多哭闹，只要妈妈能温柔坚持"妈妈看见你也很想陪你下楼玩，抱歉妈妈这会儿没时间下楼"，同时也会让孩子懂得不是所有的需要都能被妈妈满足。

对话三：孩子不想去幼儿园，怎么让他体验自然后果？

妈妈："欢欢喜喜，起床了。"

看两人没有反应，妈妈放开了一个故事，欢欢眯着眼看了看，喜喜还是没反应。

"快起床了，过几天爸爸带你们去旅游。"爸爸在旁边喊道。

听见爸爸的话，欢欢坐起来，给妈妈轻声说："妈妈，我还没睡醒，一会去旅游的路上我在后排睡一会。"原来欢欢理解的是今天就去旅游。

妈妈赶快纠正："我们快起来，今天去上幼儿园。"喜喜已经去刷牙了。

欢欢发现不对，开始不高兴了："我不去上幼儿园。"（这个过程中做了很多工作，还是不上）

妈妈："欢欢是真心不想去幼儿园吗？"

欢欢："就是。"

喜喜："我要去。"

妈妈："那好吧，我们可以做个选择，喜喜去上幼儿园，欢欢可以在家里，但是不能进游戏室，不能看电影，不能吃零食，可以吗？"欢欢犹豫，妈妈再次问："可以吗？"又讲了很多道理，欢欢仍然选择不去。

于是，欢欢在家，喜喜上学。晚上回家妈妈问欢欢："今天在家好玩吗？"欢欢不说话。

我又说："我知道欢欢一个人在家，肯定很孤单寂寞，喜喜在幼儿园，爸爸妈妈也不在家。"欢欢点头。我又问："是不是我们该上幼儿园就要上幼儿园，该旅游就旅游，该休息就休息呢？"他又点点头，我又问："明天上不上幼儿园？"欢欢说："要上。"

第二天早上，欢欢一大早就起床跑到我们卧室说"妈妈我要去上幼儿园了！"

周老师的圈注

　　给孩子选择，让孩子体验自然后果，才能激发孩子自己内在的动力。要从幼儿园就开始培养。但是对于会引起人身安全的事情，比如用电安全、用火安全、过马路等，采取间接经验的方法给予教育，比如视频、绘本等让孩子了解行为规则和边界。

对话四：孩子学习的自主性如何培养

我：“这段时间晚上回来都没有看到你学习了。”

儿子：“在学校已经完成了。”

我：“能够在学校把当天的任务完成，说明学习效率提高了。”

儿子：“嗯，有时没有完成回来还要做。”

我：“周末有作业吗？”

儿子：“有的。”

我：“为什么没看到你做呢？”

儿子：“做了。”

我：“哦，那可能是我没看到的时候你做的吧。”

　　妈妈每天忍不住还是要"问"孩子的学习，团体里的家长们说这已经是控制得很好的情况了。妈妈说，这如果是在没有来这里学习之前，是会觉得自己是失败的，原因是对话没有达到自己想要的结果。现在明白那是我希望的目标，我选择相信孩子，把属于他的事情还给他。这样相处起来反而更融洽，孩子的自主性也变得好起来。

对话五：让孩子对自己的学习有信心

　　儿子："昨天5节英语课，今天4节英语课，9节连上啊！"

　　妈妈："是啊，好辛苦啊！"

　　儿子："还有啊，现在要背的课文，真的是越来越长，越来越难背了。"

　　妈妈："是哦，真的挺难的。"

　　爸爸："儿子，你怎么背到的哟？"

　　儿子："死记硬背啊，还能怎么样呢。不过课文背多了，有些句子真的就能冲口而出。我这周课上开始发言了。"

　　妈妈："真的呀，那太好了。"

　　儿子："妈妈，你不知道，到了星期五，就好想回家，特别是那些不补课的同学还故意来说什么'我们要回家了，再见了'，我就真的好不想补课，就想回家算了，唉！"

妈妈："是的呢，太不容易了！特别是这一个月，你顶着那么大的压力，还在努力学习。周末有同学故意来'勾引'你，你都坚持下来了真不容易。儿子你真的是有毅力！"

周老师的圈注

这份和青春期孩子的对话，挺考验家长的。家长说如果不是坚持来上团体课需要练习和交作业，前两句理解和"热脸"都被打回来后，估计这天就聊不下去了。

坚持使用学习到的"客观描述以及真心欣赏和好奇"的态度，去肯定孩子做法的不容易，去发现闪亮之处。如果一定要锦上添花，"儿子你真的是有毅力！"这句话听上去带有评价性，可以修改为"这需要毅力"，或者"这是有毅力的行为"。

对话六：和谐陪写作业片段，家长如何坚持自己的原则？

上午补习班结束后，吃完饭回家路上的一段对话。

爸爸："忘了问你上周的数学周考试如何？"

悠悠："比上次提高了十几分。"（期待得到肯定）

爸爸："哦，有进步。那班上其他同学考得怎么样呢？"（忍

不住多问一句）

　　悠悠："班上比我高的也不多。"

　　爸爸："那还是不错，继续加油。"

　　悠悠："电影《毒液》还没下线吧？"（随意地问了一句）

　　爸爸："应该没有。"（随意答复）

　　悠悠："那我下午把作业写完可以去看电影吗？"（有点期待的感觉）

　　爸爸："当然可以，不过那个片子有点恐怖。"（如实回答）

　　悠悠："我不怕，我们班好多同学都看了，不觉得恐怖，反而还觉得挺搞笑。"（有些兴奋的样子）

　　爸爸："那你作业动作要快点哦，我也想放松一下。"

　　悠悠："好的，有动力应该会更快的。"（一副挺满足的样子）

　　爸爸："好，我也相信你，不懂空着问我，少错点，节省改错的时间。"（鼓励一下，其实根据以往经验很难在一下午就完成所有作业）

　　悠悠："好的，知道了。"

　　结果直到晚上都没能写完，一方面是作业量大，另一方面是自己还是不够熟练，期间她也没提看电影的事了，直到睡觉前。

　　悠悠："我明天作业写完得早的话还可以去逛逛商店？"（电影肯定来不及了，退而求其次，还有点期待）

　　爸爸："当然可以，那明天得早点起来，你上个闹钟吧。"（如实回答）

　　悠悠："好的。"（还是有点满足的样子）

周老师的圈注

爸爸反馈说，这一次对话之所以双方没有顶起来，其实和家长的心态很有关系。家长发现可以对孩子有要求，孩子也可以提要求。家长不要太强迫孩子，孩子其实也不太会无理取闹。

我带着家长尝试修改了这一段：

上午补习班结束后，吃完饭回家路上的一段对话。

爸爸："忘了问你上周的数学周考试如何？"

悠悠："比上次提高了十几分。"（期待得到肯定）

爸爸："喔，提了十几分不容易啊。"（想去肯定孩子的进步）

爸爸："你觉得你是怎么做到的呢？"（欣赏的语气）

悠悠："……"

爸爸："听到你的分析，了解自己的所得所失，我挺高兴的。这就是为自己的学习上心负责。"

悠悠："嗯嗯，爸，电影《毒液》还没下线吧？"（高兴地问）

爸爸："想看啦？"

悠悠："我下午把作业写完可以去看电影吗？"（有点期待的感觉）

爸爸："当然可以，听说那个片子有点恐怖。"（如

实回答）

悠悠："我不怕，我们班好多同学都看了，不觉得恐怖，反而还觉得挺搞笑。"（有些兴奋的样子）

爸爸："那好。很想和你一起去。等你来叫我。不过实话讲，根据以前经验，你的作业那么多，下午如果写不完怎样才能看到电影呢？"

悠悠："爸，你看这样行不？……"

家长们听完这一段，认为这更符合家长的内心，表达起来更真实，孩子也会更有主动性，没有那么无奈。

对话七：既想关心海外留学孩子的学习，
又不想让他感觉到我在控制他

儿子："妈，今天我们几个中国学生包饺子。"（然后发了几张他在擀面皮的照片）

我："手法像那么回事。"

儿子："哈哈，你没看出来我剪头发了吗？"

我："没注意。"

儿子："我自己剪的，借同学的工具，前面还剪得可以，头顶看不到，结果剪了个缺缺。"

我（哈哈大笑）："至少前面没有剪缺，还算好。"

儿子："小四怎样？"（我家的柯基犬）

我："我出去了一段时间，它就变傻了，满屋子乱尿，特别是你妹妹写作业的地方，现在只好把它关在花园里。"（我拍了小四的视频发给儿子）"圣诞节放20天假，你需要补课吗？如果需要提前告诉我好找老师。"

儿子："补物理，你觉得呢？"（我家儿子从小什么事都被我包揽完了，缺乏主见。送他出去也是想锻炼他的自主能力）

我："以后你自己的事情自己做计划，你的年龄足以对付这些事情。"

儿子："嗯嗯。"（今天的聊天就在聊到学习中结束）

第二天。

儿子："回来补课七天，补高一物理。如果补课远就下午，近就上午。"

我："老师想了解你学的教材，把目录和前几页拍照我转发给她。"（儿子拍过来的课本干净得很，一个记号都没有，我有些不高兴。心想总要做笔记吧，这上课都在干什么呢。我用平静的心态继续说）"你这书保持得这么干净，以后还可以留给你妹妹用哇？没笔记？"（心有不甘还是得问）

儿子："英国的教材都要回收的，不能在书上写字，写了一笔都要交钱，而且很贵。"

我（还好没有直接去责怪他不做笔记，要不然会是场不愉快的谈话）："书不给你们，以后复习怎么办？搞不懂老外。"

儿子："书很贵的，复习有笔记和复习资料。"

我："晕，笔记可不能马虎哦。"

儿子："嗯嗯，老师今天带我去医院看脸上的痘痘，买了药，老师的儿子也长痘痘，用的也是这种药，说是效果好。"

我："你老师人很好。"

周老师的圈注

这两段让妈妈感觉轻松愉快的对话中，妈妈说自己最大的改变是克制住了两点：1. 克制住了直接去帮孩子解决问题，而是提问去启发让孩子解决和决定自己的事情。2. 克制住了批评和指责，而是好奇地了解更多情况。

其他家长都说孩子自己的事情让他自己负责，自己的学习自己安排，这些道理大家都懂，但在实际和孩子交流的时候，时常不觉察地就代办包办了。孩子长大了，又说孩子没有自主性，孩子还是多冤枉的。

所以，如果我们一开始就让孩子从心里明白：学习是自己的事情，是自己需要学习，而不是为了父母而学习。那还有那么多不想学、不想做作业的事情发生吗？

对话八：作业引发的家庭大战，怎么收场？

儿子和我有约定，如果作业在9点前完成，可以玩15分钟手机游戏。今天他非常努力，找人帮忙，9点37分完成作业。

儿子："妈妈，我可以玩手机吗？"

我："可以呀，只要时间没超的话。"（拿出了之前的约定）

儿子："那怎么办嘛，好不容易做完了，又不可以玩了。"（非常沮丧懊恼）

我："时间超啦？那真的不可以了。"（坚持原则）

儿子（开始哭）："那怎么办嘛……今天好不容易做完了，明天作业又多，又玩不成，已经两天没有玩成了。"

我："那是挺难过的。"（肯定儿子的情绪，还是不退缩）

儿子（更大哭）："又不行，那我做作业有什么意义嘛，做了作业有什么用嘛，还不如不做。"（情绪上来啦）

（我听到很担心，做作业是为了要游戏，把目标整偏了，想说教，"做作业是你目标，要体会做作业的乐趣……"忍住了）

我："是啊，今天这么努力把这么多作业做完了，没想到时间超了，确实很伤心、难过，我真希望一天有48小时。"（继续只是肯定儿子的情绪）

儿子（几乎躺地上，把茶几踢斜很远，边哭边说）："就是不可以，那做作业有什么用？有什么用？"

（他知道我最讨厌他坐地上、躺地上）

我："是挺气愤的，我巴不得现在是7点钟，你就可以耍了。"
（这时我着急想用一致性表达，马上看笔记）

儿子（更大哭）："就是不行，我很久都没耍了，明天作业更多，更玩不成，今天作业那么少，还只有三项，是最少的1天。"
（情绪大爆发）

我："我刚才看到你抄写的英语还是语文有好长一篇哦，还有复习小报，真的好多。"

儿子："只有三项还多啊？要不是重做的复习小报，我早做完了。"

我："嗯，我记得是8点30开始做的复习小报。"

儿子："是8点10分，你说的。"

我："我看到你这么努力做完作业，还是不能玩，是很生气，但我坚信你以后肯定完得成，我期待你每天都可以玩游戏。"（自己都觉得好像没对）

儿子（边哭边说）："还是不行，做了作业还是玩不成，那我觉得人活着都没意义了，还不如死了算了。"

（我心里一惊，更着急。以前他一说死，我就上纲上线，教育生命只有一次的话题，甚至讲过"你不在了，爸爸妈妈悲伤一段时间还是要生活"）

儿子（还哭）："我都觉得不如死了算了。"

我（过去抱他，急，一致性表达怎么说？说自己当时的想法，他脸朝地上不理我）："儿子，妈妈看到你今天这么努力完成作业，还找人帮忙，但是超时了，玩不成，非常生气，妈妈理解你，感同身受，我自己都觉得应该同意你。但是妈妈心里很纠结，一是担心现在这么晚了，我让你玩了，睡晚了，影响你身体；二是我们之前说好了，我同意你了，是没遵守承诺，下次又有超时的了，怎么办？妈妈同不同意呢？妈妈就担心这些，如果你是我，你觉得妈妈应该怎么办？同意还是不同意呢？"

（有点不可思议，儿子情绪稳定地听我说）

儿子（依然不理我）："你晓得呢，就我说的。"

我："还是同意？那以后又遇到这问题怎么办？"（我有点松动了）

儿子："怎么会嘛，以后不会有复习小报呢。"

我："那我们现在可以解决问题了不？"

儿子："我玩游戏15分钟，洗漱3分钟上床，可以了。"

我："那下次遇到这种情况，妈妈坚决不同意哦。"

儿子："那这样嘛，这个等周五我们确定最终方案。"

我："今天就要确定，明天开始9点必须截止，超一分钟都不行，可以不？"

儿子："好。"

他继续小报修改涂色后玩了手机，10点31上了床。

我上床和爸爸说："刚才差点把我气死。"

爸爸："我忍不住想起来打他一顿。"

我："幸好你没来，我用了上课的招。"

周老师的圈注

作业里面的妈妈敢于使用内外一致的一致性表达，向孩子平静地讲述了自己内心的各种负面情绪和无助，把孩子当作一个合作伙伴来平等交流，这是出现转机的重要原因。

对话九：用钱奖励孩子完成奥数作业，可以吗？

白天玩得很开心，下午小朋友各回各家，

女儿这时一脸不高兴，撅着嘴。

我："现在是最郁闷的时候，最开心的事刚刚结束，就要面对作业了。"

女儿："什么时候取消奥数？"

我（有点气）："你想好，下学期就可以取消。"

（女儿瞪着我）

我："半小时后就要出发，你要不想做，今天就可以不去。"

女儿（生气的表情）："又是这个表情！"

气嘟嘟地开始做作业。

（随后反省，我应该真实一致性表达）

上课回来车上，她的情绪看起很好。

我："下午你说你想取消奥数，我很生气。"

女儿："嗯。"

我："我真实的意思是，奥数的作业多，而且比较难，但不能轻易说放弃。"

女儿："我不晓得为啥，又有点不敢不学奥数。"

我："我猜你还是很好强，学了奥数，学校里的课程就显得简单，你很想取得好的成绩。"

女儿："我在班上画画和音乐已经名声在外了。"

我："今天同学们都很喜欢你的画，你肯定很高兴吧。"

女儿："没有，我在一本书上看到，看别人的画，即使感觉不好，也不能表现出来。"

（我没接上话）

女儿："这样嘛爸爸，我明天把奥数做完，你像上次那样，奖励我5块零花钱。"

我："好的。"

周老师的圈注

能感觉爸爸已经很耐着性子，努力和孩子平等交流，又希望孩子能坚持完成一些比较困难的事情。很多家长说，整个过程算是很不错的了。孩子作业也做了，课也上了，也没有很大的冲突。交作业的爸爸对自己要求比较高，问："老师，有没有更好的处理方式？总觉得奖励钱好像不合适。"

我提供一个参考剧本，从接到孩子出来时开始：

爸爸："这会儿学了出来，看起来你很高兴。"

女儿："还可以吧，学了就觉得还是值得的。"

爸爸："下午你说你想取消奥数，我很生气。"

女儿："嗯。"

爸爸："我真实的意思是，奥数的作业多，而且比较难，但不能轻易说放弃。"

女儿："我不晓得为啥，又有点不敢不学奥数。"

爸爸："嗯，你担心什么呢？"

女儿："也不晓得嘛，看别的同学都在学，而且好多题如果没学过奥数又不会做。"

爸爸："你担心不学就会跟不上，考不出好成绩？"

女儿："应该是吧。"

爸爸："那倒是，以后升学选学校，分数是第一重要的。而且这个学习爸爸一点都帮不上你，完全靠你自己。努力学了，完成了能做的，就好吧。"

女儿："哎，就是。还是要学，还要做作业呗。"

这里面的区别是家长始终坚持：1. 完成作业、学习是孩子的事情。2. 表明自己的态度，分数重要，过程第一。

第三节　被困在手机里的孩子和父母

00后小孩的教育和成长中，手机成为家长心里最大的一个雷区，我仔细回想了一下，父母这一代几乎找不到一个类似的什么物件或是事情，会像智能时代下的手机一样，在我们长大的过程中，对自己以及对自己和家长的关系有如此重大的影响。

孩子们说："手机成为横在我和父母面前一道跨不过去的障碍"，"我有一种错觉，我妈在吃手机的醋"，"要使用手机，就像和父母、学校老师之间在打仗，在捉迷藏"，"好无聊啊，手机让我放松和愉悦"，"只有拿到手机我才有安全感"，"每天在学校苦苦煎熬就盼着拿手机"，"我们班好多同学都偷偷藏了手机"。

家长们说："就是手机毁了孩子"，"孩子完全管不住手机，我们完全管不住娃，咋办"，"网上可以刷到的信息那么开放，怎么可以监管到孩子"，"又不可能不给他手机，做题打卡学习查资料都需要用，总不可能分分钟守着孩子嘛"，"和他一起制定了规则，他不遵守，又咋弄？收了手机他完不成作业就有借口了"。

尴尬的是，作为家长的我们几乎也是分分钟离不开手机。粗暴要求孩子不碰手机，收了手机、关了网络显然都不太可行。

手机就是我们小时候的院坝，是交朋友玩游戏的地方，是我们当时的图书馆，是我们春游去的山顶，是孩子们了解外界、和外界连接的窗口，只是这个窗口太大了，大到没有边界，远超家长的影响。之前我们的父母只需要简单教给我们一些在外面玩耍的安全法规，叫我们到点就要回家吃饭。现在需要告诉小孩的是网络的影响，它带来的益处和风险，告诉他们安全准则和更有力的约束规则。视孩子不同年龄阶段的心智发展，有限地下放给他们自我管束的权限。

从心理的角度来看，没有人喜欢被控制，都喜欢拥有掌控感。手机是现代生活一种必然的存在，在孩子从小长到大的过程中，如何培养孩子与手机相处，让孩子既能拥有手机的使用权，又有掌控感，而不是被手机控制住？

对话一：孩子除了玩电子产品就没有其他可做的事情

爸爸："最近是不是电子产品看得比较多哦？"

（孩子没有反馈，继续玩，头都不抬一下）

爸爸："今天2个小时电子产品时间差不多了吧。"

（女儿继续不理睬）

过了二十分钟，爸爸感觉不对，就开始有点烦了。

爸爸："差不多了哈，不要老让别人来提醒你哈。"

女儿："我自己的时间，不需要你管。"（继续，不理睬）

爸爸："坐那么长时间，你还是运动一下，出去转一圈吧。"

女儿："……"（继续不理睬）

又过了一个小时，女儿还在继续看视频，爸爸再次走到她面前。

爸爸："是不是自己管理不好自己？我应该给你收了，等你能管理好自己了才给你。"

女儿："你拿走嘛，我不要了。"

（手机一丢，就到床上去坐着，低着头。情绪又起来了，似乎需要安慰。按传统，我还要共情一下）

爸爸："你究竟要怎么才满意嘛，你可以自由，但需要有底线啊，起码的规则要有啊。"

女儿："你真的很烦啊。"

爸爸："你能感受到你的爸爸妈妈很不好当吗？"

女儿："可以不当啊！"（到床上去睡了）

（此刻，除了难受，没有其他心情，调试自己的心态，寻求自我安慰）

周老师的圈注

指望小孩子自己管理好手机是很困难的，家长加入叫停是正常的。孩子出现一点情绪也是正常的。

对话二：家长一看见孩子懒洋洋耍手机，就想催学习

上午11点过小孩才起床，吃过午饭后

在客厅沙发上休息玩手机。

我："快开学了，你也要准备一下，把上学期后半期的课程补一下。"

孩子："我都会，不用看了。"（口气有点不耐烦）

我："后半期有很多课你没上，最好还是看一下。语数外物理有新课，历史和地理新学期也要统考了。你已经决定这学期开学要去上学，那就最好准备一下。上新学校一般都要入学考试的。"

孩子皱了一下眉思考了一下："语文可以不用看，数学我基本上都会了，物理没上完，历史地理开学再看一下就行了。"

我："那好，把物理没上的补一下知识点。还有英语呢？"

孩子又皱了一下眉："这个有点烦，不知道该怎么看。"

我："那下午就先看一下物理，我百度网盘有教学视频。英语视频我再找找。"

孩子："我找得到，我自己找网课。"（神态和语气都还配合）

我："那好吧，你先找找。找不到再说。"

下午孩子没找到合适的网课，最后还是用我的手机看了物理教学视频，第二天下午看了物理剩下部分的视频。

周老师的圈注

复盘：

上午11点过小孩才起床，吃过午饭后在客厅沙发上休息玩手机。

我："快开学了，你也要准备一下，把上学期后半期的课程补一下。"

孩子："我都会，不用看了。"（口气有点不耐烦）

我："后半期有很多课你没上，最好还是看一下。语数外物理有新课，历史和地理新学期也要统考了。你已经决定这学期开学要去上学那就最好准备一下。上新学校一般都要入学考试的。"

孩子皱了一下眉思考了一下："语文可以不用看，数学我基本上都会了，物理没上完，历史地理开学再看一下就行了。"

我："看你眉头都皱起了，估计老爸这么念叨和帮你安排学习让你有点心烦，哈哈。要表扬你啊，尽管看你眉头都皱起了，还是在动脑筋考虑你自己的事情，这精神和态度是积极的。那你的物理和英语是怎么考虑的呢？"

孩子又皱了一下眉："这个有点烦，不知道该怎么看。"

我："那下午就先看一下物理，我百度网盘有教学视频。英语视频我再找找。"

孩子："我找得到，我自己找网课。"（神态和语气比较积极）

我："这很好，自己的事情自己操心自己做。如果需要老爸支持配合的，就告诉我哈。我尽力。"

下午孩子没找到合适的网课，最后用我的手机看了物理教学视频，第二天下午看了物理剩下部分的视频。（此时，爸爸可以跟上，针对孩子自己去寻找了视频，并看完了的事实，给予肯定：自己的事儿自己上心。也就是我们课堂上说的自己的枕头自己抱）

以上对话里增加的就是：情绪平和地说出观察和体会到的孩子当下的感受，同时找到可以肯定的点。加进来之后，再次扮演孩子，哪怕孩子的语言还是那些，但扮演孩子的家长明确感受到了，第二种对话下，孩子的学习劲头大多了，主动性也大大提升。第一种对话中，有很多的无奈。

对话三：手机要把我弄疯了，怎么和孩子沟通才有效

家长："我儿子高一，瞒着我们偷偷耍手机，9号前他每天学习娱乐按计划表完成，定时定点学习和娱乐，这周开始上网课，手机交还给我们保管，每天上课做作业感觉还可以，结果昨天无意中被我发现他还私藏了一个手机（也不知道是哪里来的）但是他打死不承认有手机，把他房间里一个没有电的旧平板当替罪羊交了出来，我们已经气得无语了，然后我把Wi-Fi密码改了，感觉之前的沟通交流都是无效的。

"他昨晚给我们写了一封信，先是道歉说对不起，然后就以他

每天认真完成作业且作业质量很高来解释并要求我们相信他，可是我真的无法相信他，为了不让我们进他房间他还进厨房拿了一把刀（锯片刀）放在他房间里。

"昨晚看到他放在我们卧室外面的信，我和他爸都没法相信他，后来我给他写了一封回信塞进他卧室，表明了我们无法相信他的立场，我的要求就是手机必须要交出来（因为这是他初三以来悄悄私藏的第三个手机了）。

"他每次都是临近暑假寒假就要私藏手机，手机问题已经要把我们弄疯了，不晓得怎么沟通才是有效的。求支招。"

周老师："不容易，爸妈和孩子的拉锯战啊！"

家长："我和他爸期待他自己醒悟，可是目前看来效果不理想，我们自认为还是比较民主，比较尊重他，为什么他就是想悄悄搞小动作？其实他说明情况我们还是很开放的，放任他呢又觉得不是合格的父母，管理他呢又有诸多头痛。哎，一言难尽！"

周老师："作为家长呢，我也会有和你们一样的时候，左右为难、两头不是人的感觉，又想民主又想集中但是好难。你问怎么沟通才是有效的，我了解下，你希望有效的沟通达到的局面（呈现的效果）是怎样呢？"

家长："我觉得理想的效果是不存在的，我只是目前找不到合适的语言和他有效沟通，我也点明了问题，说出了感受，提出了要求，现在他在他的卧室，我们在我们的卧室，不知道该如何处理这件事，刚刚班主任老师给我打电话，我也如实告知了情况，因为每天要提交网课作业，现在僵持起不晓得怎么解决。我想知道什么样的语言才能让他听进去并且能做出实际行动，又担心一句话不对再次激化矛盾。哪些话该说？怎么说？哪些话不能说？我想你经验丰富，了解青春期孩子的内心，你看能不能给我支个两三招，找个切入点打破僵局？"

周老师："有简单的办法，他一定能听进去，家长也能解放。不过，爸妈不一定能接受。"

家长："请讲。"

周老师："听你讲述，儿子之前一直能完成他的各种功课。"

家长："是的，学习目前没有问题。"

周老师："但没有遵守答应不藏手机的约定，现在他道歉了，提出条件来想要拥有手机的一些自由使用权，家长不相信他的承诺，僵起了，是不是这样？"

家长："是的。9号前耍的是我们给他的一部手机，9号后交还给我们了，昨天才发现他私藏了一部手机，也不知道是哪里来的，我当场发现了但是他一直不承认私藏手机，还在信上反复强调要我们相信他，我就不知道该不该相信他，明知道不能相信他。"

周老师："如果是我，我就选择相信他，因为不相信并不会比相信好。但我相信的不是他会不会按我们约定的办，而是相信他会学着为自己负责，学会自律，相信他总是希望自己变得更好。家长很难，孩子也有自己的难，想想他为何瞒着你们偷偷耍手机？你以为他愿意这样东躲西藏地使用手机吗？我猜是怕你们生气，怕和你们起冲突，但又的确非常需要手机带来的某种好处。如果这种好处并没有影响他的主要任务学习，并且能学会如何识别网上的信息，如何有自己的判断，如何自律安排自己的时间。方法很简单：理解他，相信他，放开他。我也是家长，这个说起来容易，做起来难。可我经常想，这是孩子长大一定需要经历的。去折腾，学会自己管自己，自己承担自然的后果。"

家长："刚才老师反映他有时上课要打瞌睡，估计就是晚上悄悄耍手机，但是我们老房子没有Wi-Fi，我昨天已经把Wi-Fi密码改了，不管有没有Wi-Fi，他用手机肯定会影响学习啊，上学期期末年级排名倒退了200多名，我们都担心他醒悟时又错失高考，他所在的班级又是竞赛班，压力很大，让他自己长大所付出的代价怕承担不起，那我们现在是去找他谈话还是等他来找我们谈话？因为僵持他上午的网课作业都没有完成，老师说晾一晾他。"

周老师："大家都冷静一下也好，先慢慢吃完饭。简单的办法爸妈暂时实难执行，毕竟父母有'不敢放手'的担忧和'要帮孩子把好关键时期'的压力。我依然支持让儿子自己来做主，管理手机和使用，并说明白他的一些用途。关于说谎。我这样给孩子说：真话可以不全讲，毕竟孩子会有一些自己的隐私，但是讲出来的一定要是真话，否则会影响父母的判断。"

如果一定要给些具体的建议：

1. 僵持之下，父母最好主动先去和孩子谈。

2. 真诚和解。包括你们的担忧和焦虑。听听孩子真实的想法和感受，我了解现在很多孩子因为作业任务重，睡眠时间少，上课都打瞌睡。

3. 如果家长和老师认为只要管住了手机成绩就会上来，孩子就更会反感。在孩子心里，手机是朋友，不是敌人。

4. 我相信你们家儿子不是那种允许自己变得很差的孩子，他一定有他的难处。

5. 我也相信你们，一定是希望孩子能自我管理，能遵守契约，能抓住和珍惜高中这两年关键的时期。

6. 我同样相信，这几个能力也是孩子的目标，不信，你可以问问他。所以，从这里看，你们的目标是一致的。

7. 关于在不同时期，手机的功能、怎么使用、如何管理，可以和孩子一起商定。试试去帮助他。

家长："好的好的，大受启发，受教了，谢谢心怡老师。"

大家不妨回忆一下，第一次让孩子接触手机是什么时候？是孩子主动接触的，还是被动接触的？当孩子还小，作为家长忙得团团转的时候，一个有画面感和动听的声音又可以吸引孩子注意力的电子产品也许被迫成为家长们的"压力缓解"工具。家长既知道这其中的"危害"，但也沉迷于它给家长带来的"短暂的喘息时间"。慢慢地，我们不自觉地给孩子们推荐了"手机"等电子产品。如果由于家长太忙，或者其他各种各样的原因，被迫让孩子过多接触到电子产品，让其取代了院坝，取代了交朋友玩游戏的地方，取代了图书馆，取代了春游去的山顶，取代了玩泥巴，取代了爬树，取代了过家家，我们怎么能在他青春期的时候，让他放弃手机带来的快乐，而去重拾他不熟悉的东西带来的快乐呢？

也许作为低龄孩子的家长，现在还有机会把这条路重新"摆正"，但青春期的孩子，也许父母再想带他们出去玩，他们说宁愿把这个时间让出来玩手机，那是因为他们的大部分朋友都在手机上，娱乐都在手机上，学习、完成作业也都在手机上。青春期的家长对于手机大致管两个方面：一是什么时候玩，二是玩多久。而把手机作为奖赏和惩罚是最不合适的。引导孩子去更好地使用手机、管理手机，而不是被家长控制住，更不是被手机控制住。使用电子产品是他们抵御无聊的方式，如果生活里有其他让他们觉得更有趣的事情，他们自然会自动减少使用手机的时间。

第四节　关于早恋家长恐慌的是什么？

如果桌上放了你爱吃的红烧肉，就算你在减肥也会忍不住吃一口，又如何简单地给孩子说一句"不要早恋"就能阻挡住人世间那么美好的感情？两性之间的喜欢从幼儿园就开始了。当然这种时候孩子说的任何关于结婚、关于要和谁谈恋爱都会被家长们当成单纯美好的笑话，不当真的，也就容易错过这个进行儿童性教育，去让孩子慢慢去体会喜欢和爱的区别，不同人之间不一样的爱最好的时候。

孩子进入小学，更多会发展同性之间的友谊，家长们也觉得这都还是些小娃娃。直到小学高段，有些小女孩们开始悄悄地相思。到初中，班级同学们就会把谁和谁好了当成比较认真的玩笑，作为重要的集体言论活动之一了。孩子们开始有更多困惑和承受压力。

家长讲得最多的一句经典是"青春年少的情感很美好，但不要影响学习"，这句是最骗人最没用的。因为一定会影响学习。因为个体差异，不是所有孩子都会在中学阶段遭遇恋情困扰，不过大多数的孩子会遇到，而能和他们一起去坦诚认真讨论其中利弊的成年人，帮助他们学着去认识去面对去尊重去保护自己和别人，那个成年人会有谁呢？如果她们好奇想要了解，而相关知识却都来源于网络、同龄同学，会怎样呢？家长们心里虚不虚？

我曾去中学给初三和高一的学生做讲座，和所有同学一起讨论以下的话题：1. 不同人眼里的早恋？你们的看法是？你觉得你父母对这件事情的态度是？2. 哪些恋的想法和行为自然有，可以有？恋除了甜美和温暖，还可能带来什么？哪些恋的行为需要讲究时间、地点和阶段？3. 你们希望自己拥有怎样的青春恋情回忆？4. 如果你的朋友被表白了、被拒绝了、恋爱了、失恋了、暗恋了，你会持什么态度？如何劝慰他？5. 你们从小到大得到过怎样的爱？爱里都包含些什么？爱和恋的区别是什么？为何恋更让人兴奋和折磨人？成熟的爱是怎样的？需要什么样的条件？除了"在一起"，你将如何爱和维护一段美好的关系？

同学们非常活跃，而且他们自己给出了很多让我意想不到的答案。他们并非像大人想象的不知道边界、不知道克制，也并非听不进去成年人的指导。

我们讲"恋爱",讲"喜欢",那什么是"恋"呢?什么是"爱"呢?什么是"喜欢"呢?

满足别人的需要叫爱(给予爱),满足自己的需要叫恋(感受到爱);喜欢是可以单向的,爱是需要双向的;爱里面除了轻松愉悦也包括痛苦忧伤责任。有人认为,你帮我做一套卷子、为我做一顿饭叫爱;有人会认为,你把我养大,我陪你变老,叫爱;也有人会认为,学会放手,学会退一步,叫爱。每个人对爱的定义不一样。

没有不"该"的爱恋,只有不"合适"的恋爱
没有不"好"的孩子,只有不"合适"的行为

也许有机会,你也可以准备一下,和自己的孩子一起去讨论讨论那些关于爱的话题。毕竟家长都说希望孩子长大之后拥有爱的能力,享受被爱的幸福。

对话一:当孩子给你聊班上八卦,怎么抓住机会引导孩子?

两性之间的喜欢和爱的区别,以及早恋和学习间的关系

我和儿子去参加羽毛球学校的活动路上。

我:"儿子,已经晚了整整三天了,这几天你做作业了吗?"

儿子："做了啊，还一直在阅读。"

我："是吗？你确定？"

儿子："这几天你又不在，怎么知道我没有做？"

我："这个国庆你们老师布置的作业多吗？你说说到底做了些什么？"

儿子："嗯，口算一篇，数学试卷半页，英语试卷半页，好像没有了。"

我："你觉得是完成了作业的百分之多少？"

儿子："大约，10%吧？"

我："什么？！才10%！那你后面要怎么办啊？怎么做得完？你还要复习呢。那什么时间复习功课啊？"

儿子："呃，你不要着急嘛，还有两天时间可以赶呢，做不完再说吧。现在就不要说了，影响我打球。老妈，告诉你我们班上的八卦消息啊！"（儿子成功转移话题）

我："好吧，我权且相信你，看你后面怎么赶功课！如果做不完，以后就不能先安排出去玩了，你看着办吧。"

儿子："哦，我努力哈！老妈，我们班上出现了第一对CP哦！"

我："是吗？什么情况啊？"

儿子（很兴奋地）："就是A和B，天天上课在一起，下课一起走，还一起在食堂吃饭，女孩子还给男孩子带零食。"

我："哦，那也许只是关系比较好，互相欣赏啊！"

儿子："才不是呢，我们班同学都说他们不正常。"

我："我觉得很正常啊，肯定他们之间有互相欣赏的地方，又比较谈得来吧，也不能说就是CP了。你可不要跟着别人乱说哦。"

儿子："又不是我说的，是其他同学在讲，我只是观察。"

我："好吧，那你能不能把观察的时间减少一些，多观察一下老师上课的内容？多观察一下其他同学是怎样学习的？"

儿子："……"（无语中）

周老师的圈注

如果你是对话中那个处于青春期的儿子，你会有怎样的体会呢？首先看来这个儿子目前和妈妈的关系不错，愿意和妈妈分享八卦。一般孩子来和家长聊这一类八卦的潜在动机，都是来试探父母对此的态度，也正好是父母输出自己的恋爱观、世界观的时候。在对青春期孩子输出观点的时候，最好是先听取孩子心里的想法，认可他自主思考的部分，肯定他正确的想法，提出你自己的观点，这样孩子更容易接受你。

如何能听到孩子的心声呢？用提问的方式。我们来试着修改一下对话：

儿子："哦，我努力哈！老妈，我们班上出现了第一对CP哦！"

我："是吗？什么情况啊？"

儿子（很兴奋地）："就是A和B，天天上课在一起，下课一起走，还一起在食堂吃饭，女孩子还给男孩子带零食。"

我："哦，那也许只是关系比较好，互相欣赏啊！"

儿子："才不是呢，我们班同学都说他们不正常。"

我："我觉得很正常啊，肯定他们之间有互相欣赏的地方，又比较谈得来吧，也不能说就是CP了。你可不要跟着别人乱说哦。"

儿子："又不是我说的，是其他同学在讲，我只是观察。"

我："喔，你都观察到了什么？"

儿子："……"

我："你自己认为哪里正常哪里不正常啊？你觉得同学们为啥那么关心他俩的行动啊？"

儿子："……"

我："如果是你是那个男同学，你希望同学们怎么对待自己？"

儿子："……"

我："嗯，你的想法……妈妈很认可……我和你想的有一点不一样。我的建议是……"

通过提问的方式，启发孩子除了自己的角度，也从他人的角度去体会。同样的事件，在不同人的眼里和讲述中，有时是相差甚远或者是相反的故事。如果孩子能培养出这样的思考方式和意识，将是为心理健康增加了基础，人际关系更顺畅同时也增加了心理上自我的掌控感。

对话二：孩子刚进入青春早期（小学四年级），
当他聊喜欢的女孩时怎么接？

早上儿子爬到停车库边的墙上坐着等我，

我心里有些冒火：又不爱干净。

我："儿子，你咋爬那么高去坐呢？"（忍住不说上面脏）

儿子（有些兴奋）："踩下面的东西上去呢，就是保安叔叔们用来堵雨水的。"

我："哦，沙包哇？"

儿子："对的，上次下雨我想踩水，叔叔在那儿搬，我本来想帮忙的，但是没有。"

我："儿子，你一直都是乐于助人，热心肠。"

儿子："是的啊……妈妈，你今晚上接我不？"

我："那必须的，接儿子是最重要的事情。"

儿子："你晓得时间的，老地方哈。"

我："嗯，7点钟必定准时到。"

儿子："嗯。"

晚上接儿子放学，他看见喜欢的女同学上了车，激动地让我快开车，路上一直让我跟上，我也保持龟速前进。

儿子："妈妈，把右边让出一条路哈。"（好让别人先走）

我："好。"

儿子："妈妈，今天谢谢你把车开这么慢哈，谢谢！"

我："不用谢，儿子！你喜欢的女生什么地方吸引你呢？"

儿子（完全没听我说）："好想跟踪她去看看她家在哪里哦，今天是个好开始，知道她家往那边去的。"

我（不死心）："儿子，可以跟我说说你喜欢她什么吗？"

儿子（还是不理我）："她刚刚在车上好像完全没看到我。"

我（无语）："儿子，那她喜欢什么样的男生呢？"

儿子："不知道，目前还不知道她有没有喜欢的人。"

我："那她可能喜欢你呢。"

儿子："永远都不可能了，以前有1%的机会，现在只有0.0001%的机会。"

我："为什么？"

儿子："表达方式不对呗。"

我："你打她了吗？"

儿子："没有，我以前就是故作讨厌她的样子，现在她也讨厌我，反正就没机会。"

我（想赶紧拉回他自尊）："那可不一定，上次你还说她让你送她上楼。"

儿子："上次以后就永远不可能了。"

我（不知道怎么说了）："那不一定啊，我儿子这么帅的。"

儿子："呵呵……我太黑了。"

我："你觉得你黑啊？我不觉得呢？你比你姨父白多了。"

儿子："所有的妈妈都会觉得自己儿子是最好的。"

我："啊。"

儿子："我不喜欢健康肤色。"

周老师的圈注

可以看出来，儿子和妈妈的关系是开放和信任的。妈妈说："可能是因为我一直能做到倾听。老师，我的困惑是怎么才可以让他慢慢了解喜欢和爱的区别，怎么去处理单相思带来的情绪变化，还有怎么处理和学习的关系？"

妈妈提了一个很好的问题，怎么可以用一两句话回答清楚这个问题呢？我可能做不到。这是一个机会，可以随着实践进行，让孩子学会表达喜欢、表达爱的方式，身体的边界，以及情感的变化，学会尊重和自信，这部分内容可以在儿童家庭性教育的相关书籍里学习。

第五节　青春期交友的那些事

"朋友一生一起走，一句话，一辈子，一生情，一杯酒"，如果对"朋友"这个关系给一个时间界定是"一辈子"，这当然是很好的，可是事实上呢?

我们可以很在乎身边的人，也可以交到很多的朋友，但从不奢望一个人可以留在身边一辈子，有些朋友注定就是来陪你走人生的某一段旅程的。

塞尔曼曾提出儿童友谊发展有几个阶段:

第一阶段（3—7岁）：儿童没有形成友谊的概念，只是短暂的游戏同伴关系。

第二阶段（4—9岁）：朋友是能够服从自己的愿望和要求。

第三阶段（6—12岁）：双向帮助，但不能共患难。

第四阶段（9—15岁）：亲密的共享阶段，互相信任、互相忠诚、甘苦与共。

第五阶段（15岁开始）：友谊发展的最高阶段。

到了青春期阶段，朋友关系在青少年的生活中日益重要，他们认为朋友之间能同甘苦、共患难，能得到对方的支持，观点和行动上能保持一致，有相同的兴趣，友谊更直率，并且青春期孩子的朋友关系对于发展他们的各种心理水平和情绪的稳定是非常重要的。

所以来到我的家长团体中的家长们也常常会提到青春期的孩子们在学校的交友问题。因为好朋友的疏远或者好朋友的离开（转学）等问题，会直接影响到自己的孩子的学习生活，孩子会觉得孤单、寂寞，甚至有孩子会认为是自己不好导致朋友关系破裂，出现极低的自尊水平，从而导致学业下降，情绪持续低落，总感觉别人都在说他不好，认为自己很糟糕，甚至不能面对同学和老师，要求回家休学，极端地会认为这个世界没有值得自己留恋的情感。

当家长观察到孩子发生了一些迹象的时候，我们如何回应才能更好地陪伴孩子走过这个阶段呢？大家可以尝试一下补全以下的对话：

女儿："妈妈，她不和我玩了。"

妈妈：_____

女儿："就是xxx，我最好的朋友，这学期我们班新来了一个同学，好像他们关系变得更加亲密了。"

妈妈：_____

女儿："你说的，我都知道，我还是不开心。我们玩得挺好的。"

妈妈：_____

女儿："我周一都不想去学校了，我没有朋友了。"

妈妈：_____

女儿："你说呢，哼，我不想和你说话了。"

妈妈：_____

女儿关门走掉。

示例

女儿："妈妈，她不和我玩了。"

妈妈："喔，她是谁呢？"

女儿："就是她，我最好的朋友，这学期我们班新来了一个同学，好像他们关系变得更加亲密了。"

妈妈："好像你很不高兴，是因为她和新同学关系比你还亲密了，是吗？"

女儿："是的，我很不舒服，我们玩得挺好的。"

妈妈："是感觉自己喜好的东西被人抢走了吗？"

女儿："是的。"

妈妈："妈妈小时候也遇到过类似这样的事情。"

女儿："是吗？那你当时是怎么办的啊？"

妈妈："我后来就主动加入她们，变成了三人帮的好朋友，因为她能玩得好的（朋友），也和我玩得来。"

女儿："那你有难过、伤心吗？"

妈妈："当然有啊，一开始可难过了，觉得自己被冷落了，又孤单，又有些羡慕嫉妒，哈哈哈。"

女儿："我知道该怎么办了，谢谢妈妈，爱你喔。"

对话一：当青春期孩子犯错的时候，怎么先平静情绪，
与孩子进行交谈和引导教育

孩子因为和表哥进网吧进了派出所，我去他表哥家接他。

儿子："爸爸怎么没有来？"

我："爸爸的车找不到停车位，他在楼下等我们呢，我们走吧。"

儿子："哦。"

我："儿子，今天一定很难受吧？"

儿子："当然，那么丢脸的事，大姑又把我们骂惨了，要不是我努力和她说话，她不知道要把表哥骂成啥。"

我："哦，你们以后一定再也不会进网吧了。"

儿子："唉，我今天真是的，真不该听他的话去了什么网吧，搞成现在这样子。"

我："你怎么想到请杨教练去接你们，而不是大姑呢？"

儿子："你又不是不知道大姑，叫她肯定会很生气。我就打电话给杨教练，和他商量要他当我舅舅来接我们，他同意了。"

我："儿子，以后不管你再外面犯了什么大错，你一定要告诉妈妈好吗？"

儿子："嗯。"

儿子："妈妈，其实警察一来，我就想的是我一个人担着吧，不要让表哥一起，让大姑生气。"

我："哦，你想自己一个人承担，不想表哥受连累，很有担
当喔。"

周老师的圈注

看得出来，青春期儿子和妈妈的关系是比较好的，愿意
给妈妈讲一些实话。这和妈妈理解并且能在出现问题的时候
还能看见孩子的闪光点有关系。这份作业，我把最后一句话
进行了修改，理由是家长也要趁机对孩子输出交友的一些原
则和规则。

妈妈："哦，你想自己一个人承担，不想表哥受连
累，显出男子汉的'担当'。有担当的气魄非常值得称
赞。"

儿："嗯。"

妈妈："那你觉得这次的教训是什么呢？"

儿子："不应该和表哥一起去嘛。"

妈妈："对。和朋友在一起，要讲义气，也要讲纪
律、法律和规则。"

青春期孩子显得很叛逆，很不耐烦，其实他们还是需要
家长的提醒和指导，方法得当，家长完全可以有机会输出。

对话二：和青春期孩子的聊天，是一场又一场的自我修行

妈妈："周四你们英语班的同学跟着外教到太古里参加圣诞Party，当晚的消费妈妈还是有点惊讶的。晚餐就是150元，交换圣诞礼物又是100元，总共花了250元，妈妈起初以为只需要50元呢。"（*一致性表达内心的感受*）

儿子："我建议的餐厅他们没采纳，这家餐厅就是有点贵。交换圣诞礼物的金额是外教老师定的，不超过100元。"

爸爸："如果儿子是和同学们一起，那我们还是应该支持。而且，儿子和同学在一起的时候，买单要主动一点、大方一点。"

妈妈："你交换回了什么圣诞礼物？你的礼物又交换给谁了呢？你们的游戏规则是什么？"

儿子生气地说："啥游戏规则！懒得跟你说了。"

说完就挪了一个离我较远的位置。

（*最近我说错一句话，或者说的话不是他感兴趣的，他就会表现出不耐烦。我心里默默告诉自己不要轻易指责和发火*）

妈妈："哦，妈妈说错了。妈妈想说的是你们圣诞礼物交换规则是什么。学习一下00后的做法，妈妈下次就用到单位和朋友那里，让他们知道我也懂得年轻人的耍法，不out了！"

儿子："我们各自写下自己的心愿，然后抽签，抽到了谁就要满足谁的心愿。"

妈妈："那你送出去的礼物是什么？谁得到了呢？"

儿子："我抽中了黎同学，他的心愿是一大盒薯片。于是我就

买了一大盒薯片送给他。"

妈妈："妈妈很好奇，你得到的礼物是什么呢？"

儿子表情转为微笑："It's a real gift!"

妈妈追问："是什么呢？看来你很满意。"

儿子："你猜吧。"

妈妈："食品类吗？"

儿子表情很神秘："It's untouchable!"

妈妈："是音乐方面的吗？"（他最近特别喜欢听音乐）

儿子："Yes! 抽中我的同学赠送了我几个月的网易音乐会员。"

妈妈："你们这个活动还是很有意思的！"

周老师的圈注

这样曲折的亲子间的聊天，很多有青春期孩子的家长都有共鸣。妈妈说："现在觉得，和他发起的每一次谈话，都是自己的一次修行。除了孩子，还真没有人可以让我这样地不断反省又不断调试自己，不停迫使自己改变。不过，每一次来团体里扮演儿子的时候，都觉得改变后的对话，尽管有些不习惯和陌生，但是也更接近自己心里的话了。"

现在的学生小学就开始有人际交往的消费了，在消费方式和金额上，家长有义务去了解，有权利根据自己的财力以及价值观，选择性地支持和适当约束，可以更心口一致些。

对话三：孩子变得没那么情绪化了，
尝到父母改变的甜头

这周与孩子的沟通感觉越来越顺畅开心了，

感觉孩子在不知不觉中已经开始变化了，变得没那么情绪化了！

妈妈周一就开始和儿子有沟通，每天会聊会QQ。

妈妈："宝贝，东西可以晚上送过去吗？今天妈妈去公司处理点事情，只有晚上下班后给你送过去哈！"

儿子："好。"

妈妈："现在还没忙完，你急不急？不急的话要不周三接弟弟时给你送过去？"

儿子："没事，星期三送过来吧。"

妈妈："那就周三晚上8点左右送过去。"

儿子："好。"

妈妈："宝贝，你爸叫你开的证明你没放家里吗？"

儿子："明天我拿去行政部盖章。"

妈妈："一定要记住哦，周三我来找你拿哈。"

儿子："好，你到了发我QQ，我只能下来取！"

儿子："老妈，你可不可以今天来接老弟？照片我发你了。"

妈妈："宝贝，今天车限行，来不了，况且还在公司忙新品事宜，只有明天了！且今天你的东西也没带出来。"

儿子："好。"

妈妈："照片收到了，我已发给你爸了。"

儿子："好，那明天吧！"

妈妈："明天我过来时去教室找你吧。"

儿子："好的。"

妈妈："我的宝贝长大了，越来越懂事了。"

儿子："嗯。"

（虽然琐碎，但是觉得孩子至少愿意跟我聊了，不那么排斥与大人沟通了，我感到还是很高兴的，至少我们都在成长、进步）

周五爸爸接到孩子。

爸爸："儿子，寒假英国游学事宜已经弄好了哦！"

儿子："好的。"

爸爸："去游学的目的你自己还是要思考下！"

儿子："嗯。"

爸爸："比如多交一些朋友，对你的成长也会有很多帮助的！"

儿子："我知道的，以前去美国也有交朋友的，还有学习九商、当助教等！都有交到朋友！"

爸爸："儿子还是长大了！懂得怎么交朋友了。"（赶紧表扬）

周六早上。

儿子："早餐不想吃。"

妈妈："怎么了，这不是你喜欢吃的吗？"

儿子："你们能不能问下我再做嘛。"（有点生气了）

妈妈："妈妈想到你上周都喜欢吃这个，这周就没问你，但妈妈还是有点伤心的，做了你又不吃。"

儿子："你伤什么心嘛？"（明显脾气来了）

妈妈："感觉劳动成果没得到你的认可。"

儿子："那下次记得先问我想吃什么，我们沟通好了再弄嘛。"（语气开始缓和了）

妈妈："OK，妈妈知道了，其实你也可以自己做的。"

儿子："好，你记得叫醒我。"

家长总结：我们首先要接受孩子已经长大的事实，要适时调整与孩子之间的互动方式，前提是我们一定要信任、认可、尊重孩子，与孩子共情，站在他的角度去看待人和事，且我们整个家庭都一定要和谐沟通，家庭关系才能更顺畅，孩子也会体会感知得到的！真正懂得与孩子之间如何牵手、如何放手，把握好节点！别为孩子的青春期而苦恼，而是要用智慧、用成人的方式去与孩子相处。

多用心感应，多用眼睛对话，真正能够静下心来和孩子交谈。多用耳朵聆听，双方平等交流、少说多听，说接地气的话，说孩子有感觉喜欢听的话！做真实的父母，孩子才会与你心贴心！

总之，观自己才能观孩子，我们父母的改变是最最重要的！

周老师的圈注

从作业中可以看见家长的践行，从小结中可以看到家长对自己的自我指导。孩子在学校和社会上发展人际关系，最初的模型是来自和父母的关系。如果孩子能在父母这里得到更真实、更被理解的对待，他的安全感和掌控感

都会更饱满，在今后复杂的人际关系中可以做到保有自己
又体谅他人。

第六节　当孩子在学校被欺负，家长怎么办？

如果不学习心理学，我以为自己几乎把小学时曾受到的同学
"排挤惊吓孤立"遗忘了，其实这些在遥远的记忆里突出清晰的画
面永生难忘，只有在自我成长被咨询时，才体验到那些过往是如何
影响了我，然后有机会成为心理咨询师和持续自我疗愈。

后来遇到很多人，包括在我咨询室的来访会提起那些幼时被欺
负的事情，他们提到会被高年级同学堵住抢零花钱，在寝室的床上
被同学丢东西，被室友集体无视，在学校走廊上被指名骂，被班上
同学往脖子里丢蚯蚓，被同学取外号嘲笑……有一部电影是来访学
生常提到的片名是《悲伤逆流成河》，还有一部是2019年上映的
《少年的你》，他们说那里面的场景太真实了，和现实中他们受到
的欺负很像。

"幸运的人童年疗愈一生，有的人用一生在疗愈童年"，请家
长们回忆一下：你记得小时候曾经受到过的欺负吗？你家的小孩有
吗？还记得你的感受以及是怎么处理的呢？

心理学研究发现，母婴阶段发展起来的依恋类型有三种，进入

学校集体之后，矛盾型的孩子容易被人欺负，回避型的孩子容易欺负人，安全型的孩子既不欺负人也不容易受人欺负。

从小养育人对孩子哭闹情绪的回应方式，孩子对自我以及局面的自我掌控感，对孩子的依恋类型有重要影响。如果孩子曾经得到过无条件的情绪接纳，养育人的回应方式是稳定温和的，规则是清晰的，孩子感觉自己可以预计和掌控局面，就容易在父母离开后独自玩耍时情绪安稳，不容易被激惹；如果父母对孩子的情绪回应长期冷漠，孩子容易形成回避型依恋模式来隐藏和保护自己内在的愤怒，以及渴望亲近的需要；如果父母的反应是时好时坏，孩子不清楚接下来会发生什么，就容易出现怕分离又怕亲近的恐惧，成为矛盾型依恋模式。

如何在日常对话中培养安全型依恋模式的孩子以增强孩子对局面的自我掌控感呢？

对话一：儿子被同学用指甲划伤了手臂

下午的时候，突然接到儿子班上老师的电话

让我放学的时候去班上一下，我以为孩子又在学校犯错了。

我："怎么回事啊？"（和老师的对话的时候，全程抱着儿子，儿子没有哭也没有说话，没有表情）

老师："今天下午收拾学具的时候，嘟嘟在帮着老师收拾，突然×××过去就拿手朝嘟嘟的上身抓过去，当时把我都吓了一跳。后面赶紧带他到医务室去紧急处理了。"

我："是什么原因呢？"

老师："可能×××也想帮老师收，但当时嘟嘟已经在帮老师收拾了。"

这个时候，×××同学的爸爸来了教室，老师就转过去在和他的爸爸交流这个事情。

我转过头蹲下来问×××："你告诉阿姨，为什么要去用指甲抓嘟嘟呢？"

×××："我就是看到他在弄，我也想弄，就抓了他。"

我："有什么需要，你可以告诉老师，下次不可以再这样抓同学了，知道吗？"

老师："快点道歉。"

×××："对不起，我知道错了。"

家长总结：这个时候，我也比较矛盾。既心疼儿子但又不好一直说对方。只能告诉孩子，下次自己注意一点，保护好自己。孩子也告诉过我说，不想和他玩了。对方家里的爸爸情绪比较激动，他告诉我儿子：如果下次再欺负你，你就打回去。我当然觉得爸爸也是气话，但我一时也不知道该怎么办，周老师您有什么建议吗？

周老师的圈注

这是很好的问题，也是家长养育过程中常见的问题。

低龄阶段的孩子语言表达和行为管控以及认知分析能力都还比较欠缺，遇到这种令人头疼的冲突，其实正是一个培养和建立孩子的边界感、自我保护和掌控感的好机会。

首先，从孩子2岁开始，家长就可以在家通过游戏扮演的方式，从家长做起，演示给孩子看，让孩子了解自己的身体权，如果有让自己不适不舒服的接触，他可以拒绝，可以躲避，可以警示，可以正当防卫，也可以量力而行还击，还可以求助爸爸妈妈；同时尊重他人的身体权，如果随意打了别人他也很有可能会受到还击。

如果像嘟嘟一样已经被同学伤到了身体，时间允许的话，首先接纳一下孩子的情绪，"孩子不哭不闹，但没有表情"，孩子内心有被突然攻击的伤害，表现漠然是典型的创作后应激障碍的表现之一。此时需要抱着孩子说"突然被抓伤了，这么大的伤口，当时一定很痛吧，被吓到了吧"，如果孩子能哭一下很好，家长就抱着孩子让他哭一会儿，"喔，那是吓坏了"。孩子情绪稳定下来后，看看孩子的伤口，安慰他"已经做了处理，很快会好起来，慢慢就不痛了"。

接下来那个抓人的男孩回答"我是看到他在弄，我也想玩，就抓了他"之后，家长可以回应"你当时没有想到会挖这么深，会让嘟嘟这么痛，是不是啊"，孩子会说"是啊，我就是也想玩"。家长说："想玩是可以的，你可以向老师或嘟嘟申请，但伸手去抓同学，打别人的身体是不可以的。如果你的身体被同学这样抓伤，你会怎么样呢？"

最后嘟嘟带回家之后，先观察和安抚孩子，然后重复做2岁开始那个扮演游戏，建立孩子的身体权掌控感和边界感。

对话二：当弟弟在学校被欺负时

家中老二弟弟上学两个多月了，从一开始的满心欢喜到最近的闷闷不乐，我们一家人都看在了眼里。我和孩子爸爸都试图跟他沟通过，他都闪烁其词不肯说。

运动会那天放学回来，老大哥哥拉扯着弟弟到我面前红着眼圈对我说："妈妈，弟弟那个笨蛋在班里老被人欺负！他的一群同学还敢当着我的面一起按着他打，气死我了。"弟弟垂头丧气地站在一旁，样子很委屈。

我把他拉到怀里来问他："弟弟，你被打疼了吗？"

他点点头，随即又摇摇头。

"那告诉妈妈你们在做什么？哥哥说的是真的吗？"

"他们是我的朋友，我们在打着玩。"他的声音好小好小。

"哦！这个游戏的规则是四打一吗？每个人都会轮流被打吗？"

他沉默不出声了。

周老师的圈注

这位妈妈向我讲述了事件，带着问题来问我："周老师，我要怎么帮助刚上小学一年级的弟弟呢？他哥哥从小没有遇到过这样的问题。"我和妈妈交流之后，妈妈说："我大概明白了他遇到的问题。在这个阶段的孩子不太分得清什么是打着玩，什么是被欺负，所以明明感觉很委屈，却不知道该怎么表达自己的感受。"我说："对的，孩子需要了解自己以及周围发生了什么，他可以怎么做才可以重回掌控感，就不会那么无助了。"

这位妈妈回去之后使用了具体的方法，并记录了下来：

我把他带到桌子旁，拿出一张纸画了一个表格，表格栏里写着"好朋友""普通朋友""坏朋友"，并跟他解释，"好朋友"指的是从不打你，和你玩得来的人，"普通朋友"是有时候会互打互闹，但不常一起玩的人，"坏朋友"是指没有任何原因，就喜欢打你，或者合伙打你的人。他似乎对这个分类很感兴趣，我帮助他一个一个地把男孩子的名字分类填在了表里。

我仔细观察了他在这个过程中的思考和小表情。有些名字他非常确定，我也都记在了心里。"哇！弟弟，你有12个好朋友，真的很不错啊！那些'普通朋友'也许将来也能成为好朋友呢。"他眼睛亮亮地看着我。我继续说：

"那么我们是不是应该多和自己的好朋友在一起啊？如果有人来找你麻烦，你可是有朋友的人哦，就像哥哥一样有一群超级好的朋友，谁都不敢惹他们呢！"哥哥在一旁补充了："妈，在小学里要想不被人欺负，还必须学习好，我来负责搞他的学习！还有，我每天到他们班转一圈。让他们知道他是谁的弟弟！你放心，我不会欺负小不点。"好Man的哥哥啊！果真，从那天起，弟弟又开始渐渐阳光快乐起来。今天放学，弟弟说哥哥给他买了最喜欢的巧克力奇趣蛋，因为他数学半期考试考了满分。我看着哥哥，他笑眯眯地看着弟弟，我把两个孩子拥在怀里，心里暖暖的。

对话三：这不是发生在学校，是在家里的哥哥和弟弟之间的"战争"

下班刚进家门时，听到奶奶在批评哥哥，起因是他们在一起玩的时候，弟弟拿着一个纸箱子玩，不小心用纸箱子的角刮到哥哥的脸了，哥哥就给了弟弟一拳，打在弟弟的鼻子上，把弟弟的鼻子打流血了，奶奶花了很久才止住血。所以奶奶就狠狠地骂了哥哥，等我们回来收拾他。哥哥听到我回来了，就从房间里出来，离我远远的，眼里泪花打转，有点害怕地看着我，我先问了弟弟发生了什么事，然后带哥哥到我房间单独谈一谈。

我："你能告诉妈妈发生了什么事吗？"

哥哥："刚才弟弟用纸箱子的角刮到我的脸了，很尖的地方哦！"（是弟弟先刮到我的脸的，是他的错）

我："哦，来让妈妈看看有没有刮伤，嗯，还好，没有刮伤，然后呢？发生了什么事？"（明明就刮的很轻嘛，也没有受伤）

哥哥："我打了弟弟一拳，把他鼻子打流血了。"

我："当时你有什么感受？"

哥哥："妈妈，弟弟刮了我的脸，当时我很生气，有一个东西在我的身体里面，它一下就从下面窜到这里来了（他手从肚子的高度向上移动到脖子的位置），我实在忍不住，我就打了他。我不是故意的。"

我："是的，如果有人打到我的脸，就算不是故意的我也会很生气的，你当时的这种情绪是正常的，这种情绪就是愤怒，angry。每个人会都有这种情绪。它就像是你看的动画片里面的坏蛋阿罗油一样，会时不时地跑出来捣乱。因为愤怒，所以你打了弟弟。那你打了弟弟以后，看到弟弟流鼻血了有什么感受呢？"

哥哥："我觉得我不应该打他。"

我："你是不是感到很害怕，害怕把弟弟打伤了，万一需要去医院缝针怎么办？"

哥哥："对，我有点害怕。"

我："你现在觉得不应该打弟弟，这种情绪就叫内疚，我们有时候做了一些事情又后悔了，觉得不该做，就是内疚。"

哥哥："对，我打了弟弟，我很内疚。"

我："内疚的感觉不好受吧？"

哥哥："是。"

我："那下一次令你愤怒的事情出现以后，你要做几件事情：第一是检查自己有没有受伤，如果受伤了要马上找大人帮你处理。所以第一是保护自己。第二是告诉别人他做了什么事情让你生气了。第三是控制自己的愤怒情绪，把坏蛋阿罗油打跑。你可以先深呼吸三次，然后思考怎么解决这个问题，要不要打人或者告诉老师、家长。"

哥哥："妈妈，你用直尺打我手吧，我应该被打。"

我："但是妈妈不想打你，打了也不能改变弟弟流鼻血的事，弟弟也不会因为打了你而开心。如果我是他，我应该想要得到道歉。"

哥哥："嗯，那我给弟弟道歉，你和我一起吧。"

我："好的。"

然后我们一起去找弟弟，哥哥很认真地给弟弟道了歉，弟弟原谅了哥哥，哥哥把弟弟抱了起来，两个人高兴地笑了。

周老师的圈注

这份来自家长团体的作业发生在学习后的第四周，被同学们称为完美作业。妈妈当时是和爸爸一起来学习的，我问爸爸："你听到这些之后，内心有什么反应呢？"爸爸说："幸运，我很幸运孩子有这样的母亲。"然后妈妈当场就流眼泪了，用左手下意识地握住了旁边老公的右手，紧紧握在一起。

这个过程中，作为哥哥不仅出乎意料和预设之外地没有被打，还感受到了妈妈的理解宽容，并接受妈妈引导的信号"如果我是弟弟，我应该想要得到道歉吧"，哥哥就主动地去跟弟弟道歉了，而不是通常心不甘情不愿地被逼着"去，给弟弟道歉"。

当孩子有了自我掌控感后，他反而变得配合起来。

第三章

建立孩子的安全感

我是可以犯错的

别人是可以和我不一样的

我可以表达喜欢、接受，也可以表达拒绝

是对各种不确定都能接纳的安全感，而不是舒适感

这些年工作中，发现"安全感"是来访者用来自我分析提到最多的一个词语，很多心理问题最后大多会自我归结为安全感不够，担心自己的养育造成孩子安全感不够，很多即使社会功能良好（工作好、学习好、婚姻好）的人也会说自己安全感不够，我很少听到有人发自内心地自我评价"我是一个安全感十足的人"。

什么是安全感？安全感充足的表现是怎样的？

安全感书面的解释是：一种个人内在精神需求，是对可能出现的对身体或心理的危险或风险的预感，主要表现为确定感和可控感。它是人类在进化和生存发展中保存下来的一种非常宝贵的生存本能。

人人都有安全感的需要，如果幸运，我们会以适当的方式来获

得适当的安全感。随着儿童的身心发展，更高级别的安全感是对不确定事物和未来发展的耐受，而不是凡事都有可控感和确定感。

哪些行为表现可能是安全感缺乏？这可能和我们怎样的成长经历有关？在早期养育中获得安全感充足的婴儿长大后会有哪些表现？

在萨提亚的《萨提亚家庭治疗模式》中描述个体的心理活动主要要素之一：感知世界的方式中"对改变的态度"提到了两种模式的个体对安全感的体验。

对改变的态度

等级模式

1. 要获得安全感就需要维持当前的状态。
2. 人们认为改变是不正常和讨厌的，他们因此反对和排斥改变。
3. 熟悉的东西要比舒适的东西更具有价值，即便代价是痛苦的。
4. 人们只有对和错来评判改变。
5. 面对变化的未来时，人们会感到恐惧和焦虑。

成长模式

1. 安全感来自在变化和发展中所获得的信息。
2. 人们认为改变是持续、至关重要和不可避免的，他们因此欢迎和期待改变。
3. 人们将不舒服或是痛苦看作需要改变的信号。
4. 进入未知的领域对人们来说既是机遇也是挑战。
5. 人们为发现新的选择和资源而欢呼雀跃。
6. 遭遇变化的未来时，人们会体验到兴奋、联结和爱的感受。

戴维 J. 瓦林所著的《心理治疗中的依恋》一书里，描述了安全型依恋的儿童与不安全型的同龄人相比，在更高的程度上表现出自尊、情绪健康、自我复原力、正性情感、主动性、社交能力以及在游戏中有更集中的注意力。在学校里，那些具有安全依恋的儿童，常会得到教师温暖与其年龄相符合的对待。但是回避型的儿童（看上去经常是闷闷不乐，傲慢或者对抗的）却容易引发别人愤怒的控制性的反应，而矛盾性儿童（看上去经常既粘人又不成熟）容易被当作更小的孩子对待。矛盾性儿童经常是被欺负的孩子，回避型儿童容易欺负其他孩子，安全型儿童既不欺负别人也不容易被人欺负。

孩子的安全感用语言描述：我是可以犯错的，别人是可以和我不一样的，我可以表达喜欢、接受，也可以表达拒绝，我可以赢，也可以输，别人拥有了爱，并不代表我就会失去爱，我感到安全并不是因为未来可控，而是现在可控。

安全感缺失的孩子会表现出：玩游戏输不起，容易情绪化表达，没有自律性，学习动力不足，等等。

能够给予孩子足够安全感的家庭，孩子可能会有的表现：有规则意识，不怕输；能够表达自己的情绪，表达自己的观点，即便是错误的观点（当时自认是正确的）；有自律性；自己鼓励自己面对问题承担责任；想办法改善问题和改进自己；做错了可以宽慰自己（我可以做错事情，可以有负面情绪，可以和外界有不一样的声音，不会因为自己和别人特别不同就感到惶恐不安）；别人的称赞可以接受，别人的批评和建议也可以允许；不开心是暂时的，很快可以回到正常状态；对自己面对问题和解决问题的能力保持自信；面对不确定的人、事物以及未来有耐受力。

1. 当孩子玩游戏输不起，不遵守规则，怎么办？

2. 当孩子做错了，当他做了让你不满意的，你觉得他没有达到你认为的最低标准，当他没有按照约定来执行的时候，哪些情绪和问题是需要家长自己负责，而哪一些需要孩子来负责的？

3. 如何利用生活中的场景培养孩子的自律和意志力，而不是打击式激励和绑架式激励，破灭孩子自我成长的希望，觉察"你要变得更好"里隐含的"你还不够好"？

4. 孩子很想提高学习成绩，但就是学不进去、学得很毛躁怎么办？安全感是来自对过程的掌控和接受，而不是结果，因为结果很多时候是各种因素造成的。

5. 家里生老二，要不要问老大意见？

在安全感缺失的孩子里面，抑郁症是一个很典型的情绪行为障碍，抑郁症的内在自我评价常常是：我不会，我不行，我做不到。当面对失败、失望和挫败的时候，甚至已经获得了很多成功，依然会时时催眠自己"我做不好，我很糟糕"，难以复原到正性体验。在去理解和共情孩子的失落抑郁情绪的同时，需要帮助孩子进行心理建设："失败错误都是一定会出现的，我可以经过这一切，我可以做一些什么或者寻求帮助。"

心理建设像训练我们的腹肌一样，需要长期持续的训练，而不是一次就有效果。运气好的话，从小我们的养育者会给我们种下这些催眠，如果没有，就需要靠成人后的自己不断练习，而不是一直陷入内疚、自责和无望之中。

孩子错了的时候，父母就很容易情绪不稳定，也很难接纳孩子那些负面的情绪。但当我们在接纳后就需要完整坚定地向孩子传递：我们会输会失败，这在生活中一定会发生，但不意味着我们失去了安全感，不意味着我们可以停止探索和尝试，我们可以转弯、可以改方向、可以改方法、可以等待……

我发现：凡是能得到家长更多肯定、努力能被家长看见的孩子，更有信心和能量去让自己变得更好。有位想象力非常丰富的孩子形容："如果把自己比喻为一辆车，我们经常跑得胎没气了，不仅没打气，还要被扎胎，还要被人后面推着往前走。"有个孩子说面对现在的学习"拿不起，又放不下"。孩子的心理能量是有限的，如果拿去纠结了，能花在学习提升自己上的就变少了。当然，家长们眼里看见和担心的，和孩子们描述的很可能有时是两个不同版本的故事，不过，我相信，这些都是他们的真实感受。所以，我特别诚恳拜托各位爱孩子又希望孩子成长的家长们：给予孩子三个礼物：肯定、信任、支持。允许他们出现"反复"和"错误"。

第一节　当孩子玩游戏"输不起"，
　　　不遵守规则，怎么办？

从心理学的理论角度来说，游戏是促进孩子心理发展的最好活动形式。它具有社会性，是社会活动的一种初级模拟形式，但同时它又不完全等同于社会活动，不是简单的翻版。游戏可以帮助孩子们获得和表现其社交能力的机会，摆脱孩子以自我为中心的倾向，在游戏过程中，更好的理解和感受他人的情绪和想法，获得团队协作的能力，获得身心的满足。

我在观察一些孩子们的游戏情境时发现，有些孩子会在游戏中，感到"力不从心"，有种孤独感、自卑感以及被控制感。如果家长发现了，或者当孩子主动和家长说出这样的感受时，便是一个帮助孩子建立健全安全感的绝佳机会。可父母往往会说"妈妈/爸爸这会有事，你去玩嘛，有小朋友在，你都没办法玩吗？""你怎么那么不合群啊？""小朋友就应该和小朋友玩"，言下之意不要再来打扰我了。对于孩子特别是低龄孩子，家长特别愿意把孩子"推出去"，一个小区、一个院子里的，一个街道的，老爱聚集一起玩，他们说"孩子和孩子交流"，实际上大人就可以"一起聊天""终于有时间看看手机了"。

不排除基因的先天优势，有些孩子天生就特别擅长和别人打交道，他们善于组织游戏活动，善于当游戏中的"领导"（孩子王）；但我们不可忽略的是，还有一部分孩子，他们比较内向，不

太爱说话，当然多接触之后，也许会逐渐熟悉。但如果当你的孩子
向你表达出他不喜欢玩游戏，或者在游戏中，他常常是最不守规则
的那一个，你可以怎么和他"对话"？

对话一：妈妈嫌孩子胆子太小，着急上火，咋办？

行为：玩神秘箱游戏，船长将事先装了各种物品包括活的动物（龙虾）的盒
子拿出来，依次让家长孩子轮流取出指定物品，家长先取，期间有位阿姨被龙虾
夹了一下，吓得魂飞魄散，尖叫着跑开了。大人们摸完轮到孩子们，胆大的开始
尝试，小安一直躲着不敢下手，终于还是轮到小安时。

"不，我怕！我不敢！……"

"加油，你可以的！"

"不行，我怕！"

"妈妈知道你觉得很恐惧，怕龙虾夹到你的手！但是你看，前
面的妹妹都抓起来了！你要不要来尝试一下？"

"不行！我还是怕！里面有蛇！船长还说有活的！我不去！"

这时所有参加活动的孩子几乎全部按规则摸出了龙虾，船长开
始下最后通牒："现在一次都没摸过的同学站过来！"小安和另外
三个孩子站了过去！我们再次积极地做起小安的思想工作！

爷爷："看嘛，我这样抓几只在手上它都不会咬我！你怕
啥嘛！"

奶奶："你看嘛，前面的妹妹都不怕，她们也没被咬到！快点嘛，莫怕，一下子就摸出来了！"

我："我们每个人都有自己害怕的东西，你只要战胜了自己，你就可以下手了，加油！船长他们不会放危险的东西在里面的！你尝试一下！"

在我们的轮番轰炸下，小安怯生生地尝试着把手伸向神秘箱口，刚碰到个东西就尖叫着甩开，迅速把手拿出箱外……如此反复几次，时间已经浪费太多，船长最终放弃了让他们继续摸下去，把他们叫到面前，依次把箱子里的东西摸出来给他们看！

游戏结束，开始制作午餐，我真的像泄了气的皮球，很是失落！我对小安说："以后不能看奔跑吧兄弟了。"

"为什么？"

"他们在玩游戏的时候有没有轻易放弃？"

"没有。"

"那你今天是怎么回事呢？"

"我听船长说有蛇！还不止一只！被吓到了！"

"我们每个人都要学会判断，学会动脑筋思考，不要只听别人说什么就是什么，妈妈希望你能动动脑筋思考一下，做出你自己的判断！最终你看到了，箱子里面的蛇全是假的！"

"我一听到蛇就起鸡皮疙瘩！就不敢动了！"

家长事后自己进行了记录：

应对姿态：责备她，说她不够勇敢，胆子太小！

感受：觉得很失落，相信她可以完成，却偏偏完不成！

感受的感受：觉得自己很无力，不能帮助她克服恐惧，战胜自己的恐惧！

观点：小安平时很大胆，喜欢玩很多刺激的游戏，很多都是我不敢尝试的，所以一直以为她很胆大，今天的游戏，暴露了她胆怯的一面，想该怎么帮助她战胜恐惧，战胜自己！

期待：希望她勇敢尝试，战胜自己完成任务！

渴望：人生中会有很多诸如此类的困难问题，希望她通过这个游戏，试着解决问题，战胜自己的恐惧！

周老师的圈注

这位妈妈把这份作业带到家长成长团体中，扮演自己女儿时，体会了孩子极深的恐惧，以及妈妈的急迫地推动下的压力并不会帮助到孩子，会让孩子更紧张更害怕。妈妈之所以失落挫败，是因为自己当时没有很好地激发孩子，没能帮到孩子，不能接纳勇敢胆大的女儿还有胆怯的一面，还有害怕的时候。

当妈妈意识到这个点的时候，新的剧本就出来了。

终于还是轮到女儿时："不，我怕！我不敢！"

妈妈："加油，你可以的！"

女儿："不行，我怕！"

妈妈："妈妈知道你觉得很恐惧，怕龙虾夹到你的手！但是你看，前面的妹妹都抓起来了！你要不要来尝试一下？"

女儿："不行！我还是怕！里面有蛇！船长还说有活的！我不去！"

妈妈："怕蛇啊？要是真有蛇，还是活的，我也怕。"

女儿："是啊，太可怕了。我听船长说有蛇！还不止一只！被吓到了！"

妈妈："要是真的有蛇，妈妈都不会让你尝试了。那多危险，这么多孩子万一被蛇咬到，教练负得起这个责吗？箱子里面的蛇百分百全是假的，是玩具。"

女儿："我一听到蛇就起鸡皮疙瘩！就不敢动了！那他为什么告诉我们有蛇？"

妈妈："对啊，你说为什么啊？"

女儿："让我们学会思考和判断？锻炼我们的胆量？"

妈妈："我也觉得是。"

女儿："那么多同学都完成了，我想我也可以试试。"

妈妈："很棒，我们和爷爷奶奶在旁边支持你。看着你克服想象中的恐惧，你是安全的。"

第二节　当孩子做了让你不满意的事时，怎么办?

孩子们的眼中，从出生那一刻起，满眼都是父母，慢慢地会接触越来越多的其他人，比如老师，同学。常常会听到低龄孩子对外界的人说"我的妈妈说，我的爸爸说"。可越往后面走，我们会听到孩子们对爸爸妈妈说"我的好朋友说，我的同学们都是，我的想法是"。

在我的咨询或者团体课上，家长们会说："我的孩子想法千奇百怪，一会儿又是世界末日，一会儿又是死神附体，要么就是明明早上时间很紧张，他还各种挑刺，一会儿要求我要这样，一会儿要求我要那样，我的情绪怎么控制得住嘛，孩子大了，我有点应接不暇了。"

当孩子们的想法犹如浩瀚星空一样时，我们的家长可以抬头并带着欣赏的目光去接纳他们吗?

当孩子们的想法天马行空时，我们可以带着就像看他们第一次学走路那样的热情去拥抱他们吗?

当孩子们的想法犹如礁石滩上的乱石时，我们的家长可以掌心向上握住他们的手并成为他们最坚实的后盾吗?

有些事情不能因为你不能理解就觉得它是错的、多余的、不被允许的!

社会之所以进步，就是因为下一代人不听上一代人的话!

// 我可以有这样的想法 //

安全感足的孩子能够表达自己的情绪和观点，可以和外界有不一样的声音，不会因为自己和别人特别不同就感到惶恐不安。

对话一：青春期儿子有点"迷信"，妈妈怎么接话？

放学后对话。

儿子："妈妈，今天被车撞了，今天真倒霉。"

我："什么时候？在哪儿？被撞到哪儿了？"

儿子："早上上学的时候，走到一中门口。"

我："先撞到车，还是先撞到你？撞到没有？有没有不舒服？"

儿子："没事，把车撞了，我跟着车倒下去了，就这痛。"（衣服撩起我看，我用手压了一下没事，还好）

儿子："司机叔叔是个好人，把我扶起来，还问去不去医院，我才不去。"

我："你记住车牌了吗？"

儿子："不用，司机是好人，不像以前那个司机，撞人就跑。"（一年级从校车下来被电瓶车撞过……心痛死我了）

我："妈妈听你说被撞，好担心哦。"

儿子："没事……我最近不想骑自行车了。"

我（立刻说）："好。"

儿子："明天再说吧……妈妈，我是不是被谁写上死亡名单了……"

  我："怎么可能！是什么让你有这种想法呢？"

  儿子："最近好倒霉哦。"

  我："什么事让你觉得倒霉？我觉得你有点沮丧，今天周老师还表扬了你。"（学校做PPT，被老师表扬）

  儿子："上午还好，下午到奥数就惨了，考了81分。"

  我："哦。"

  儿子："本来该89分，不，是90分的，有道题……"

  我："嗯。"（以前会说"又是不仔细哇"，或者"你看没看是哪些地方错了？下次要吸取经验"）

周老师的圈注

  妈妈说自从学会以倾听式的交流方式回应，同时也可以真实表达自己的心情，不评价，而是给予孩子情绪的肯定，好奇孩子内心发生了什么，孩子就会获得安全感，在妈妈面前越说越多。

对话二：和高二的儿子聊文学和语文考试的区别

  儿子："妈，你看过莫言的小说吗？"

  我："很久以前看过一些，都忘得差不多了。"

  儿子："还记得哪些呢？"

我（迅速搜索记忆）："有一些关于饥饿主题的，比如《卖白菜》……"

儿子："写的啥呢？"

我："写他小时候……"（讲文章内容）

儿子："他要表达啥呢？"

我："对饥饿的记忆，以及做人要诚信……"

儿子："呵呵。"

我："其实阅读最重要的不是搞清作者要表达什么，而是通过阅读，我感受、思考、收获了什么……"

儿子："考试需要标准答案。"

我："阅读是个性化的，但考试有考试的客观规律，也受制于客观现实，是有矛盾，有不合理……"

儿子："……"

我："你看了莫言的小说？"

儿子："正在看《檀香刑》。"

我："我还没看过，怎么样嘛？"

儿子："有点重口味。"

我："有好重嘛？"

儿子："变态的刑罚……妈，你晓得哪些酷刑？"

我："炮烙，凌迟，五马分尸……"

（儿子开始颇有兴致地补充，然后讲《檀香刑》书中的刽子手如何行刑）

我（头皮发紧，强作淡定）："看到这些描述你是啥感受呢？"

儿子："还可以……（可能是觉得我不能承受这种重口味，或者是觉得我不能理解，儿子换了话题）其实这本小说最牛的是作者用了五个完全不同的角度来叙述同一件事，每种叙述都和那个人物特点极相衬……"

我："确实有点牛，这就是功力，他获诺奖也是实至名归吧……"

家长说，自从刻意地使用了"高质量的倾听"：少评价、少讲道理、保持好奇，孩子愿意讲的话也越来越多了。家长这个时候也有更多机会表达自己的想法和观点，孩子容易听，至少会去思考。

对话三：狼来了，到底跑不跑？

中午吃饭。

儿子："妈妈，我不想吃了。"（吃了2个饺子）

我："你说要吃10个。"

儿子："我以为是红萝卜的，这个冬瓜不好吃。"

我（有点冒火，一下老习惯就来了）："那不吃算了，等下没牛奶，等到晚上吃饭。"

儿子："凭啥呢！"

我（平和一下）："红萝卜之前就吃完了，冬瓜虽然你不是很喜欢，也坚持吃一下，毕竟是婆婆的心意。"

儿子："那我等下吃。"

我（忍住要求马上吃）："好，反正冷了不太好吃。"

儿子边看书（搞笑漫画）边吃东西，我忍住没说吃饭不准看书，心想，我不打扰他，他以后会看自己感兴趣的书。他边看边吃完一盘水果，然后又吃饺子。

中途，他分享书上一段话给我看：狼就算是面对失败也绝不逃跑！说之前跟我们讲的狼的故事，就是这上面的。（看来漫画也不是无用）

我看了实在忍不住说："儿子，狼的精神值得我们学习，但是我觉得我们人还是和狼不一样，如果面临生命危险的时候，该逃跑还是要逃跑，才有机会重来。"

他没理我。

周老师的圈注

这一段真实的日常对话，含有大人忍不住的强制要求，并不恒定的规则（比如可不可以边吃边看），被忍不住的说教所挡回去的聊天兴致。

这在亲子之间几乎是常有发生。有家长问："周老师，你和你的孩子之前没有这些错误操作和令人尴尬的场景吧？"

我说："哈哈哈，我也希望没有。不过，真实的情况是，就算是我有学习很多，依然会出现这样的时候。但学习让我学会了更多的事后觉察和改变。"

尝试复盘一些话语：

儿子："我以为是红萝卜的，这个冬瓜不好吃。"

我："看来冬瓜不合你口味。"

儿子："对。我只喜欢吃红萝卜。"

我："红萝卜之前就吃完了，如果冬瓜能变成红萝卜就好了。"

儿子："那我等下再吃。"

我："好。婆婆看见她包的冬瓜你也在吃，肯定也高兴。"

......

他分享书上一段话给我看：狼就算是面对失败也绝不逃跑！说之前跟我们讲的狼的故事，就是这上面的。

我："看来漫画书也是有用的，能鼓舞我们呢。"

儿子："那当然。"

我："想起一个问题，假设我们面对有生命危险的时候，我们跑不跑？是绝不逃脱，还是什么情况下要跑？"

// 自己的枕头自己抱 //

当孩子做错了或者当他做了让你不满意的事，你觉得他没有达到你认为的最低标准；当他没有按照约定来执行的时候，哪些情绪和问题是需要家长自己负责，而哪些需要孩子来负责的呢？

对话一：忍不住吼孩子后道歉，如何缓解尴尬？

早上为了让儿子多睡一会决定自己早起一小时做完其他事，赶在七点二十分出门送孩子。七点十分冲到厨房站着吃两口饭准备出发。

儿子："快点，妈妈。"（有点担心）

我："好的，来得及，我看着时间的。"

一两分钟后。

儿子："哎呀，肯定要迟到了。"（不耐烦）

我沉默。

儿子接着开始在门口："来不及了，肯定要迟到。"（有点生气，很着急）

（我继续站那喝稀饭忍住没吭声）

儿子带着哭腔："今天肯定迟到了，你快点嘛。"（不耐烦）

我回了一句："给你说了来得及，我看着时间的，自己开车很快。"（语气也不好）

儿子焦急："肯定迟到了。"（快哭了，不耐烦）

我火气上来大声说："给你说了来得及！你催啥，没看见我站着吃早餐想快点吗！我都体谅你多睡20分钟，我六点就起来做事，要不然我就等你走了再慢慢做！你也要体谅我，一直催，催啥啊！！"（冒火了，也委屈，冬天早起一个小时可是很难的）

儿子愣住了。（站那，紧张，吓住了）

我意识到自己吼了他，也沉默，加紧吃饭两三分钟后，我说"走，上车。"

上车后。

我说："不好意思，刚才我吼你了。那个时候我心里也很委屈，觉得我为了你多睡20分钟，自己早起60分钟也愿意，而我花几分钟吃饭你就催我，心里就很冒火。没处理好我自己的情绪，反而发在你的身上了。让你觉得突然有点受惊吓，为此，妈妈觉得很抱歉。其实妈妈也知道你是不想上学迟到，这一点是好的，你对自己的事情上心负责任。"

儿子不吭声，感觉得到他依然委屈，生气。

我："我可以省事让婆婆喊车送你，妈妈在家磨蹭到十点去公司都可以。但我是想把你照顾得好点，我才六点就起来啊！你别生气了啊！你知道妈妈很爱你，就是脾气急，过了就没事了。我以后送你都保证会七点二十分出门。我们继续听故事，昨天听到哪里了。"

儿子继续不吭声。

我自己接着放起了那个故事，中途我们还讨论了故事情节。

到学校下车前，我邀请他和我拥抱了一个后下车，大喊拜拜。

周老师的圈注

很多家长问："是不是我们每时每刻都要理解和接纳孩子的情绪？现实中做不到啊，有些时候是时间来不及，根本没有那么多的时间来慢慢和孩子共情，自己也有毛躁的时候，怎样做？"

这一篇对话记录分为两个部分。

前半部分的家长看上去是不是很熟悉？

后半部分上车后的那一段，是家长通过尝试使用一致性表达，向孩子如实一致地表达自己当下的所感所想，尽量不带有对孩子的评价指责，不把情绪归因到孩子身上，而是向孩子展示自我负责当下的情绪，将行为和情绪分开。孩子在这个不长的互动过程中，可以感受到什么，学到什么呢？

人人都有可能做错事情，包括家长；做错事情后可以真诚道歉和表达，包括表达自己情绪背后的意图和期望；每个人都可以对自己的情绪负责；情绪表达了，互相理解了，和他人合作就又会开始了。

可以表达情绪（生气、委屈、伤心、寒心、挫败等），而不是情绪化表达（摔门，砸东西，冷战，拖延等）。

对话二：感觉被孩子骗了，要不要说？说到什么程度？

回到家。

我："我怎么感觉被欺骗了。"

儿子："咋了？"

我："你说作业多，急着回家，可回来就坐着玩游戏，之后就进去了一小会，又出来坐着了。"

儿子："我做了啊。"

我："进去的那一会儿做的？做了啥？"

儿子："英语。"

我："都做完了？"

儿子："数学还没有做。"

我："哎，早知道就不急着回来了，我还想带你去商场看你那双鞋子的，免得我自己去买回来，万一不合适还要拿去换。"

儿子讨好笑笑："好了，我知道了。"过了一会儿，关上电脑回房间了。

周老师的圈注

　　整个过程中妈妈说她保持了平和的情绪，因为在她心里已经越来越能接受："学习是孩子自己的事情，让他自己操心。忍不住的一点关心的问询可以有，但心底不要给孩子设计标准答案。虽然孩子有些小心眼，关于学习他回答什么都还是要相信他。我负责我自己要做的事情。"

对话三：克制住自己的好奇，
在日常对话里怎样尊重孩子的话语权？

上高中的儿子从他的心理咨询师那里出来，我接上他。

我："我看你脸上一直挂着笑，心情好很多了吧。"

儿子："嗯。"

我："今晚感觉怎样？"

儿子："不错。"

我："愿意和我分享一下吗？"

儿子："不想。"

我："好吧，看你这样我已经感到很欣慰了。"

儿子："嗯。"

我："想去吃点东西吗？"

儿子："好嘛。"

周老师的圈注

这份作业对话很少，不过很多家长认为，在日常生活中要能忍住想要了解青春期娃内心的好奇心，很不容易。作业里的妈妈能忍住（妈妈需要负责自己的情绪），大家还是觉得很棒。而且站在孩子的角度，感受很好，得到了尊重和想说或者不说的自由（孩子负责他的情绪和责任范围）。

对话四：孩子掉了100块钱，怎么教育？

儿子中午放学回家，一进门就很着急地到处找。

我："找啥呢？"

儿子："我掉了100块钱，你有看到吗？"

我："没，啥时候发现掉的？"

儿子："第四节课后，我拿出钱，发现100元没了。"

我："其他地方找过了吗？"

儿子："都找过了，没有。"

我："中间你有拿出来过吗？"

儿子："没有，包包也有拉链，不可能掉出来。"

我："我看你今早出门前拿出来了一下，叠得整整齐齐的，比以前抓出来一大把好多了，不过我好像看到最外面是张20的。你确定带出去了吗？"

儿子："带了，早晨本来想交给你，让你转到我卡上的，结果没有给，要是给你就好了。"

我："好可惜啊，节约的生活费吧。"

儿子："是啊，你补给我吧。"

我："哦？为什么？"

儿子："你看嘛，我一周200元生活费，这下一半没了，你不能让你儿子饿着吧。"

我："下午你也可以回家吃饭啊。"

儿子："时间那么短，怎么可能。"

我："我认为，由于个人保管不善造成的损失应该由自己负责。不过我可以先借给你，从以后的生活费中慢慢扣出来。"

儿子："就补最后一次嘛，我保证，以后会好好保管的。"

我："这样的话，就是我为了你的损失买单了，我觉得，这个该由你自己来承担。"

儿子："好嘛。"

转身进了房间捧出一堆零钱："妈妈我这里有33的纸币，和8.5元的硬币，帮我换张50的。"

周老师的圈注

这份作业记录里，妈妈做了很好的示范：孩子在使用财物过程中，难免会出现丢失损坏的情况。家长要能共情理解孩子沮丧的心情，不是说教，而是帮助解决问题，并且让他体会责任。

对话五：当孩子有情绪的时候，
是不是需要第一时间去解决？

我："儿子，我以为你去找爸爸，我正准备给爸爸打电话。"

儿子（生气）："不要给我爸打电话。"

我："他惹你生气啦？"

儿子："不要提他了。"

儿子被桌上蛋糕吸引了。

过了十分钟。

我（不死心）："我刚才感觉爸爸让你很生气。"

儿子："哎呀，一家人，不说了，我已经不气了。"

周老师的圈注

　　家长说这份作业发生和写的时候，都觉得自己很窝火，很无奈。问其原因，家长说，因为没有帮助到孩子，好像自己还没有使上劲儿，没有踩到孩子的点上。当在课堂里自己扮演了孩子之后，觉得孩子挺好的，自己能独立处理自己的情绪，也没有想要妈妈帮忙的需求。妈妈体会到这一点，也就放下了自己心中的懊恼和焦虑。

对话六：陪考的家长，比孩子还紧张，家长可以怎样做？

考试前一晚的酒店里。每次大考孩子都比较紧张，妈妈的情绪也跟着有些紧张，但还得悄悄隐藏起来，翻身都轻轻地，以免影响到他。

儿子："我有点紧张，睡不着。"

妈妈："考试有些紧张很正常，要知道上万名考生也都一样哦。"

儿子："我肯定考不好了。这次只能是当作是熟悉流程了。"

妈妈："只要是你自己考出来的成绩，考多考少都没关系。"

（听着放松的音乐，孩子晚上11:00左右睡着了。当晚睡着的时间大概5个多小时，早上早早醒来就睡不着了，辗转反侧好一阵，终于说话了）

儿子："我醒了，睡不着了。"

妈妈（假装醒来）："嗯，醒了哇？不用强迫自己睡着。闭着眼睛，养养神。"

妈妈（继续）："还好我们离考场近，可以多睡会儿再起来。住市区的考生6点就要起床，往考场赶。甚至听说还有住在深圳，早上5点过起床的。"

儿子："好，你不用说了。"

去考场的路上。

妈妈："考试的时候就全力以赴，不要去想已经过去的考试的事情。"

儿子："这个我知道。"

妈妈："嗯。"

（拍拍儿子的肩膀，送儿子进考场）

周老师的圈注

我问妈妈是怎么做到整个过程中的情绪表现平稳的？

妈妈说："以前很难做到，总是想要去劝他、鼓励他，这几周参加团体训练，对我最大的帮助是，在内心里越来越认识到，学习的事情真的要交给孩子自己，我能做的很有限。我把自己能做的做到，不要啰唆，以免孩子更心烦。"在团体课里，扮演孩子的妈妈也一次次体会到，在自己紧张焦躁的时候，妈妈稳定的情绪和简单有用的回应是最合适的。

对话七：责怪孩子容易，接纳孩子的情绪需要刻意练习

周六带女儿去接种疫苗，出门时女儿不穿外套、只穿件羽绒背心，要她多穿也不同意，结果在医院测量体温时说女儿发烧了不能接种。回家体温一路飙升39度多，不得不去医院。

我有些埋怨："平时要你多穿衣服不听，这下好了，这个月第三次感冒。"

女儿很不高兴地说："你不要说了嘛，我现在很难受。"

我立刻意识到要体会她的感受，发烧脸都烧红了，鼻子堵，呼吸不畅，真的很难受。

女儿看了我一眼没说话。

我："以后记得穿外套也许就不会这么难过了。"

女儿继续沉默，她可能真的难受不想说话。

在等待就诊时女儿靠着我说："妈妈，我还有很多作业没有做，我一看见作业就头晕，做不下去。怎么办呢？"（她很担心）

我："发烧成这样还写什么作业呀，回家吃完药就去睡觉，我会给老师发信息说清楚。你不用担心。"（第一次这么爽快地不让她做作业）

女儿没有说话望着我笑，看得出来很感激。

周老师的圈注

　　妈妈在扮演了女儿之后说，作为妈妈当时看见孩子生病想起是她不听话造成的，就特别容易说她。但作为女儿，当妈妈这样做的时候，是起不到让自己警醒、接受教训的作用的，反而会更反感。当听到妈妈开始肯定自己的难受时，心里就安静下来，想自己的事情了。听到妈妈的宽容和关心，心情就变得好起来。

对话八：妈妈说的"冷"和孩子感受到的"冷"

晚上我先洗漱好到床上等女儿（约定好周末陪她睡），

冰冷的脚伸过来。

我："啊！冬天我不喜欢冰冷的脚挨到我！"

（她继续伸另一只脚）

我："我生气了哈，把脚拿开！"（心想：喊你用热水多泡下，你不听）

女儿："哼！"（背转向一边）

（反思：她没说对话，带有情绪，过了一会儿，我调整了情绪，想到一致性表达）

我："妈妈其实是担心你，这么冷的天，怕你的脚长冻疮，长了冻疮可难受了，暖和的时候又痛又痒，妈妈以前就要长。"

（女儿转过身来）

女儿："妈妈，你摸嘛，脚一会儿就暖和了。"

我："真的是哈，暖和得很快嘛！"

女儿："我说我没多冷嘛。"

我："看来是我多虑了。来，妈妈抱抱！"（直往我怀里钻）

（后来我在想，小朋友虽然摸起来手脚冰凉，或许她就是不冷，真的只是妈妈觉得她冷）

周老师的圈注

这份作业里妈妈最可爱的地方，是及时的觉察和及时的改变。当妈妈自己扮演女儿的时候，明显在一开始感受到了被妈妈莫名的冷落是很伤心的。让孩子这里有一种很不好的"被抛弃感"。看上去只是一个很小的互动感受，很有可能会影响到孩子长大后与她的亲密关系的互动，以及依恋模式。

后来妈妈及时发现，通过一致性地表达，让孩子理解了妈妈这个"冷落"她的行为不是要抛弃她，感受到了妈妈的关心，这对孩子的安全感建设很重要。

对话九：女儿吐槽班上男生看了她的日记，妈妈机智回应

周一接女儿放学回家路上。

女儿："妈妈，我现在觉得我班的男生好讨厌呀！"

我："你经常说你班男生多好的呀。"

女儿："我现在觉得他们讨厌，今天就讨厌。"

我："他们惹你生气了？"

女儿："今天上完体育课回教室看到好几个男生围着桌子看我的日记，而且还在那大声笑。"

我："的确生气，秘密被别人偷看了的确生气。"（共情）

女儿："我没秘密。"（一再强调）

我："好奇心每个人都有，男生认为你的日记有秘密，所以他们想看。"（其实我也偷偷看了，只是女儿不知道，她的日记当然有秘密，我不能说）

我："你对他们发脾气？"（我很了解女儿的）

女儿："我大声说不准看，他们吓了一跳，把笔记本吓得掉地上了，然后他们赶紧捡起来给我放桌子上了。还给我道歉。我不理他们。"

我："你换个新的本子记日记，以免男生好奇你的秘密。"

女儿："我没秘密。"（又强调）

我："我知道，换个新本子没有内容可看，我只是提个建议。"

女儿："嗯。"

我："你没发脾气，你的情绪控制得很好，很理智。"

女儿："不想跟他们计较，他们有时还是很好的。只是这件事现在还生气。"

我："生气只气一下下，要不把自己气坏了可不划算。"

女儿："肯定啊。"

周老师的圈注

女儿能感受到妈妈对自己讲的事情感兴趣，并在认真听，所以很愿意讲。当妈妈讲的不合孩子心意的内容时，孩子可以反驳，妈妈可以提建议。这是良好亲子关系的特征之一。妈妈及时在"辣子"里发现了"鸡丁"（值得肯定、希望孩子拥有的行为和表现），给予了孩子肯定。

对话十：什么时候我可以好好和孩子说话？
是什么让我无法淡定？

妈妈："老爸说今晚不回家吃饭，那我们早点吃吧！"

女儿："好的，我和你一起做吧，我来洗菜。"（看来婆婆走了，知道要为妈妈分担家务了）

饭后，女儿马上穿着围裙洗碗（坚持几周了，真是不容易，并且还感冒着的），收楼上的衣服并整理好。

妈妈："今天帮妈妈做了这么多事，累不累呀？"

女儿："不累呀！帮你多做点儿事才不无聊。"（平时做一件事都说累）

妈妈："要不这会把你和妹妹的鞋子拿去洗一下，今天空气也还不错出去运动运动，顺便买点儿吃的吧！"

女儿："好呀！可是，我感冒了，好多东西也不能吃呀，要不我到王府井三楼买杯玉米汁吧！"

妈妈："好的，玉米现在不是当季的，也不知道里面加了些什么东西，要不你买一杯少喝点儿尝尝？"

女儿："哎呀！算了吧，那样太浪费了，我不带钱出去了。"（怕管不住自己嘴巴）

妈妈："好的，路上注意安全哟！"

家长总结：其实自己很多时候还是可以共情的，就是平时性子急，没有耐心，语言方式有问题，总是觉得孩子已经长大了，要对她要求更加严厉了。

周老师的圈注

我问："如果她做的达不到你的要求呢？"

家长："那我就容易毛，然后她的脾气一上来，我也不晓得咋弄了？很多时候两败俱伤，还没弄成事情。"

我问："这一次对话，你是怎么做到的呢？"

家长："当我总觉得她做的事情不容易，看到她都做了什么，而不是什么没做、什么做不好的时候，我的心情和语言就改变了。神奇的是，孩子也改变了。"

站在孩子的内心感受上，家长越是肯定宽容，孩子自己解决问题的能力越容易被激发。

对话十一：青春期的孩子需要各种情绪体验，家长准备好了吗？

女儿："终于考完了！"

妈："什么感觉？"

女儿："生完孩子的感觉！"（这是什么意思？用尽全力？）

妈："考试答案漏出来，是真的？"

女儿："嗯。有两个班，一半以上的人都提前知道了答案。所以这次考试成绩究竟是否计入分班考试，还不晓得。"

妈："喔。你觉得考得难不难？"（忍不住问了）

女儿："三门简单，三门中等，三门很难。理化很难，尤其是化学，简直不在考点上。都是让你自己推导化学方程式。"

妈："喔，高中的学习与初中的不同之处，就是不考直接结果，考思维过程……"

女儿："不要说了，不要提考试了，不想听了！（估计没考好心情不佳）。我担心真的要掉到平行班了，据说理科班才2个！（现在是4个，能感觉孩子真的有点担心了）算了，平行班也不怕，我去当学霸。"

（戴上耳机听音乐，不再提考试的事情，问了点其他事情，比如明后天安排怎么玩、给她赞助点活动经费、到唐阿姨家里学做点心之类的。一路上情绪还是比较平和，但是感觉没有放假的开心和兴奋）

女儿："今天别让我收拾行李，我要放纵一晚上，要点外卖，看电视，吃零食。"

妈："随便你吧，明天记得收拾好。"

（边吃饭边看电视，不再说话）

女儿："如果我考差了，你真的不会介意吗？"

妈："我肯定会遗憾，但是我应该可以接受。"

女儿："喔。"

妈："考得很差吗？你很担心吗？"

女儿："也不是，我就是问问。我自己觉得不好不坏，正常吧。"

家长总结：能感觉孩子多少还是有点担心，我觉得这样的忐忑是她应该要去经历的，也应该可以承受，所以我决定不再说什么，等她自己去应对自己的情绪。

周老师的圈注

看见这位妈妈在对话中有忍不住的提问，同时也有自我觉察和暂停，尽可能真实而稳定地面对自己内心的感受和想法。不会被青春期孩子的各种反抗弄得自己失控。这是已经刻意练习的结果。

对话十二：与念高中的儿子怎么交流才能变得通畅起来？

周五放学回家。

我："周六中午我们到舅舅家团年，你自己把时间安排好。"

儿子："我还要做作业，不想去。作业也多，再说我还想周末去看移动迷宫。"

我："知道你早就想看这部电影，不过团年一年就一次，而且你好久都没见到外公了，上次你没去，外公、舅舅、舅妈都说好久没看到你了。"

儿子："好嘛！好嘛！"

周六中午吃完饭急切要回家，回家路上。

儿子："妈妈，我还是想看电影，但作业还很多。"

我："都期末考试完、要正式放假了，周末还这么多作业，真是辛苦！"

儿子："就是嘛。"

我："要不下周你正式放假的第一天我们就去看电影，行不行嘛。"

儿子："只有这样了。"

我："儿子，我觉得你越来越懂事了，懂得体谅妈妈，尽管不愿意来，还是来团年了。尽管很想看电影，还是克制好自己，并能安排好适当的时间。"

儿子："嗯嗯。"

虽然没说什么，儿子还是很高兴的样子。

家长反思：这周和儿子交流话虽还是不多，但明显比以前要顺畅。时刻提醒自己"辣子"里找"鸡丁"！需要加强：多多注意他的情绪、体验他的感受！

周老师的圈注

妈妈说，要是之前，没有来过家长团体学习，是不会这样和儿子对话的。原因是那会儿总是想要说服和教育孩子，根本想不到还可以去肯定孩子"不想去的理由"。但当自己扮演儿子念这段对话的时候，得到父母肯定和理解之后就没那么想反抗了，反而愿意理解父母，进行妥协。

儿："妈妈，我还是想看电影，但作业还有很多。"

我："都期末考试完了、要正式放假了，周末还这么多作业，真是辛苦！"

第三节　如何培养孩子的自律和意志力？

我问："试想如果一个学生拥有'自律性'，他的学习生活状态会是怎样的？"

家长说："东西不会乱丢，收拾得很整齐；对学习的大中小以及远近目标有很强的规划性；可以很好地安排自己的时间……"还有家长说："如果我的孩子有自律性，我就不用坐在这里了。"

我又问："既然好处这么多，你们有没有尝试培养孩子的自律性呢？是怎么培养的呢？"

家长说："我是一个自律性很强的妈妈，通过我的'以身作则'让孩子看到、学到"，"我有时候实在是忍不住，刚迈进孩子的房间，那个乱的呀，我忍不住帮他收了，从小就苦口婆心地跟他说：妈妈这是最后一次帮你收拾，你就照着这个水平，下次自己收"，"我经常跟他沟通，跟他讲那些名人名事，还会介绍一些视频或者电影给他看，让他自己明白自律以及拥有坚强的意志力是多么的重要"，"周老师，我其实知道该怎么说话，但我看到孩子那个样子，我就忍不住要说他：你什么都坚持不下来，都是半途而废。我该怎么办嘛？"

我回想自己的童年，不仅父母会对我"催眠"，我也会常常进行"自我催眠"，把名言警句写在书桌台的正面以此激励自己，坚持不住了，就想想奥运冠军多么辛苦啊，如果没有坚强的意志力怎么可能轻松拿到金牌？

当我学了心理学后，我才明白，自我内在真正被激发出来的那部分"催眠"是可以帮助自己砥砺前行以外，很多时候，来自外部的"他律""他励"，即便有作用，"药效"也不会持久。

如何将他律变成自律，把他励变成自励，是我们接下来这一节需要思考的问题。

利用生活中的场景培养孩子的自律和意志力，而不是打击式激励和绑架式激励，破灭孩子自我成长的希望，觉察"你要变得更好"里隐含的"你还不够好"。

对话一：孩子生病不肯吃药，咋劝？

"这两天小朋友发烧怎么劝都不肯吃药，昨天我又差点发火了，结果爸爸上去讲道理她也认错了，药也喝了，可爸爸刚走，她立刻发呕，把喝进去的全吐了。结果，爸爸也火了！就硬灌，孩子又哭又闹，我又看不下去，赶紧制止了，其实是草药，不怎么苦，因为她不喝药我也没有原谅她，让她站在原地把药碗端着自己喝，告诉她生病了一定要吃药，不然病不好，就会一直不舒服。她还是不喝，爸爸就给她关洗手间了，大约十分钟她认错、答应喝药才放出来。心疼，又不能妥协，我还把我的药也倒出来，跟她比着喝，她也不接招。昨天也答应她可以吃饼干和巧克力，可能她生病，对这些也没兴趣，就吃了一口巧克力，结果也没喝药。"听着妈妈用尽心思，一小碗药，孩子半天喝不进去，担心生着病的娃娃难受痛苦。家长已经软硬兼施了，孩子就是不喝，怎么办呢？

周老师的圈注

有条件引诱对小孩有时是有用的。长远来看，做了就有奖励，这种连接建立，对孩子自律和自己鼓励自己没有帮助，甚至会起到反作用。

修改剧本：

妈妈："女儿，现在是喝中药时间。"

女儿："好苦，不喝。"

妈妈："中药是挺不好喝的，苦丝丝的。不像糖浆什么的，喝起来有点甜。"

女儿："反正我不喝。"

妈妈："看着你喝药这么难受，妈妈也不想让你喝。可看着你病得难过，希望你好起来，又不得不让你喝啊。如果不喝药，身体更难过，怎么办嘛？"

女儿不说话。

妈妈接着："女儿你肯定也希望早点好了，可以吃东西好香，可以到处玩，对吧？"

女儿："就是不想喝。"

妈妈："一定是不想喝的，连妈妈也不想喝中药，每次都要忍着，然后从1数到10，快速喝完。心里想着喝了身体会好。"

妈妈继续说："女儿，你看你是选继续病着，不能吃好吃的，不能玩，还是忍10下，快速喝掉，然后去挑个什么甜的东西，放嘴里，没那么难受？"

女儿："那好吧。你要帮我数着，数快一点。"

对话二：做作业磨蹭怎么肯定？

儿子做作业，刚开始各种磨蹭，

说作业太多了，做不完。终于开始做了。

儿子："妈妈，你看我做到这儿了。"（内心：求妈妈赞）

妈妈："嗯，不错嘛，你比以前做得快哦。"（用小组中学到的正面肯定）

儿子："你看我这个后鼻音的'g'还没有写出格。"

妈妈："嗯，你不但比以前写得快，还要写得好些了。"

儿子："我想我今天做得完哦，我看那个《挑战不可能》，就要变成可能。"

妈妈："你就是在把不可能变成可能，只要我们认真做了就有可能哦。"

过了一会儿。

儿子："妈妈，你看，我快写完了。"他看了下我手机，还不到九点。

妈妈："我看下呢，不错不错。"

儿子："妈妈，我晓得我以前总是写一会儿又耍一会儿，就写不完。"

妈妈："嗯，妈妈今天必须要表扬你，你认真的时候很可爱。"

儿子："啥可爱哦，我又不是小朋友，我写完想再耍一会儿。"

妈妈："好嘛，今天可以耍一会儿。"

周老师的圈注

妈妈可以这样回应："哈哈，对的对的，你已经不是小朋友了，劳逸结合，可以自己计划、自己负责、自己执行好自己的事情了。这就是自律。你长大了，妈妈也要少唠叨了。"

对话三：又想当女儿闺蜜，
又要传达老母亲的啰唆叮咛，可以吗？

女儿回原来的学校观看圣诞表演。晚六点，我把她送到学校门口，然后就离开了。她告诉我晚九点过表演结束自己喊滴滴回家。到了八点四十，我给她打电话："准备啥时候回来呢？我过来接你。"

女儿："我看了一会儿节目觉得太吵了，我就出来在校园里散步了。我等会儿再进去看完最后一个节目再回来嘛，大概九点过十几分的样子。"

我有几分不悦："不看了就早点回来嘛，那么晚了就应该回家了。妈妈明天还要早起上班。"

女儿赶紧说："好吧，你这会儿过来接我嘛。"

我一边开车一边又给她打电话（总怀疑她不是一个人在校园里散步，但又不敢直接问）："你这么一个'天真可爱'的小美女怎么会一个人散步啊？你不怕吗？"

她道："呜呜呜，像我这种孤寡老女人就没人陪我，他们都在看表演，我就想一个人走一会儿。"

我还是想解开这个谜，看她到底是不是一个人："怎么XXX（一个和她关系比较好的男生，不是她男朋友）就不陪你呢？你一个人在漆黑的夜里走路你就不孤单吗？"

女儿（心情很好的样子）："我这是在学校里哦，我就喜欢一个人感受下我曾经的校园。"

我："好吧，在外面可就千万不要一个人在夜里散步了哈，一个女生单独出去太危险了。"

女儿："我知道，妈妈。"

其实到最后，我都没猜出她旁边有没有男生陪她散步。

周老师的圈注

可以看得出来青春期的女儿和妈妈的关系还是很融洽的。家长既希望孩子把妈妈当"自己人"，套一些情报，又担心安全，想要叮嘱孩子。真是很不容易。

这段对话中妈妈用的一些轻松幽默的问句，是很值得借鉴的。这样的语句不容易引起青春期孩子的反感，比直接提出要求要好，更能培养孩子的自主性。

对话四：强忍但终究没忍住的妈妈向初一孩子爆发了，怎么平息风波？

本周总的来说和女儿相处还是挺不错的。也许现在我没有把焦点过多地放在她身上，也许是尽量控制自己的情绪，没有爆发出来而已，可天天面对女儿长达数小时的看电视，天天睡懒觉，心里憋着一肚子火。

周五早上终于爆发了，本来约好的每天七点半起床，第一天闹铃没起作用，我以为是闹铃出问题了，于是第二天我亲自试了没问题，算了吧！这天还是平稳度过，一直控制着不要发火，

可是第三天，我敲了门，也推了她一下（自己说的，叫不动就推），反复几次，一个多小时，还是没起来，且是醒了的，还在床上唱歌。这时，我一股火上来没憋住，对她大吼："还不起来，都这么晚了，还在床上唱什么唱？"于是女儿也爆发了，又踢床，又摔东西，又大哭了起来，开始没理她，过了几分钟，想到自己没管好自己的情绪，这样下去更糟糕，准备跟女儿和好。到了女儿房

间，看到她很伤心，我抱着她说："对不起，妈妈又没控制住发脾气了，还打击到你了，我知道你踢床，摔东西都是为了引起妈妈注意。"女儿说："是的呀！就是为了引起你注意，我也知道错了，又没能准时起床。"说完一会就起床了，风波终于在爸爸不在家的时候平息下来了！

周老师的圈注

可以看出来妈妈在整个过程中很不容易。忍，爆发后尽快收拾自己的情绪，去共情孩子。也明显看到女儿的规则感不强，妈妈因为没有管理、帮助孩子自己建立自己的管理自律而感到乏力和无力。妈妈也坦言女儿的心智低于实际年龄，可能和孩子小时候身体不太好，妈妈全职呵护关照、过于保护有关。

对话五：和青春期的女儿聊天不急不躁，
能承受会提问是诀窍

女儿："我们语文李老师说，我们是实验班，只需要背三段。还说'30班我都是要求他们全部背完'。"（感觉女儿说这话的时候有点酸溜溜的）

妈妈："以前你在30班，李老师怎么说？"

女儿（模仿老师的语气）："30班的同学就是要这么要求的。"

妈妈（笑）："我记得你当时也很不满意。那你觉得老师该对你们要求严一点，还是宽松一点呢？"（其实这是个两难的问题，我猜我说的任何一个答案，都会引发她的对立）

女儿："哎！算了，还是看自己对自己的要求标准吧。"

妈妈："那你是准备背多少呢？"

女儿（翻了个白眼）："当然是全部都要背啊！"

家长总结：本周回来，很注意观察女儿的情绪，关心她对新班级的感受。能感受到，孩子有失落、有矛盾、有轻松、有动力，五味杂陈的。这是她应该去经历的，也在她的承受范围内。

周老师的圈注

家长团体里青春期的家长一边羡慕这场对话中的母女轻松的氛围，一边羡慕这个女儿积极主动的学习意识。很好奇这位母亲是如何做到的，当然这肯定是一个长期和系统的成果。不过，我们也能从妈妈自己的小结中学习到一些。

第四节　如何激活那些想好好学习，但不愿意努力的孩子？

我经常听到家长诉苦："对孩子的学习成绩我们并没有很高的要求，总告诉他尽力就好了。他一方面很想提高，一方面又坐不住，很难专心刻苦学，一遇到难题、不理解的内容，就毛躁得很。"

如果我说这是因为孩子的安全感不足够，估计家长会觉得很懵，不能理解这和安全感有什么关系。认为自己并没有给孩子压力啊，孩子为何没有安全感？

我在第三章最开头部分解释过安全感是什么，如果孩子有足够安全感会有哪些表现，家长可以对照看。安全感的核心是：孩子对自己的复原力和承受力是有信心的，自己对自己的评估和预期相符合。不怕输，明确接受会做错事情，可以做错事情，可以有负面情绪，自己能想办法改善问题和改进自己。

这样的安全感如何在生活中培养呢？是先天就有吗？为何有的家长对孩子"更宽松更民主"，结果孩子却比别人更没安全感？任何一个心理活动和心理特质的养成，都至少和三方面有关。一是基因，二是从小的养育，三是脑子里对此事的看法（信念）。孩子和孩子不一样，比如由基因决定的神经类型，有将近25%的人比其他人更敏感，更能感觉到自己的挫败、沮丧、丢脸、难堪，你会注意到有些孩子比较大条，有些孩子似乎比较小气，其实最开始的表现都不是孩子的问题，不过，不幸的是，家长老师通常会指出来，让孩子感觉到这就是他的问题，这更加重了孩子的压力，在培养安全感这件事情上做了反面的工作。

来看看以下一些日常场景中的对话，了解针对不同的孩子如何养成他的安全感。

对话一：暂时休学在家的高中生，怎么激活他的责任心？

第一个场景

儿子："妈，要不要换个大点的猫砂盆？"

我："咋呢？"

儿子："猫长大了，不够用了。"

我："我们已经是买的最大的盆子了，再大就只有洗澡盆了。上次在超市你也看到的。清理勤一点就行吧。"

儿子："谁清理呢？"

我："当然是你，每天没啥事。"

儿子："那我上学了呢？我是说万一我上学了呢？"

我："那就大家一起做呗。"

家长反思：儿子很久没有主动提过上学的话题，突然提起，应该是开始考虑这个问题，但很快又补充了"万一"两个字，说明还没想好。此时我内心很高兴，但没明显表现出来，怕给他压力。此处没有一致性表达，不知是反应恰当，还是错失良机。

周老师的圈注

看出来家长很用心，在这个时候小心翼翼不敢再施加压力，内心的矛盾，是完全可以理解的。我们很难说是不是错失了良机，但更愿意选择妈妈已经做了自己当下最恰当的反应了。

第二个场景

我："儿子，你的证件照电子版的找不到了，我们重新拍一张吧。"

儿子："真麻烦。"（坐着玩手机，不动）

我："今天不去的话，我明天上班，你就自己去吧。"

（儿子继续玩手机，不动）

我："那你自己决定什么时候去吧。"

儿子（不情愿地站起来）："走嘛，现在去嘛。"

家长反思：儿子不喜欢被催促，如果紧迫盯人，反复催促可能会适得其反。

对话二：忍得，看得，情绪稳定地和孩子聊作业

晚7点40，女儿在看课外书，

她看课外书很着迷，非常不喜欢别人打扰。

我（拿本书在手里假看，假装随意问）："今天作业多吗？"

女儿（不耐烦地说，内心有点责怪我打扰她）："还有几道题。"

我："把这章看完了，记得做作业，我只提醒你一次哦。"

周六上午。

我："这周末作业多吗？"

女儿："今天是玩耍日。"

我："晚上要上学而思哦。"

（女儿不搭理我）

周六下午，车上。

女儿："我要做学而思了，还有三道题。"（一会趴着，一会坐着做题）

我（如果是以前我肯定调侃她了：之前不着急，临时抱佛脚。现在我开始改变）："光线不好，小心眼睛哦。"

周日午饭。

女儿："吃了饭我就开始作业时间了，学校作业还有一篇作文，数学是……下午学完英语，晚上再做学而思。"

妈妈："你还是有计划的嘛。"

女儿："爸爸只催了我一次。"

周老师的圈注

通过这段时间，家长尝试执行少提醒，忍得住看得下去的精神，让孩子为自己的学习负责。双方受益，家长没那么焦躁啰唆，孩子也没那么烦。

对话三：休学在家的孩子，
家长很忐忑，说话小心翼翼

爸爸："这周怎么样？"（刚出差回来，状态不好，不知道问什么好，确实也不怎么怎么开口）

女儿："正常啊。"（感觉是在应付我）

饭后，女儿主动去洗碗。

爸爸："今天表现不错哈，帮助做家务。"

女儿："这周每天晚上都是我洗啊。"（有点在表现自己的感觉）

爸爸："很不错，有很大进步哈。对了，是被动的还是主动的？"（有点质疑）

女儿："主动的啊，和妈妈说好了的。我明天还要去学插花。"（确实是希望在我面前表现，希望得到肯定）

爸爸："真的啊，最近进步很大。多学点东西是好事，支持你去，这样会充实些。"（表扬的点不是很准，此时很想补一句：啥时候去上学就好了。冷静了一下，放弃了）

周老师的圈注

爸爸使用了开放式问题"怎么样"，及时发现并肯定孩子的行为（做家务），忍不住说了属于自己的焦虑"啥时候去上学"，也马上意识到了。爸爸开始建立了与女儿比较轻松自然的交流。这个孩子后来恢复了去学校，并且稳定下来持续正常上学了。

第五节　二胎家庭，怎样爱?

有二胎家庭的家长提问说："我知道二胎家庭中，给孩子的爱是没办法真正做到均衡的，不管怎么样，始终对老大会有所亏欠，为此我都刻意有对老大好。但是不知道是什么原因，基本上犯错的永远是老大，老二得躲得远远的，我该怎么办啊? 当初征求了老大的意见，问他要不要一个弟弟或者妹妹，他说要，我问了很多遍，也跟他讲了很久，可有了老二，我一去抱小的，大的就要缠着我，我感觉我的生活质量直线下降中。"

我问家长："如果其中一个孩子认为你偏心，你会怎么解释? "家长说："我会告诉孩子，你们都是妈妈的孩子，对你们我都一样地爱。其实平心而论，有时我们还特意照顾老大一些。不知道为何老二反而性格好很多。"从心理学的角度来讲，老二的安全感远大于老大，因为老二占了先天的优势，那就是他出生晚，当他出生的时候，老大看见了老二如何得到了无微不至的照顾和关怀，同时老大正在经历自己独占的关注空间被抢走的不爽。既有对幼小生命的本能喜欢，同时老大对这个小家伙的抢夺又怀恨在心，所以我们可以观察到老大对老二又喜欢又讨厌的表现，甚至情绪来的时候老大还会伤害老二。

多子家庭里，孩子之间互相抢夺父母和养育人的关注与爱是一定的。打架、争吵、争夺、互相告状是常事，一般老大会认为父母偏心小的，因为父母会对大一些的孩子有更多的要求，这符合年龄的发展规律，不过，孩子是理解不到的，他们就会觉得受到了委屈，觉得自己没有受到重视。那我的建议是什么呢？在家里要来第二个孩子的时候，需要和老大沟通，注意不是商量，是去沟通，让老大明白家里即将会有怎样的变化，他的生活可能会有怎样的变化，他可能会有怎样的感觉，这会带给他怎样的好处，同时会给他带来怎样的烦恼，爸爸妈妈的态度和做法是怎样的，爸妈对两个孩子会不一样，是因为每一个孩子都是独立的个体，都会有不一样，更何况年龄完全不一样。不同年龄阶段的孩子需要得到的照顾和遵守的规范是不一样的。什么是一样的呢？你们都是爸爸妈妈的孩子，爸爸妈妈爱你们的心是一样的。

我们可以试试下面的模拟对话：

爸爸："大宝，爸爸妈妈想告诉你一件事情，妈妈怀孕了，我们家几个月之后会到来一个新成员，你可以看见他刚出生时婴儿的样子，是你的弟弟或是妹妹。"（请客观描述，不加感情色彩）

孩子："那他一直住我们家吗？"

妈妈："是的，他是我们的家人。和你一样，是我和爸爸相爱的结晶，他会和我们一起住，一直到他去上大学。"

孩子："那他会抢我的玩具吗？"

爸爸："有可能会喔，他比你的年龄小，你会看见你自己从小长大的过程，比如随时哭闹，需要很多大人的照顾，乱抓头发，听不懂别人的话，不会讲话表达自己想要什么……"

孩子："啊，他那么麻烦啊。"

妈妈："哈哈哈，你小时候也是这样慢慢长大的啊。小时候，你才几个月大的时候，一直不愿意睡在床上，都是姥姥和妈妈一直抱着你睡，有时候看着你睡得比较熟了，于是轻手轻脚地把你抱上床，可是屁股都还没有挨着床，你眼睛一下就睁开了，把我们盯着，感觉就像在说：'妈妈，你们在干吗，是想把我放下，不抱我了吗？'"

孩子："哈哈哈哈哈哈哈，太搞笑了。"

妈妈："是啊，所以照顾小宝宝需要耗费大人很多的精力，妈妈生完宝宝情绪有可能会不稳定，你要多体谅妈妈哦。"

孩子："嗯嗯，好的哟，可是，我还是想要妈妈抱。"

妈妈："妈妈当然会抱你啊，你和二宝都是妈妈爸爸的宝贝，都是我们的小天使，我们非常爱你们，妈妈觉得能抱着你们是一件很幸福的事情。"

孩子："我也爱你们，我也要抱你们。"

妈妈："等二宝出生了，我们一起去抱二宝好不好呀？你来照顾弟弟或者妹妹，我需要你的帮助。"

孩子："那当然，我会做得很好的。"

妈妈："太好了，这就是懂得分担责任。"

对话一：姐妹抓扯打架了，妈妈怎么劝?

我在看书，姐妹在旁边玩，

玩着玩着就打起来了，互相在用脚踢对方。

我："妈妈看到你们俩在打架，如果你们任何一个人受伤了妈妈都会很心疼很伤心的。"（比较淡定，我说完她们就停下来了）

姐姐："妹妹对不起！"（可能觉得打架不对）

妹妹："姐姐对不起！"（跟着姐姐学的）

姐姐："我不想看到妈妈伤心。"（有点担心妈妈）

妹妹："我也不想看到妈妈伤心。"（继续跟着学）

我："妈妈看到你们不打架了很开心！谢谢你们！以后有什么事我们要用嘴说出来，把心里的想法大声地告诉对方，动手是不对的哦。"

周老师的圈注

让孩子及时了解妈妈的感受，既可以缓解妈妈的情绪，让妈妈保持稳定，又可以让孩子在安全的状态下了解妈妈的情绪，很快孩子会学会表达情绪，而不是情绪化表达。

对话二：在哥哥和弟弟的争斗战中，
妈妈如何保护孩子，又清晰表达家长的原则

弟弟强行塞给哥哥一张卡片，可能是干扰到了正在认真画画的哥哥，哥哥坚决不要。于是兄弟二人把卡片推来推去，没一会儿，弟弟委屈地来找我。

妈妈："慧慧是因为哥哥不要你的卡片，所以有些委屈对吗？"

弟弟："嗯，慧慧委屈！"

妈妈："如果哥哥接受了你的卡片，慧慧就开心了对吗？"

弟弟："嗯！"

妈妈："那哥哥有时给你不喜欢的玩具时，你也不开心对吗？你觉得哥哥现在这样不接受你的玩具对吗？"

弟弟："对。"

妈妈："是的，如果哥哥不接受你给的东西，你就不要再强塞给他，哥哥接受你就给，哥哥不接受你就不给！"

弟弟："嗯！"

妈妈："但妈妈要表扬宝宝，你会主动分享卡片给哥哥，妈妈很开心！这就是爱分享的好习惯。"

（再次引导哥哥）

妈妈："宝贝，刚刚弟弟强塞给你东西你很生气对不对！"

哥哥："是的！"

妈妈："宝贝，如果遇到他人给你你自己不喜欢的东西时，你可以拒绝，但要先说谢谢弟弟，哥哥不需要。不要一开始就大吼大

叫，动手打起来。"

周老师的圈注

　　年龄相近的宝宝们发生争夺，争吵是非常正常和经常
发生的。每一次冲突都是家长教会孩子体谅他人、尊重自己
和他人、遵守原则的机会。这位妈妈做了很正确的示范。

对话三：和两个儿子相处愉快，好像我找到了方法

　　这周与孩子的相处感觉是最愉快的，整个周末没发一次脾气，
且这周爸爸出差不在家！（我心里还是有点小开心的，周六就赶紧
发微信给他爸，叫他表扬孩子）

　　周五接到孩子时。

　　我："宝贝，你知不知道今天妈妈冷惨了，在球场等你弟弟踢
球两个小时，手都被冻成红萝卜了，一上车开始就是鼻涕眼泪咳嗽
都来了，好像从来没那么冻过！"

　　儿子："你怎么不到室内去等他呢？"

　　我："我想到弟弟休息时要喝水，也想看看他们踢球！"

　　儿子："那么至少要戴上手套贴个暖宝宝呀？你知道自己身体
不能受凉的！"（说着说着听我使劲咳他就赶紧给我拍背，感觉好
暖心哦）

　　我："就是啊，手套在车上没拿下来，我没买过暖宝宝呢！"

儿子："要不我在网上跟你买暖宝宝吧！以便你下次用！"

我："好吧！谢谢宝贝！"

到家后。

我："宝贝，我上次发给你那个14岁孩子创业的视频你看了吗？"

儿子："看了。"

我："你知道吗？好巧哦，那个孩子与我同学孩子名字一样年龄一样且都是女生！"

儿子："哦，我认识吗？"

我："回老家时见过，可能你不记得了。"

儿子："那个创业还可以。"

我："就因为这个视频我和你爸商量了一下准备给你找个项目来做，让你边学习边创业，你觉得怎么样？"

儿子："可以啊！"

我："你也可以自己找同学当合伙人！你不是一直有梦想要做中国的米其林吗？"

儿子："嗯，但现在时机还不成熟！"

我："你了解过茶饮业吗？你们年轻人最喜欢的，也属于餐饮类的！"

儿子："我知道，像星巴克、DQ、COCO、一点点等！我还买了星巴克的书！"

我："你知道星巴克开到哪里都排队，人气都不错，在全国有多少连锁店吗？"

儿子："那是的，人家星巴克品牌不错！"

我："那你是否有想过做中国的星巴克吗？超越它呢？"

儿子："想啊，但现在还不行！"

我："那我们先找个品牌先学习、研究下！"

儿子："那我要好好分配下我学习、生活、工作时间了！"

我："嗯，平时我帮你管理，周末你自己管理哦！"

（晚上进他房间第一次没叫我出去，看到星巴克的书放在他旁边，他正在复习当天的托福笔记，好有感触，儿子好像瞬间长大了）

早上。

我："宝贝，昨晚弟弟忘了自己有一则日记没写硬是睡不着，后来写了才去睡的，这是什么行为？"

儿子："这是负责任嘛！"

我："嗯，两个宝贝都越来越对自己的行为负责任了哦！作业没做完就睡不着！"

儿子："我上楼去了，顺便检查下我的作业！"（我去他房间看了一眼，正在疏理学习，好像这段时间是第二次看到他学习）

周老师的圈注

妈妈使用了一致性表达，内外一致地主动和孩子表达自己的一些感受，代替之前把一切关注都放在儿子身上。儿子反而获得成长的空间和安全感，学会了关注妈妈和弟弟，找到了保护照顾他人的责任感。

对话四：妈妈，我也要和姐姐一样的牙刷！

晚上洗完澡后要求两个小朋友改用新买的电动牙刷刷牙，过一会，听到楼下有争吵声，然后老二哭着跑上来："妈妈……呜呜呜……"（很伤心的样子）

妈妈："怎么啦，宝贝？"（淡定和有点敷衍）

老二："妈妈，姐姐抢我的牙刷！我不要雪宝的，我要安娜公主的！"（有点生气，有点委屈）

妈妈："可是姐姐的就是安娜公主的啊，妈妈给你买的就是雪宝的，你忘记了吗？宝贝，你之前跟妈妈确认过你要的是雪宝呀！"（摆事实，讲道理，尝试沟通，态度还是有点敷衍）

老二："不嘛，我就要安娜公主的嘛！我不喜欢雪宝的！呜呜呜！"（哭声更大了，貌似完全听不进去我说的话）

妈妈（有点烦躁，打算不理她，后来突然想起来小脆饼的方法把老二抱到腿上）："哦，我知道你好喜欢安娜公主的对不对？我也好喜欢安娜公主啊，嗯，要是现在能有就好了……"（尝试接纳情绪，平静下来）

老二："那我现在就要安娜公主的牙刷呀！"（继续哭，哭声小了点，感觉在注意我说的话了）

妈妈："我也是好想有个安娜公主的牙刷马上出现就好了，要不要妈妈给你变一个，你看，吹口气。"（努力变魔法中，老二停止哭声，看我变魔法……）

老二："妈妈，可是你都没有魔法的呀，要索菲亚公主才有魔

法的，你都没有魔法，变不出来的。"（很得意的样子）

（妈妈完全哽住，不知道怎么继续表演，无限尴尬）

妈妈："那这样，回头妈妈给你买个安娜公主的贴纸，贴在雪宝上面，这样你觉得可不可以？"

老二："太好了，谢谢妈妈（从我腿上跳下来，箭一样跑去告诉姐姐）。姐姐，妈妈说要给我买好多安娜公主的贴纸，这样我也有安娜公主的牙刷啦，哈哈哈哈哈哈。"（兴奋+开心）

周老师的圈注

这位妈妈把"小脆饼"（通过想象实现的方式来接纳孩子的心理需要）用到了极致。

妈妈："哦，我知道你好喜欢安娜公主的对不对？我也好喜欢安娜公主啊，嗯，要是现在能有就好了……"（尝试接纳情绪，平静下来）

老二："那我现在就要安娜公主的牙刷呀！"（继续哭，哭声小了点，感觉在注意我说的话了）

妈妈："我也是好想有个安娜公主的牙刷马上出现就好了，要不要妈妈给你变一个，你看，吹口气。"（努力变魔法中，老二停止哭声，看我变魔法……）

老二："妈妈，可是你都没有魔法的呀，要索菲亚公主才有魔法的，你都没有魔法，变不出来的。"（很得意的样子）

　　以上这两个回应关键之处在于：当妈妈没有和孩子讲道理，转过来肯定孩子的情绪和心中所想，当孩子内心想要的渴望被妈妈看见，并得以重视和满足，哪怕是在想象的世界里，孩子的情绪都会平和下来，容易接受新的方案。

后
记

将书稿交付出版后，我把书的部分内容发给一些朋友，邀请他们写一些文字表达阅读后的真实感想，其中有高校心理学教授、中学校长、小学老师，也有热销书的译者、作者，还有国际教育机构创始人、校外青少年体验式学习机构创始人、成人学习机构创始人、家庭教育推广者等，她们都奋战在教育的第一线。每一位受邀者在认真阅读后真诚地愿意推荐此书，那些文字让我深受鼓舞，心中充满了无以言表的感谢。

在上高中时我曾一度厌学，想要退学。是我哥哥的一封信让我彻底改变。今天我依然记得当时一个人看着信静静泪流满面的感觉，还有被眼泪打湿的带有"同济大学"徽记信纸。后来的我可以用"奋起直追"来形容，顽强地考上了重点师范大学，因此，我想做一名老师的梦想才得以继续。没想到的是，我现在有60%的工作时间是在和有同样的青春期困惑的青少年以及家长们一起工作。

　　文字给一个人内心带来启发，从而带动行为的变化，那是我第一次深刻的亲身体验。上学期间，父亲也经常给我写信，现在我都还保存有一些。母亲很喜欢保存我和哥哥写给他们的信和卡片，现在也经常拿出来看。文字可能是我们比较含蓄的家庭交流文化中，最暖最亲的感觉和记忆，也是我一路成长的力量来源。

　　这一次我也向我的家人发出了邀请。我哥哥定居海外多年，他写来文字：

　　我家小妹兢兢业业几十载，理论和实践相互影响，用倾听来连接隔断的灵魂，渡交流迷航者至洞开沟通之彼岸，受益者过千逾万，善莫大焉。今将心得体会精炼成册，广惠众人，实是幸事。

　　读此书，我深有体会。如果说"爱"是滋养心灵的香膏，那么"懂"就是心灵吸纳的空气。润物细无声的"爱"需要建在海纳万物的"懂"的基石上；善解人意的"懂"必须有恒久的"爱"的支撑。为人父母的我们经常责怪孩子不体会父母的深爱和付出，其实不是孩子不懂事，而是做父母的忘记了，孩子的第一要求是被"懂"。"懂"孩子并不是同意他们的看法和想法，也不是放任他们的行为。只不过是让他们知道，压抑、苦闷、伤心、挫败等"负面"情绪是生活中的很自然的一部分，并不是他们出了什么问题或者他们与父母关系出了问题。正如大风会造成涛天波浪，风平后浪自然会静那样，我们不必大惊小怪于这些"负面"情绪的到访，更不需要想尽各种办法去抵制他们。当父母坦然接受孩子的一切时，孩子才会觉得自己没有心理窒息的危险，才会觉得自己被"懂"

了，只有这个时候他们才能真正地在心理上靠近父母；只有这个时候他们才会去尝试"懂"父母，去用父母的角度看世界；只有这个时候，他们才会自"觉"自"悟"，在人生的道路上做出适合他们的选择；只有这个时候，他们才会真正的成长。

父亲是一位建筑工程师，用他最擅长的诗句来表达：

此书出版日臻善，馨信实例展个案。精炼成册结良友，受益读者千百万。

我妈妈说："我不会写，就让你爸爸一起写了。你们兄妹俩都是我们的骄傲。"

刚满22岁的女儿给我写来了一封信，看得我特别感动，征得同意，我把此封信全文放在了此书序里。看见她悦纳自己，又能保持茂盛向上的生命力，是多珍贵的心灵宝藏啊。独立养育她的过程，我也充满忐忑矛盾和愧疚。多好啊，我们都不是完美的，但我们是真实的，完整的。

最后，我要特别感谢几位几年前的来访，他们是此书上篇几个故事中的原型。按照专业伦理的要求，在书稿定稿前，我也与几位来访进行了沟通，尽管书中没有人名，也没有太细的细节，但作为公开出版物，当读到自己的案例时，肯定是会想起自己做咨询的经历，所以征求他们同意是非常重要且必要的。希望这本书会壮大他们的自我认同，对他们又是一次疗愈，而不是揭开伤疤。我的本意是展现来访的成长，而不是展示痛苦，非常感谢各位来访的信任与勇敢。

他们的回复也让我倍感温暖，此处节选几句与诸位共勉：

"周老师，和儿子一起阅读了您的书稿，回顾那段暗黑日子，依然百感交集，想到曾经的苦痛，我们十分愿意您写出我们的故事并希望能借此帮助到更多的人。"

"其实我现在仍然拖延，但我已经接纳自己了，也找到了与父母和平相处的方式，去年工作有一些调整，现在工作状态也成熟了很多，已经没有那种害怕跟人沟通的社交恐惧症了。恭喜周老师出书！"

"期待你能通过这种方式帮到需要的人，愿你能从泥淖中把更多的成都下一代孩子刨出来，不过我知道这不容易。"

特别特别感谢你们的美好祝愿，有些时候，我个人的力量和影响其实是如此微不足道，但我会继续做我能做的事情，我的参与，让很多人得到了成长和改变，并因此感到满意和有力量。

有位来访回复"做到你能做到的最好就够了，传递思想也传递温暖"，我被他的这一句话温暖和鼓舞，愿这本书能传递思想也传递温暖。

感谢正在阅读的你。

2021年4月16日凌晨　于成都雨夜

家长亲测报告

联合作者——龚白婷

我毕业于四川师范大学，取得文学硕士学位，学过教育学、心理学，考了教师资格证，教过小学一二年级，也教过小学五六年级，在大学也上过班，接触过本科生、研究生。当我有孩子的时候，我自信地认为我有能力、有学识可以成为一名合格的妈妈。但现实并不是想象，当孩子出现计划以外的一些行为和情绪的时候，我不知道该怎么办了。我也像众多妈妈那样去寻求过帮助，去听讲座，去买鸡汤文的书，去看很多学习视频，当我看到这段话："'我骂你是因为我爱你，你听懂没有，不要还嘴'，这个孩子看着自己的妈妈满口说爱，但是却满目狰狞，孩子就说服自己，原来那个就是爱。"我吓到了，因为那就是我的真实写照。很幸运的是，我遇见了我的恩师——周艳心怡老师。2019年的夏天，我带着疑问和希望来到了周老师的家长成长团体。持续两个月的课程学习，让我豁然开朗，看着周围的家长，他们常常问为什么你的孩子才三岁半，你就想到要找心理咨询师？我想说感谢上天的指引让我遇见周姐姐，感谢我儿子的那些"不是问题的问题"，感谢我自己的敏感和多心。

周老师说："没有人愿意被别人改变，也没有人会拒绝改变。"当你开始选择、开始反思时，变化就开始了。周老师讲做家长的五个阶段：舍得为孩子花钱是第一阶段，舍得为孩子花时间是第二阶段，能够树立教养目标是第二个阶段，舍得为孩子学习是第四个阶段，舍得自我改变是最高阶段。所以不论什么时间，你选择开始的那一刻，永远都是最合适的那一刻。

我常常觉得我们这一代的家长，觉醒得还是挺早的，我常常会看到朋友们发的朋友圈，他们说："我们要给孩子自由的空间，现在的孩子自主思想出现得很早，学习不应是首要要求，最大的希望是他身心健康，我也不会去接触那些打了鸡血的家长，我希望我保持我的心态……"

这一类的鸡汤书也是种类繁多，但是看来看去，所有的道理我们都懂：我们知道要让孩子有边界感，要给孩子建立规矩，不能事事都惯着孩子，青春期的家庭要学会给孩子建立空间感……但"知道"和"做到"之间有着巨大的鸿沟，这本书就是让大家试着去学习"怎样做到"。

有句话叫：孩子的出现是为了让大人重新修行的。因为成年人的世界好像慢慢变得"只看结果，不在乎过程"，所以我们对孩子的要求也慢慢变得"只看结果"，我们提要求，提希望，我们抓住孩子失去的部分去较真，忽略孩子已经做到的部分。

虽然说每个家庭的情况不一样，每天发生的事件不一样，但从哲学的角度来说，事件虽不同，但原理是相通的，方法论是一致的。本书也会提供一些具有实际操作意义的"原理和方法论"来指引大家：为什么通过日常对话就可以扭转局面？为什么通过日常对话就可以重建家长与孩子之间的桥梁？为什么通过日常对话就可以让那些"目标"悄无声息的实现？

我将用一些具体的对话来比较说明，换一种交流方式所达到的惊艳效果。有家长也许会质疑，你这样的说话方式"太理论化""太理想化"了。那请问传统的方式方法效果就很好吗？当你对孩子说"你要……（怎么样）"的时候，孩子是否就真如设定好的程序那样，按照你的想法发展了呢?

也许这些方法在青春期的家庭当中实施起来会比较困难,因为青春期是自我意识发展的第二个飞跃期,他们强烈地关心自己的个性成长,自我评价趋于成熟,有较强的自尊心,寻求自我整合与适应之感,因此青春期的孩子更需要家长的引导和鼓励,当家长真诚地和孩子交流的时候,青春期的孩子同样可以感受到家长们的真心。我们的家长团体中绝大部分是青春期孩子的家长,当孩子出现问题后,家长们开始寻求帮助,通过连续8周有意识的训练,当他们开始刻意地用所学到的方法和孩子交流时,女儿从以前不和爸爸说话到最后可以和爸爸畅谈两小时以上;女儿回家不再关门,愿意和妈妈分享学校的事;长时间熬夜打游戏的儿子突然有一天告诉妈妈他要早点休息,熬夜对身体不好;遇到困难就放弃的女儿可以一而再再而三地鼓足勇气去地铁卖雨伞;讨厌兴趣班的女儿居然主动让妈妈把她的兴趣班增加……

当然这些方法越早运用到孩子身上效果越好,毕竟低龄孩子更易于表达自己的感受和想法,也更易于接纳父母的一些"要求",如果从小培养一个有存在感、掌控感和安全感十足的孩子,到了青春期问题一定会少很多,对孩子成年后的帮助也是不容小觑的。

我最后想说的是,不论您的孩子处在什么阶段,当您开始想要改变时,一定要做好思想准备:前期可能尴尬得说不出口,说了好像没有用,要还嘴还手的孩子依然继续对抗,但是当你经过了一个尴尬期、混乱期、倒退期,你必将迎来一个新时期。

以下对话,除实例二以外,均来自我真实的体验。

实例一：当五岁的孩子想放弃兴趣班时

♡ 第一段：

妈妈："走了儿子，我们要去上围棋课了。"

儿子："妈妈，我不想去上围棋课。"

妈妈（内心一阵翻腾，按照脑子里的第一回应好想说：为什么不去啊？遇到一点困难就想放弃吗？但我强行忍住了）："是为什么不想去呢？可以和我说说吗？"

儿子："我本来就不喜欢围棋。"

妈妈（儿子说不喜欢，我的第一回应是：你怎么能不喜欢呢？学围棋，对你思维建设好，你要去学一下，将来长大了，也有个兴趣嘛，不然长大后什么兴趣都不会）："老师说你围棋还是下得挺不错的，而且好多棋法妈妈都不知道了，我还想说你学好后，回来教教我。"（继续从正面鼓励他继续学）

儿子："学围棋有什么好处嘛？"（来自儿子灵魂的拷问，之前和他的互动中有刻意告诉他要学会分析事件的好处和坏处，没想到，这次想起来问我了）

妈妈："你是怎么考虑这个问题的呢？"（先用好奇的方式听听儿子的想法）

儿子："我不知道，我本来就不喜欢。"

妈妈（听到回答，一时半会不知道如何回答了，努力想想好处在哪里，并举例说明）："我觉得学习围棋可以锻炼你的思维能力，你看你平时在出主意这方面，就常常会有新点子。"

儿子："我还是不太想学围棋。这次交的钱学完了就不要交了哈。"（老母亲听到这个话，真的觉得我已经斗不过他了，他还是知道

交了的学费不能浪费，没交的就不要交了，反正自己不想学了）

妈妈："……（我这时不想回答不好，也不想回答好，一时半会不知道该怎么答，只能说待学的次数还有很多）这次的学费还剩比较多，还要学一阵才能用完。"

儿子没有接话，一路上说着，我们也到了围棋班，后来我和他的老师沟通了解到，他们班有一部分孩子是压根就不想做课后作业，而我的儿子不是不愿意做，是遇到不会做的题时，就不太想继续下去了，我觉得还是要多培养他的兴趣和自信心。

♡ 第二段：

儿子兴趣班结束了，很高兴地跑出来，手里拿了奖品。

儿子："妈妈，你看XX老师给我发的。"

妈妈："哇，让我看看是什么？是老师奖励你的吗？"

儿子："是啊。"

妈妈："看起来，你还是很有进步的嘛，老师说你的××和×××方面，做题都挺不错的。"

儿子："我不太喜欢做题，我喜欢下棋。"

妈妈："那妈妈陪你多下下。"

儿子："我会了就回来教你么？"

妈妈："如果是那样的话，我很高兴听你告诉我怎么做。"

儿子："我还是不喜欢围棋。"

妈妈："……"（绕了一大圈，儿子又开始这句话）

我的反思

五岁的儿子思想常会左右摇摆，有时候看似已经"说通了"，可一转眼，事情好像又回到了原点。回看对话（家长们可以尝试记录你和孩子之间的对话，然后尝试扮演孩子的部分去读孩子的话语，让其他人来扮演对话中的家长角色），我发现好像接纳情绪的话语并不太多，下次遇到同样的话题，可以多接纳情绪一些。原则上我是不想让孩子放弃围棋的，但如果经过很多努力，还是没有办法的话，那也只能最终放弃。我想还是多用用周老师在课堂上讲的"无条件接纳情绪，有条件限制行为""一致性表达"以及"表扬的方式"来尝试理解孩子的情绪（共情），也让孩子理解我的感受和想法（一致性表达），通过对话过程让孩子明白不是所有的东西都是我们有兴趣的，我们喜欢的才去做，也需要建立孩子从他信到自信的过程。

♡ 我尝试自己修改了一下对话：

妈妈："走了儿子，我们要去上围棋课了。"

儿子："妈妈，我不想去上围棋课。"

妈妈（先尝试理解孩子的感受和想法）："放学后，还要去学围棋，是挺累的一件事。"（接纳孩子的情绪，如果没办法描述出来，可以想象自己是一面镜子，把孩子的心理感受镜映出来）

儿子："我本来就不喜欢围棋。"

妈妈："妈妈也有很多不喜欢的但又必须要做的事情。"（不知道该怎么接话的时候，可以想想你的初衷是什么，其实学围棋只是一种方式，我最终的目的不是让他成为拥有围棋多高水平的人，而是让他通过

学习，锻炼他的思维，同时让他经历困难后还拥有克服困难的勇气，有了这样的品质，将来他不论学什么，都可以调整好自己的状态）

儿子："是什么啊？"

妈妈："比如说我喜欢待在家里做自己的事情，我可以看书，可以写东西，可以收拾房间，还可以研究美食，你不是很喜欢妈妈在家做的那些吃的么，但有时候刚坐下来就有电话打来，需要我出去办事。我会有一种被打扰的感觉。但也不得不出去。"

儿子："我也是。我不喜欢，但我还要去围棋课。"

妈妈："听起来真的很无奈。"

儿子："学围棋有什么好处嘛？"

妈妈："这是一个很好的问题（这真的是一个很好的句式，当你一时半会不知道该怎么回答孩子时或者你想问问他的想法时，可以用这句话表示你对他提问的肯定），你是怎么想到要问的呢？（这句话通常跟着上一句一起匹配出来，带有好奇地发问）"

儿子："你之前说过，事情有好处和坏处的。"

妈妈："是的，妈妈听到你这样说（描述客观事实），我很欣慰（我的真实感受），这就是学会分析事情的利弊（客观给予一个评价，尽量不要说你很会分析事情利弊）。"

妈妈："如果你要问妈妈的意见，妈妈觉得学习围棋能够很好地锻炼你的思维能力，你看你平时在出主意这方面，就常常会有新点子。（这是一个标准的夸奖的句式，通常我们都会很自然地说，哇你好棒，你好厉害，你好聪明，等等，但这样的夸赞是不具备持续性的，不具备内在激发性的。大一点的孩子会对这种夸奖不屑，也不利于将他信变成自信）想事情也比较全面，就像下围棋的时候，需要考虑自己的布局（占地盘），同时也要考虑如何提子（吃掉对方的子）。"

……

我的思考

我不知道这样交流，儿子会做出什么样的回应，也许他依然会说："这次交的钱学完了就不要交了哈。"这时候，如果我真的内心希望他坚持的话，我也可以一致性表达我的观点："妈妈是真的很希望你能坚持，你也学了很久，老师也对你的学习有很大的肯定，虽然有些内容遗忘了，但遗忘本来就是人正常的反应，妈妈也会忘记，需要不断重复才能加深印象。当我看见你能做出很多我完全不懂的题时，我真的觉得无比高兴，这就是学习的价值、学习的意义；同时我也看到你克服了很多的困难，即使有些不太会，嘴巴说不去，但也都每周坚持去学习，这就是有毅力，有克服困难的勇气。"

当然也许我花了大量的精力去和他对话，得到的结果还是一样的，但我始终相信通过一次次的对话，不断地肯定他、接纳他，即便在围棋这个兴趣班他没有坚持下来，但在他的心里我已经投掷出一颗小石子，荡起了一点波纹。

实例二：来自其他家长的对话

晚上回到家，儿子在看电视。

妈妈："作业做了没？"

儿子："做好了，你去看嘛。"

妈妈："今天你值得表扬，提前把作业做了，你现在看会儿电视就没人催你做作业，叫你快点快点了，这就是自觉。"

他没有回我的话，继续看电视。

妈妈："我表扬你，你不回应一下吗？"

儿子看了一下我，还是没理我。

我的思考

类似这样的对话，在刚开始的初期时，常常会发生，要知道，长久以来的说话方式带来的问题，不是几个对话，不是家长开始改变，孩子就会改变的，至少是一个长期的刻意改变过程，比如8周也许是一个周期，可以试试。

实例三：当亲子之间的关系处在不太平稳的阶段时，怎么办？

在改变的过程中时，一定要做好思想准备，任何事情在上升时期，一定会有退步，不仅仅孩子会有退步，比如孩子又开始有打人的动作，家长也会有退步，比如情绪没有控制住，对孩子发火了，这都是正常的，经历过这个关系不太稳定的混乱期，接下来一定是质的飞跃。

儿子："妈妈，早上你帮我穿袜子。"

妈妈："现在早上有点冷了，我可以帮助你把衣服和裤子弄好，但是袜子你可以自己完成。"

儿子："不要嘛，我就要你穿。"

妈妈："快点啊，不然又要迟到了。"

儿子："不嘛，不嘛，你帮我穿，我就不起来。"

妈妈："自己的事情自己做，你可以穿的，反正你也不会凉到身体，你慢慢穿都是可以的。"

儿子："啊，我不要穿。"（儿子开始情绪崩溃，有要哭要吼的趋势）

妈妈："给你说了得嘛，我不理你了，早上时间那么紧张，你还不听话。"（我被儿子的情绪击中，也开始情绪化表达了）

儿子（突然哭了起来）："你还大声说我，还凶我。"

妈妈（我一下子意识到自己的情绪问题，看到儿子哭得伤心，深呼吸稳定了一下自己的状态后）："来，妈妈抱抱你，对不起，妈妈刚才没有控制好自己的情绪，我不应该跟你发脾气，我应该好好说的。"

儿子："哼，我不原谅你。"

妈妈："你有权利不原谅我，我常常跟你说要把情绪和行为分开，可是今天妈妈自己都没有分开，我可以告诉你，我生气了，我看到你这样慢慢地，我就有点着急了。"

儿子："那你给我穿袜子，不然我不原谅你。"

妈妈："看起来你还在生气中，你可以生气，但是你也不能把情绪和行为混在一起。生气可以，袜子自己穿。"

（上面几句差不多的话，我和儿子一直重复了几个来回，我一直在用"对话过程"告诉孩子，情绪可以有，行为不可以，而儿子一直在说"原谅你，你就必须给我穿袜子，不然我不原谅你"）

（看到这里，可能你已经有点支持不下去了，也许家里有老人的或者爸爸和妈妈意见不统一的，很容易进入这个对话给出另外的言语和行为，比如：你就帮他穿了嘛，花时间说，早都穿完了，你下次再喊他穿嘛，等等。事实上，越是事件僵持，作为我来说，我越是坚持他要自己穿，也坚持要让他明白情绪和行为需要分开，也同样让他明白我的边界在哪里，所以即便同样的话语，翻来覆去说了好几遍，我依然坚持着）

（这时候，儿子开始拿着袜子，虽然嘴上还是在念，但行动已经开

始了）

　　妈妈："你知道袜子后跟在哪里，是吗？"

　　儿子："当然啊，爸爸有次都弄不清楚，我都知道。"

　　妈妈："那你可以给我演示一下吗？"

　　儿子："好啊。"

　　（于是自己很顺利地把袜子穿上了）

　　（所以低龄的孩子，即便前面冗长，结果也往往比较满意，让低龄孩子尽早地知道自己的事情自己做，妈妈的边界在哪里，情绪可以有、行为要有所限制之类的，肯定比到了青春期你再来"培养"要容易得多）

我的思考

　　上述的对话，发生在我和我五岁的儿子身上，即便在将近一年半的时间里我都在有意识地培养自己面对孩子时怎么说话、怎么回应，但有些时候我依然容易受到对方的情绪影响。这可以吗？当然可以啊。就像垃圾食品可以吃但不能经常吃是一样的道理。当时或者事后当双方情绪稳定下来，依然有机会可以复盘。当自己做不到的时候，要学会原谅自己。当自己做到的时候，也需要自我肯定。

实例四：惊喜——质的飞跃

　　♡ 和儿子去吃自助餐：

　　儿子："妈妈，你喝的是什么？"

　　妈妈："果汁。"

儿子："我也想要喝。"

妈妈（当听到这句话的时候，我这次的原则是，虽然果汁不是鲜榨的，但偶尔喝一下，也是可以的，正好老公在身边，我看看老公的态度，于是当着儿子的面，问老公）："儿子想要喝这个。"

爸爸（对儿子说）："这个是勾兑的，不是鲜榨的，你要喝的话，我们回家给你弄新鲜的嘛。"

妈妈（我顺着老公的道理接着说）："这个添加剂比较多，况且你刚才已经吃了冰淇淋了，我建议你就喝白水吧。"（我其实内心已经做好了准备，第一步先共情，第二步如果他还坚持想要喝，我其实是允许的，不过要和他说好需要控制量，一杯就好）

儿子："哦，好吧。"

（我当时听到儿子马上就答应了的时候，觉得有种我准备好了大炮，对方直接谈和的感觉，出乎意料地顺利，没有任何技巧，讲道理居然没有让儿子胡搅蛮缠。后来总结，看起来平时花了很多时间来和儿子共情其实是一种量的积累，我猜他可能也知道不能喝，也就问问，没那么坚持，所以也就算了）

我的思考

我觉得每一个父母，在心里面都会从他的父母那里传承一套"标准答案"，这套"标准答案"在应对自己孩子出现的状况和问题时，都会很自然地拿出来解决，这就是父母固化的思维模式。

比如孩子说："妈妈，洗手水打湿了袖子。"你怎么回答？

妈妈："那你怎么不知道把袖子弄高一点呢？"

孩子说："妈妈，我铅笔掉了。"

妈妈："你咋不晓得收拾呢？"

诸如此类……

事实上，我们给出的回应是一套高标准模式下的行为准则。

习惯性的思维回答模式：袖子打湿——你袖子没有弄高；鞋打湿——你去故意踩水；东西找不到了——你没有收拾；早上起不来——你没有早睡；身体不好——你不好好吃饭；眼睛不好——你手机玩多了；牙齿坏了——你爱吃糖又不刷牙；成绩不好——你没有努力，等等。

还有习惯性评价：没和人打招呼——没礼貌；说话小声——不自信；感冒了——衣服穿少了；喜欢独自待在房间里——性格孤僻自闭。

不合理期待：她应该管理好自己的时间，答应的事情就应该做到——被这样要求的孩子年龄是4岁……

接下来，我列出一些状况，大家可以把右边对应的内容遮住，然后自测一下：

孩子裤子的膝盖或者屁股处是脏的——到处乱坐；

吃饭到处撒——你嘴巴是漏的么；

家里的沙发垮了——说了你多少遍，不要在沙发上跳，看嘛，都是你跳坏的；

肚子痛——吃了冷的了或者吃了不干净的。

那实际的场景呢？也许他把袖子弄起来了的，可惜今天的水压有点大，一打开，就把衣服溅湿了。也许他都有好好收拾自己的铅笔，但可能同学恶作剧或者认错了铅笔，就拿走了呢。

总结一下

基本上所有的对话，包括本书后面涉及的对话，表面上围绕的话题看似不相干，但内在始终有一条主线贯串期间：

第一步，不论这个对话是家长引起的第一句，还是孩子主动说起的话题，首先家长第一反应不要去马上回应孩子说的什么，因为这个时候你的回应都是你的固化思维，是孩子不想听的。而要思考孩子的言语或者行为下的感受和情绪是什么。

"妈妈，我不想去上围棋课"这句话背后，孩子的情绪也许是什么：无奈、不爽、不想去、沮丧无望、心烦，等等。

第二步，用语言回应孩子的感受和想法：我猜你现在有点不爽/听起来挺无奈的/要是现在不需要去围棋课就好了（低龄孩子可以用第三句来试试，用幻想的方式来满足心理需求）。

有一天晚上收到给儿子好朋友买的生日礼物，他边和我包装，边自言自语："我已经等不及要送给××了，要是今天可以送给他就好了。"虽然我也会有失败的时候，但我作为客体营造出来的对话的过程，也慢慢教会了儿子认识自己的情绪，接纳自己的情绪。

第三步，根据自己家庭的教养情况，内心思考是同意他的行为（不去上课了）还是不同意他的行为（坚持去上课）。

第四步：如果同意，通常皆大欢喜，对话基本结束。

第五步，如果不同意，继续根据自家教养情况，综合运用共情、肯定、一致性表达等方式来加入对话。家长要有心理准备，即便技能用完，依然可能达不到效果，即便技能用完，最后可能家长的情绪还是控制不住。这是正常的，当我们明白任何事情都有无数种可能性的时候，你就会坦然很多。达到了固然好，达不到也不必沮丧。

比如实例一对话我的目的是想让他继续坚持，不要遇到一点困难就退缩回来。但我和他的对话绝对不能这么说。这么说了，会让孩子觉得你在控制他，要让他在对话中觉得自己是可以克服困难的（掌控感），自己是可以去尝试的，即便作业错的多，自己也愿意努力（安全感），自己是可以做得很好的，自己也可以有机会赢得比赛（存在感）。

所以整个对话，真的需要好好思考怎样做才能既保护孩子的三感建设，又能让孩子欣然接受家长的目的，把"我想"变"他想"，把"我要"变"他要"，把"我（他）信"变"他自信"，把"我（他）律"边"他自律"。

使用方法

药品的使用需要看使用说明，机器的使用需要看使用说明，为什么一本书的阅读需要一个使用说明呢？因为这本书不是来给大家"煲鸡汤"的，而是来教会大家如何"自炖鸡汤"的。

接下来我把本书提到的一些重要的方法单独列出来，家长们在阅读书中的对话时，可以时常回看使用说明，找找他们用了什么样的方式，看看他们是怎样用这些方式和孩子沟通的，想一想，如果你是情景中的那位家长，你可以怎么回应孩子？

如果我们的家长能够随时用本书的日常对话来自省、反思并反复进行练习的话，假以时日，孩子一定会感觉被理解了，被懂了，亲子关系也可以更加和谐、平顺。

一、无条件地接纳情绪，有条件地限制行为

当孩子在和你说什么的时候，去感受孩子这句语言下的情绪，并尝

试用你的语言说出来。

共情例句展示：

（1）那你一定很生气。

（2）那你一定比较难过吧。

（3）如果/假如……就太好了。

二、夸赞的方式

真心地观察到、听到并及时给予一个反馈，心中随时装着欣赏。

（1）尽可能减少主观评价性的称赞，对事实进行评价，不对个人进行评价。

你画得真好。（×）

（2）传统以点带面的称赞方式。

主观评价性的称赞：你很棒，你很厉害，你很能干。（×）

对比性的称赞：你比他能干多了，他比你能干多了。（×）

缺点：空洞、无力，当孩子长大后，就会觉得你这种表扬好"假"，两种方式传达的都是他信，如果当有一天有很多人对你说，"你不行，你太差了"，这个时候你从小建立的信心很容易坍塌。我们要把他信变成真正的自信，不受外界干扰，无论别人怎么说，我始终相信自己。

（3）称赞的公式。

※ 客观描述事实。

※ 表达（妈妈）我的感受。"妈妈感到很欣慰、很开心。"

※ "这就是……""这需要……太不容易了""这需要……你是怎么做到的啊？"(省略的内容强调某个想要养成的习惯或品质)

※ 这就是自律、这就是自己的事情自己做、这就是认真、这就是助人为乐、这就是有礼貌、这需要很好的洞察力……

三、一致性表达

描述客观事实，然后如实一致真实、真心地向孩子表达你此时此刻的感受和想法。你的担心、你的焦虑、你的计划等都可以表达。表述的内容一定要做到真实、真心，不是一边假装一致性表达，一边想要说服对方。尽量不带有对孩子的评价指责，不把情绪归因到孩子身上，而是向孩子展示自我负责当下的情绪，将行为和情绪分开。

四、沟通的目的

在于互相交流自己的感受和想法。并非争输赢，并非强迫对方服从自己的想法。

五、关于情绪

人人都可以表达情绪，比如生气、委屈、伤心、寒心、挫败等，而不是情绪化表达，比如摔门，砸东西，冷战，拖延，大吼大叫，动手打人等。

最后，特别想要提醒大家：

不论是低龄还是青春期的孩子，生活中遇到的事情都不尽相同，都会是各种各样的，各种鸡毛蒜皮，各种不可预测的事情。而学习处理这些事情所产生的后续影响，学习对话事件本身的过程以及学习如何回应孩子的这些情绪，等等，让孩子感觉被理解了、被懂了，帮助建设孩子重要的三感，才是我们关注的重点。

那学习和练习的平台在哪里？就在我们的日常对话中。良好的亲子关系是从生活中建立起来的，想要重新建立或者继续建立良好的亲子关系，也一定和日常生活脱不了关系。

首先，学习、选择、反思。通过学习研究别的家长是如何和孩子对话的，再通过周老师的圈注，了解这样或那样回应的优劣，进而反思后调整出新的对话方式。

其次，练习、反思。自己在日常生活中遇到相似的场景或正好借某一个话题，施展自己学习到的"技能"。和孩子的对话完成后，可以用文字记录下来刚才的对话，然后换位孩子的角度，感受孩子在对话当下的感受和情绪，希望得到家长怎样的理解。

最后，反思。可以继续思考如果下次孩子再怎么样的时候，自己可以如何更好地回应他，做出新的选择和新的反思。

图书在版编目（ＣＩＰ）数据

靠近你：当孩子感觉被懂了，一切变得容易 / 周艳
著. -- 成都：四川人民出版社，2021.5
ISBN 978-7-220-10848-8

Ⅰ.①靠… Ⅱ.①周… Ⅲ.①儿童教育—家庭教育Ⅳ.①G78

中国版本图书馆CIP数据核字（2021）第056196号

KAOJIN NI: DANG HAIZI GANJUE BEI DONGLE, YIQIE BIANDE RONGYI

靠近你：当孩子感觉被懂了，一切变得容易

周艳　著

责任编辑	蒋科兰
版式设计	戴雨虹
封面设计	李其飞
特约校对	张微微
责任印制	周　奇

出版发行	四川人民出版社（成都槐树街2号）
网　　址	http://www.scpph.com
E-mail	scrmcbs@sina.com
新浪微博	@ 四川人民出版社
微信公众号	四川人民出版社
发行部业务电话	（028）86259624　86259453
防盗版举报电话	（028）86259624
照　　排	四川胜翔数码印务设计有限公司
印　　刷	四川华龙印务有限公司
成品尺寸	145mm×210mm
印　　张	12.75
字　　数	280 千
版　　次	2021 年 5 月第 1 版
印　　次	2021 年 5 月第 1 次印刷
书　　号	ISBN 978-7-220-10848-8
定　　价	63.00 元